한국사회,
1945-2022

한국사회,
1945-2022

이근영 지음

해방 이후 오늘까지의
한국사회를 보다

좋은땅

해방 이후 오늘까지의 한국사회를 보다

이 책은 해방 이후 오늘에 이르는 한국사회의 진행을 정리한 것이다.

한국사회는 1945년 해방 이후 수많은 희생을 치르며, 정부 수립-독재와 경제개발-제도적 민주화의 단계를 거쳐 2020년대부터는 실질적 민주화의 과정에 들어감으로써 75년의 추세적 장기순환 과정을 일단 마친 것으로 생각된다. 그리고 이제는 다음 과정의 진행을 마주하는 특별한 단계에 있는 것으로 여겨진다.

그리하여 우리는 이 단계에서 지나온 과정을 한번 정리할 필요가 있는 것으로 생각된다. 아울러 현 단계에서 한국사회가 미래에 대하여 어떠한 태도를 가질 것인가 하는 문제도 생각할 필요가 있다고 여겨진다. 이 책은 이러한 목적으로 쓰여진 것이다.

이 책이 한국사회의 과거와 현재 그리고 미래를 잇는 일에 작은 보탬이 되기를 희망한다.

2022년 11월

이근영

정부 수립-독재와 경제개발-제도적 민주화-실질적 민주화의 75년 장기순환 과정, 그리고 다음

해방 이후 75년여: 기간 중의 뛰어난 국가적 성취와 오늘날의 낮은 사회적 만족도

한국사회는 해방 이후 75년여의 기간 동안 한편으로는 뛰어난 성취의 결과를 보이고 있는 반면 또 한편으로는 심각한 문제의 확장을 보이고 있다. 그러나 전체적으로는 발전의 과정을 보여 왔다고 하겠다.

곧 그동안 한국사회는 힘든 과정을 거치는 가운데 경제개발과 민주화에 차례로 성공함으로써 세계 10위권의 경제대국으로 성장하였으며 민주주의 수준도 세계 20위권으로 미국이나 일본과 같은 수준으로 평가되고 있다. 또한 비교적 양호한 치안 상황, 코로나19에 대한 모범적인 대응 및 영화 〈기생충〉의 국제적 인정 등 사회의 기능성과 창의성 면에서 세계적인 수준을 보이기에 이르렀다.

그러나 전반적인 민주화의 진전에 따라 근년에 대체로 개선이 이루어지고는 있지만 빈부 격차의 고착화, 사회 각 부문의 부패 상존, 여성과 빈곤층 및 외국인에 대한 차별 현상, 사회 각 분야에 상존하는 폭력적 위계질서 문화 등은 한국사회의 부정적인 현상을 보이고 있다.

특히 객관적 측면에서의 사회발전 사실에도 불구하고 오늘날의 한국 국민들은 한국사회의 현실 상황에 대하여 상당히 낮은 만족도를 보이고 있다. 대표적으로 자살률은 세계에서 가장 높은 수준을 보이고 있으며 출산율은 세계에서 가장 낮은 수준이다. 그리고 행복지수는 세계 50위 권에 머물고 있다. 이렇게 오늘의 한국사회는 지난 75년여의 뛰어난 국가적 성취와 현재의 한국 국민의 낮은 만족도라는 이중적인 측면을 아울러 보이고 있는 상황이다.

이러한 상황에서 이 책은 해방 이후 오늘날에 이르기까지 한국사회의 진행 과정을 살펴보고 또한 미래에 대하여 어떻게 대응할 것인가 하는 문제를 논의하고자 한다.

한국사회의 진행단계: 정부 수립-전쟁, 독재, 학생혁명-군사독재와 경제개발-제도적 민주화-실질적 민주화의 추세적 장기순환 과정

이 책에서는 1945년 해방 이후 오늘에 이르는 한국사회의 진행을 다섯 단계로 구분하여 살펴보고자 한다. 곧 정부 수립-전쟁, 독재, 학생혁명-군사독재와 경제개발-제도적 민주화-실질적 민주화기이다.

정부 수립기는 1945년 해방으로부터 1948년 이승만을 초대 대통령으로 한 남한의 한국정부 수립까지의 3년 기간을 말하는 것이고 전쟁. 독재. 학생혁명기는 정부 수립 이후 1950-1953년의 6.25동란과 이승만 독재 그리고 1960년 4.19학생혁명과 장면 정권을 거쳐 1961년 군사쿠데타까지의 13년 기간을 말한다.

독재와 경제개발기는 1961년의 박정희의 5.16군사쿠데타 이후 1979년의 박정희 피살까지의 18년과 1979년 전두환의 12.12군사쿠데타 이후 1988년 제6공화국의 출범까지의 9년을 합한 27년간의 군사독재 기간을 말한다. 동시에 이 기간은 박정희 주도로 1962년을 시작으로 계속하여 차례를 거듭하여 추진된 경제개발5개년계획을 통하여 한국경제가 역사상 처음으로 경제성장을 이룩한 경제개발기이기도 하다.

제도적 민주화기는 1988년의 제6공화국 시작 이후 2017년 박근혜 대통령의 탄핵에 이르는 29년의 기간을 말한다. 이 기간 동안에는 헌법에 정해진 국민의 정부 선택권이 확실하게 실현된 제도적 민주화기이다. 실질적 민주화기는 2017년 박근혜 대통령 탄핵 이후의 기간으로 현재 진행 중에 있다. 박근혜 탄핵과 함께 이제 한국사회는 비록 대통령이라고 할지라도 위법한 권력 행사를 할 경우에는 대통령직에서 물러나게 됨으로써 법치가 실제적으로 이루어지는 실질적 민주화기로 들어서게 되었다.

이러한 가운데 한국사회는 해방 이후 오늘에 이르기까지의 추세적 장기순환 과정을 일단 마치고 이제 다음 과정의 진행을 마주하고 있는 시기에 있는 것으로 생각된다.

이렇게 지금까지의 한국사회의 진행 과정을 추세적 장기순환으로 보는 주된 이유는 먼저 추세적으로 보아 한국경제와 정치의 진행이 발전 상황을 보였기 때문이다. 곧 이 기간 동안 한국경제는 세계 최빈국 상태에서 세계 10위권의 경제대국으로 성장하였고 또한 한국 정치도 독재체제에서 민주체제로 분명하게 발전되어왔기 때문이다.

동시에 이러한 추세 가운데서도 한국경제는 극심한 빈곤과 전쟁의 기간을 지나 위기와 번영 또는 정체와 호조의 순환 국면을 차례로 보였고 정치에 있어서도 무정부적 혼란을 지나 절대 독재 및 제도적 민주화 과정과 실질적 민주화 초기 과정을 차례로 거치는 가운데 억압과 자유의 순환적 양태를 보였다.

이제 한국사회는 경제개발과 민주화의 기본 단계를 마치고 크게 보아 민주화의 성숙 단계를 진행할 것으로 보이는데 이는 종전의 경제개발을 통한 산업사회로의 전환과 독재 타도를 통한 민주화 성취와 같은 분명하고도 거대한 과제를 실현하기보다는 경제 활성화를 통한 경제성장률 높이기와 사회 구성원 사이의 이해 조정과 갈등 해소의 길을 가게 될 것으로 생각된다.

한국사회의 지배적 영향 요소 다섯 가지: 민주주의, 북한, 가난, 기독교, 미국

그런데 한국사회가 이렇게 정부 수립-전쟁 및 복구-독재와 경제개발-제도적 민주화의 네 단계를 거쳐 이제 실질적 민주화의 다섯 번째 단계에 들어설 동안 한국사회를 지배한 영향 요소로는 민주주의, 가난, 북한, 기독교, 미국의 다섯 가지를 들고자 한다.

남한의 경우에는 북한의 공산주의 체제와 대립하는 민주주의 체제를 선택하였기 때문에 당연히 민주주의 체제의 유지 및 실현이 남한의 절대적인 목표로 자리 잡게 되었다. 그리고 공산주의 체제인 북한은 존재는 남한 정부 수립 이후 계속해서 남한을 위협하는 요소이다. 특히 1950년 6.25동란을 일으켜 3년간의 민족 상잔을 일으킨 바 있다.

가난 탈피는 국민의 먹고 사는 문제로서 국가의 기본 과제이다. 정부 수립 초기 한국은 세계적으로도 최빈국 수준에 머물러 수많은 사람들이 굶어 죽는 비참한 상황이었으므로 가난 극복은 절대적인 과제였다. 그리고 이러한 사정은 경제개발이 추진된 1980년대까지 계속되었다.

기독교 집단은 19세기 말에 조선에 들어온 이후 조선의 근대화 과정과 일제 시대의 독립운동 선도 집단의 역할을 하였고 이는 해방 이후에도 마찬가지였다. 곧 기독교 집단은 미군정의 협력 집단으로서 그리고 정부 수립 초기와 이후 근대화 과정에 있어서도 선도 집단으로의 역할을 담당하였다. 또한 기간 중 교세도 크게 확장되었다.

한편 미국은 한반도의 해방, 남한의 군정, 6.25동란 때 한국의 구원자의 역할 및 한국 안보의 지원자 역할을 담당하였고. 여기에 더하여 세계의 선도국으로서 정치 경제 문화 종교 학문 등 거의 모든 면에 있어서 한국이 따라가야 할 이상적인 국가로서의 역할을 담당하였다. 그리고 이 과정에서 미국 요소는 기독교 요소와 크게 겹치고 있다.

그런데 이들 다섯 가지 지배적 영향 요소들은 기간 중 한국사회가 경제개발과 민주화를 실현해 오는 과정에서 그 기능이 점차로 변화해 왔다.

첫째, 민주주의의 실현 문제는 위에서 보았듯이 1998년 제6공화국이 출범과 함께 국민 주권을 실현하는 대통령 직선제를 핵심으로 하는 한국사회의 제도적 민주화가 실현되었으며 2017년의 박근혜 대통령의 탄핵 이후에는 대통령이라고 하더라도 법이 정한 내용을 넘어 권한을 행사하는 경우에는 법에 따라 대통령직에서 파면당하게 되는 실질적 민주화 시대에 들어섰다고 하겠다.

둘째, 북한 문제는 남북한 관계가 당초의 전쟁을 불사하는 완전 적대적 대립 관계로부터 긴장 속의 공존 모색 단계로 들어와 있다고 하겠다.

그러나 북한 핵문제가 커다란 불안 요소로 계속 자리하고 있는 불안정한 상황이 지속되고 있다. 그리고 북한에 대하여 강경한 입장이냐 아니면 유화적 입장이냐에 따라 한국사회의 정치 지형에서 보수이냐 또는 진보이냐가 결정되고 있다.

셋째, 빈곤 문제는 한국사회가 1960년 이후 1980년대 후반에 이르는 30년 동안의 경제개발과 고성장으로 절대빈곤 문제는 해결되었다고 할 것이다. 그 이후는 형평과 공정 문제가 중요 과제로 대두되었다. 그리고 근년에 이르러 경제적 계층화가 고착되는 현상을 보이고 있어서 한국사회의 큰 문제로 대두되고 있다. 한편 1990년대 이후 경제성장률이 추세적 하락을 보이고 있는 점이 한국경제의 큰 과제라고 할 것이다.

넷째, 경제개발기 동안 주류 개신교는 보수 세력으로 군사정권과 협동하는 가운데 교세가 크게 확대되었다. 한편 진보 개신교는 천주교와 함께 민주화 투쟁에 앞장섰다. 2000년대에 들어와서는 교회 내부의 도덕성 문제와 개인주의를 중심으로 한 반기독교적 문화로 인해 그 영향력이 줄어들고 있으며 특히 청소년층이 감소 추세를 보이고 있는 가운데 교세도 정체를 보이고 있다.

다섯째, 한국의 정치 경제 문화와 학문 등 모든 분야에서 절대적인 영향을 미쳐 온 미국의 영향력은 그 영향력이 감소 추세에 있다. 곧 1980년대부터는 젊은 층을 중심으로 군사독재를 묵인한 미국에 대한 반미감정이 등장하였고 동시에 한국사회 내부에서 자주적 민족적 성향이 뚜렷하게 나타나고 문화 수준이 높아지면서 미국에 대한 일방적인 호감과 의존은 약화되는 추세이다. 그리고 정치 경제 측면에서 종전에 비해 중국의 중요성이 커지고 있는 상황이다.

한국 국민의 행태 결정 요소 두 가지: 집단주의의 약화 및 개인주의의 강화 추세

다음으로 논의할 사항은 한국 국민들이 이러한 지배적 영향 요소에 대하여 어떻게 대응하여 왔느냐 하는 점이다.

한국 국민들이 영향 요소에 대응하는 행태를 결정하는 사고방식을 결정하는 가장 중요한 요소가 집단주의와 개인주의의 두 가지라고 하겠다. 곧 한국인들은 전통적으로 집단주의적인 사고방식을 지녀 왔다고 할 것인데 해방 이후 미국 등 서구사회의 개인주의적인 사고방식이 강력하게 들어옴에 따라 종전의 전통적인 집단주의적 사고방식이 약화되는 가운데 새로운 개인주의적 사고방식이 강화되는 흐름을 보이게 된 것이다.

이제 여기에서는 한국사회의 집단주의와 개인주의가 위에서 논의한 지배적 영향 요소 다섯 가지에 대하여 어떻게 대응하였는지를 보고자 한다.

빈곤의 극복 문제에 있어서는 한국사회의 집단주의가 매우 긍정적인 역할을 감당한 것으로 생각된다. 곧 한국의 경제개발 과정에 있어서 대다수의 국민들은 박정희 정권의 경제개발 추진에 공감하고 동참하였으며 근로자 계층은 국가의 경제개발 성공을 위하여 '선 성장-후 분배'의 정부 방침을 받아들였다. 여기에는 국가를 위하여 개인의 희생을 받아들이는 집단주의적 사고가 강하게 작용하였다고 하겠다. 그러나 1980년대 후반에 이르러 빈곤 극복이 실현되면서 개인주의가 형평의 실현 문제를 대두시켰으며 이후 개인주의의 강화 추세에 따라 형평의 중요성은 더욱 커지고 공정성이 강조되는 추세를 보이고 있다.

민주주의의 실현 문제에 있어서 남한이 만인 평등과 개인의 기본 인권 존중을 기본으로 하는 민주주의 체제를 도입하기로 하였기 때문에 법과 제도적인 측면에서의 개인주의의 강화 방향은 이미 정해진 것이었다. 그러나 실제에 있어서는 처음 40년 동안에는 집단주의가 독재자들의 독재체제 강행과 유지를 용인케 함으로써 한국사회의 민주주의 실현에 부정적인 영향을 주었다. 이후 1980년대 말부터는 민주주의를 교육받은 세대가 군사독재에 강력하게 반발함으로써 결국에는 독재체제의 종언과 민주주의의 실현을 가능케 하였다고 하겠다. 그리고 이러한 진전은 개인주의의 강화 추세에 의하여 가능해졌다고 하겠다.

북한 요소와 기독교 요소 및 미국 요소에 대한 대응 문제에 있어서는 대체로 보아 한국사회의 집단주의 성향이 강한 보수집단은 북한 요소에 대하여 강경하게 비타협적인 입장을 취하고 기독교 요소에 있어서는 보수성향의 주류 기독교를 형성하여 정치적으로도 보수적인 입장을 취하였다. 미국 요소에 있어서도 집단주의 성향의 보수집단은 미국에 대하여 매우 친화적이며 의존적인 태도를 보여 왔다고 하겠다.

반면 한국사회의 개인주의 성향이 강한 진보집단은 북한에 대하여 유화적인 입장을 취하고 기독교 요소에서는 비주류 기독교를 구성하여 정치적으로도 독재에 저항하는 진보적인 입장을 취하였으며 미국 요소에 있어서도 보다 독자적이고 상대적으로 비판적인 태도를 보여 왔다고 하겠다.

이와 같이 여기에서 논의하고 있는 다섯 가지 요소에 대한 행태에 있어서 한국사회에 있어서 집단주의 성향의 진영과 개인주의 성향의 진영은 각각 보수집단과 진보집단을 형성하면서 서로 분명하게 상반된 태도를 취하였다. 그러나 전체적으로 보아서는 시대의 진전에 따라 집단주의의 영향력이 점차로 약화된 반면 개인주의의 영향력은 점차로 강화되는 추세를 명확하게 보여왔다.

다음 과정을 기다리며: 뛰어난 성취를 이룬 추세적 장기순환 과정 이후 낮은 사회적 만족도와 불확실성의 미래를 마주하다

이렇게 진행해 온 한국사회는 동태적인 관점에서 볼 때 2020년대에 들어선 지금 해방 이후 75년간의 추세적 장기순환을 한 차례 마치고 이제 새로운 과정이 시작되는 단계에 있는 것으로 생각된다. 다시 말하여 이제 한국사회는 역사적으로 보아 고유한 의미를 가지는 하나의 단계를 마치고 다음 단계의 전개를 기다리는 전환기적 과정에 있다고 할 것이다.

곧 한국사회는 이러한 추세적 순환을 거쳐 체제면이나 기능면에서 어느 정도 안정을 보이면서 앞으로는 과거와 같은 경제 사회 측면에서의 경제개발이나 산업화, 그리고 정치 사회 측면에서는 민주화에 비견될 만한 사회체제에 있어서의 전면적이고 본질적인 성격의 변화는 일어나지 않을 것으로 생각된다고 하겠다.

한편 앞에서 보았듯이 오늘의 한국사회는 지난 75년여 기간 동안의 뛰어난 국가적 성취를 보였음에도 불구하고 현재의 한국 국민은 한국의 현실에 대하여 낮은 만족도를 가지고 있는 이중적인 상황을 보이고 있는 상황이다. 여기에 더하여 최근 한국사회는 실질적 민주화 진행 과정에서 정치 경제 사회적 갈등과 모순의 해소가 매우 어려운 상황을 보이고 있음을 보게 된다.

따라서 현 단계 한국사회는 큰 테두리로 보아 산업화 이후와 제도적 민주화 이후의 단계로서 한편으로는 경제적 활력을 유지해 나가고 또 한편으로는 실질적 민주화를 진행시켜 나가면서 국민들의 낮은 만족도에 대응하여 정치 사회 경제적 갈등과 모순을 조정해 나가야 되는 어려운 과정을 앞두고 있다고 하겠다. 약간의 역설을 곁들여 말한다면 종전 경제개발과 민주화를 이루는 과정은 국민의 희생은 큰 반면 과제 자체는 분명했던 반면 앞으로의 과정은 국민의 희생은 과거에 비해 상당히 적겠지만 과제 자체는 한층 복잡하고 미묘하리라 예상된다. 이런 의미에서 한국사회는 상당한 불확실성을 지니고 있다고 하겠다.

지금 무엇을 할 것인가-과제와 대응

한국사회의 진행 과정과 현 단계 한국사회 상황을 관찰하고 또한 그 과정에서의 지배적 역할을 한 영향 요소들과 이에 대응해 온 한국 국민의 행태를 결정한 요소들을 두루 고려할 때 우리는 현 단계에서 해결해야 할 다섯 가지 과제와 또 이들 과제의 해결을 위해 필요한 핵심적인 대응 방안 세 가지를 다음과 같이 제시하고자 한다.

먼저 현 단계 한국사회가 당면하고 있는 과제는 다음 다섯 가지를 상정할 수 있겠다.

· 다섯 과제

1) 실질적 민주화 2) 경제성장 3) 경제적 양극화 대응 4) 국가체제의 기능성 유지 5) 국가 안보의 안정화

첫째, 정부 수립 이후 경제개발과 제도적 민주화를 이룩한 한국사회는 2017년 박근혜 대통령 탄핵 이후 정치권력에 대한 법치의 이행과 사회 안의 차별 폐지 등 사회 전반에 실질적인 민주화를 실현시켜야 할 단계에 있다.

둘째, 경제개발기를 지난 후 한국경제는 1990년 이후 30여 년 동안 지속적으로 경제성장률 하락 추세를 보이고 있는바 이제 이 추세를 끊고 경제의 성장 능력을 높여 나가야 할 과제를 안고 있다.

셋째, 소득 수준의 꾸준한 상승 과정에서 소득 및 부의 분배는 계속 악화 추세를 보임으로써 경제적 양극화 현상이 분명해지고 있는바 이제 한국사회는 이로 인한 사회적 모순과 갈등을 해소해야 하는 과제를 대하고 있다.

넷째, 세계적인 코로나 사태가 보여 주듯이 각 국가는 국가체제 전체의 기능성을 보유할 필요성이 있는바 한국 또한 상당한 수준의 국가체제의 기능성과 효율성을 지속적으로 유지해 나갈 필요성이 있다고 하겠다.

다섯째, 역시 가장 기본적인 과제는 국가 안보를 안정화하는 것이라고 할 것이다. 국가 안보의 안정화 없이는 한국사회의 정상적인 존립과 지속적인 번영은 기대할 수 없을 것이다.

이와 같은 한국사회의 당면 과제를 해결해 나가기 위하여는 우선적으로 다음의 세 가지 핵심적인 대응 방안을 실천해 나가야 할 것이다.

·핵심 대응 방안 셋
1) 창의적 인력의 육성 2) '건전한 집단주의'로 나아가기 3) 남북한
평화공존 유지

첫째, 먼저 개인 차원에서는 한국 국민 개개인의 인력 차원에서 창의적 인력을 육성해 나가야 할 것이다. 이 방안은 일차적으로는 경제성장률을 높이는 데 있어서 가장 기본적인 방안이 될 것이지만 이에 더하여 실질적 민주화와 국가체제의 기능성 유지에도 매우 유익한 방안이라고 하겠다.

둘째, 다음으로 사회적 차원에서는 '건전한 집단주의'의 실현을 도모해야 할 것이다. 이는 종전의 맹목적인 집단주의를 탈피하는 동시에 서구사회에서 보는 극단적인 개인주의를 수용하지 않는 효율적이고 합리적인 집단주의를 실행하는 것을 의미한다. 이 방안은 실질적 민주화와 경제성장은 물론 사회적 갈등 해소와 국가체제의 기능성 유지에도 두루 유익한 방안이 될 것이다.

셋째, 끝으로 국가 차원에서는 남북한 평화공존의 유지가 필수적이라고 할 것이다. 현실적으로 국가 안보의 안정화를 위하여는 자주 국방력의 건설과 자주적 외교 역량의 보유가 기본이 되지만 실제의 대북 관계에 있어서는 남북한의 평화 공존의 유지가 절대적으로 필요하다고 할 것이다.

차 례

1부

한국사회의 진행 단계(1945-2020년대)[1]

　1945년 해방 이후 2020년대 오늘에 이르기까지 75년여 한국사회의 진행을 전반적으로 살펴보기 위하여는 일차적으로 이 기간을 그 시대적 성격이 구분되는 몇 단계로 구분하여 이를 살펴보는 것이 편리할 것이다.

　이 책에서는 이 기간을 다섯 단계로 구분하여 살펴보고자 한다. 곧, 1) 해방의 혼란과 남북한의 분단정부 수립(1945-1948) 2) 이승만 독재와 장면 정권의 몰락(1948-1960) 3) 박정희 전두환의 군사독재와 경제개발 4) 제도적 민주화(1988-2017) 5) 실질적 민주화(2017-) 시기이다.

　첫 번째로, 해방의 혼란과 남북한의 분단정부 수립 기간은 1945년 8월 15일 일제로부터의 해방에서 1948년 남한과 북한이 각각 정부를 수립하기까지 3년간을 말하는 것이다.

　두 번째로, 이승만 독재와 장면 정권의 몰락 기간은 남한의 대한민국 정부 수립부터 이승만 독재정권이 1960년 4.19학생혁명으로 몰락하고 다음으로 들어선 장면 정권이 1961년 군사쿠데타로 무너진 13년간을 말하는 것이다.

---

1)　이근영 『기독교와 정치, 한국』(도서출판 좋은땅, 2020) 2장 참고.

세 번째로, 박정희 전두환의 군사독재와 경제개발 기간은 5.16군사쿠데타로 정권을 잡은 박정희 독재 18년과 박정희 피살 후 군사쿠데타로 정권을 잡은 전두환 독재 9년의 기간을 말한다. 그런데 이 27년 기간은 한국이 군사독재체제 아래에서 경제개발을 추진한 기간이기도 하다.

네 번째로, 제도적 민주화 기간은 한국사회가 1987년의 6월 항쟁을 통하여 군사독재체제를 굴복시킴으로써 1988년 이후 대통령 직선제를 실현하여 국민의 정권 선택권을 행사한 기간으로서 박근혜 대통령 탄핵까지의 29년간이다.

다섯 번째로, 2017년 박근혜 대통령을 권한 남용 등의 요인으로 파면함으로써 이후 한국사회가 제도적 민주화를 넘어 실질적 민주화의 실현을 진행시키고 있는 현 단계의 기간을 말한다.

1장

해방의 혼란과 남북한의 분단정부 수립(1945-1948)

1. 해방 상황의 혼란: 소련군, 미군의 진주 그리고 좌·우익 대결

일제의 식민지 통치에 잠겨 있던 한민족에게 해방은 갑작스레 찾아왔으며 곧이어 38도선 이북에는 소련군이, 그리고 그 이남에는 미군이 진주하면서 한반도는 통일신라와 고려 그리고 조선의 1,300년간의 통일 시대를 마감하고 실질적으로 남북 분단 시대로 들어섰다.

곧 1945년 8월 15일 일본의 연합군에 대한 항복과 함께 한반도의 한국인은 35년 동안의 일제에 의한 식민지 상태로부터의 해방이 실현되었다. 그러나 이러한 해방이 한국의 독립을 뜻하는 것은 아니었다. 미국과 소련의 합의에 따라 한반도의 중간을 가로지르는 북위 38도선을 경계로 북쪽은 소련군이 그리고 남쪽은 미군이 분할 점령하였다. 그리고 미국과 소련은 한반도에 바로 독립국가의 성립을 허락하기보다는 미소공동위원회의 결렬이 보여 주듯이 각기 자신들의 점령지역에 자신들이 원하는 정치체제를 가진 친미 또는 친소 정부를 세우는 것을 강하게 추진하였다.

그리고 당시 한국 상황은 좌파 세력과 우파 세력 그리고 민족통일 세력과 중도 세력 등이 혼재해 있으면서 중심을 잡지 못하고 혼란을 거듭하였다. 남북한 모두 미군과 소련군 당국이 행정과 치안을 제대로 관리하지 않고 한국민에 의한 체계를 갖춘 행정 기관도 없는 상황에서 한국은 정치적으로는 물론 행적적으로도 혼란 상태가 심하였고 이는 공산당세력이 장악해 가는 북한에 비해 좌우익이 서로 그리고 자기 진영 내에서도 강력하게 대립하고 있던 남한의 경우에 더욱 그러하였다.

이러한 가운데 남한에서는 미군정에 저항하는 전국적인 민중운동이 일어났다. 곧 1946년 9월 경성철도국의 감원조치 등에 반대하여 좌파가 주도하는 조선노동조합전국평의회가 전국적으로 철도국 파업을 일으키자 미군정은 경찰과 우익청년단 우파 노동동맹을 동원하여 이를 무차별 진압하였다. 그러나 10월에 대구를 시작으로 도시에서는 식량배급을 그리고 농촌에서는 식량 공출 반대를 요구하고 여기에 미군정의 친일파 인사 중용과 식량사정 악화 및 생활고에 더하여 실현되지 않는 독립 등 정치적인 불만이 가세하여 전국적으로 군중시위가 발생하고 이것이 대규모의 폭력적인 사태로 확대되었다. 이러한 민중의 저항은 그 성격상 좌파가 주도하는 것으로서 미군정은 이에 대하여 경찰과 국방경비대와 미군과 반공 우익청년단까지 동원하여 이를 무자비하게 유혈 진압하였다. 결국에는 민간인 1,000여 명과 경찰 200명이 사망하기에 이르렀다.

또한 역시 남한에서는 중요한 정치 지도자들이 암살되는 사태가 거듭되었다. 곧 1945년 12월에 국내파 우파의 대표적 지도자인 송진우가 암살되었고 1947년 7월에는 국내파 좌파의 대표적 지도자인 여운형이 암살됨으로써 국내파의 대표적 좌파와 우파 지도자가 모두 암살당하였다. 그리고 1947년 12월에는 또 한 사람의 국내파 우파 지도자인 장덕수도 암살되었다. 그 뒤 남한정부 수립 이후에도 1949년 6월에는 임시정부 주석을 지낸 김구가 암살되는 일이 벌어졌다.

한편 미군정은 남한의 자본주의 체제를 유도하는 중요한 경제적 조치도 실시하였다. 곧 귀속재산의 불하와 토지개혁의 실시였다. 미군정은 19445년 12월 모든 일본인 재산을 미군정에 귀속시켰는데 이들 귀속재산 가운데 일부를 1947년 7월부터 매각하기 시작하였고 이때 근로자의 소유 및 경영 참여를 봉쇄하였다. 또한 1948년 4월부터 귀속농지의 불하를 실시하여 해당 농지 소작인에게 우선권을 주며 농가당 2정보 이하로 분배하였다. 그 결과 귀속농지의 86%가 분배되었는데 이는 남한 전체 경지의 12%에 해당하였다. 이와 같은 미군정 당국의 귀속재산 불하와 토지개혁의 실시는 남한에 자본주의 체제의 본격적인 도입을 위한 문을 연 것으로 이후 남한 정부가 이를 계승하도록 하였다. 이러한 자본주의 체제의 유도는 이를 앞선 북한의 전면적인 경제개혁 실시가 큰 영향을 주었다. 곧 북한은 북한 최초의 권력 기관이라고 할 북조선임시인민위원회가 1946년 3월에 북한 전역에 토지개혁을 실시하여 역사 이래 유지되어 온 지주제도와 소작농계급을 단번에 없애 버렸고 8월에는 산업국유화를 실시함으로써 사회주의 경제체제의 기초를 마련하였다. 그리고 이러한 경제개혁은 북한 주민들의 전폭적인 지지를 얻었던 것이다. 이에 따라 남한도 토지개혁을 실시하지 않을 수 없는 상황에 몰리게 되었고 결국 미군정이 부분적이나마 토지개혁을 실시하였다. 한편 미군정이 귀속재산을 불하함에 있어서 노동자의 기업 소유 및 경영 참가를 봉쇄한 것은 자본주의 경제체제의 실시에 중요한 선례를 세운 일이 되었다.

민주주의와 공산주의 이념의 대결 문제

1945년 8월 이후의 해방공간에서 좌익(공산주의 진영)과 우익(민주주의 진영) 사이의 대립은 결과적으로 한국 현대사에 있어서 특히 다음 두 가지 현상을 불러왔다고 하겠다.

첫째는 남북 분단과 대립을 불러왔다는 점이다.

앞에서 보았듯이 좌우익 대립은 결국 1948년에 남한의 대한민국과 북한의 조선민주주의인민공화국의 성립을 가져옴으로써 한반도에 천여 년 만에 실질적으로 두 나라 두 정부의 분단 현상을 초래하였고, 2년 후에는 남북한 간의 전쟁과 전쟁 이후의 체제 대결을 지속시켜 왔다.

둘째는 이러한 체제 대결로 인해 수많은 인명 희생을 지속시켜 왔다는 점이다.

곧 해방 이후 1950년에 발발한 6.25전쟁까지의 기간 중에도 수많은 인명이 희생당하였다. 남한의 경우에는 앞에서 보았듯이 남로당 계열의 무장 반란으로 인한 1948년의 제주도 4.3사태와 여순반란사건으로 군경과 무장집단의 희생 외에 이들 희생자의 수배 또는 수십 배에 달하는 민간인이 진압 과정에서 희생되었다. 이들 민간인들은 대부분이 반란군에 동조하는 사람들이라는 진압군의 자의적인 판단으로 학살당한 것이다.

이렇게 진압군에 의해 공산주의자 또는 동조자라고 판단되면 군경에 의해 집단적인 학살이 무자비하게 자행되었고 또 아무도 이러한 비인도적 행위에 대하여 항의는 물론 거론조차도 할 수 없는 비극적인 상황이 지속된 것이다. 한편 이와는 다른 성격으로 앞에서 보았듯이 해방 직후부터 여러 명의 중요한 정치 지도자들이 암살되었고 범인들이 잡히지 않거나 잡히는 경우에도 풀려나오는 일들이 거듭되었다.

이렇게 공산주의를 막는다는 명분으로 수많은 억울한 민간인들이 학살을 당한 것이다. 그리고 이러한 이른바 반공이라는 명분으로 온갖 만행이 묵인되는 민주주의 체제에서는 있을 수 없는 어이없는 상황이 끊임없이 오랫동안 지속되었다.

이렇게 한국사회에서는 해방 당시에는 혼란 상황 가운데 그렇게까지 결정력이 크리라고 생각되지 않았던 민주주의와 공산주의 간의 이념 대립 문제가 전통적인 민족주의의 힘을 큰 어려움 없이 물리치고 남북한의 분단과 대립적인 정부 구성을 결정한 다음에는 국민의 생명을 대수롭게 여기지 않는 단계에까지 정신없이 진행되었던 것이다. 그리고 이러한 이념의 절대화 현상은 동족상잔의 전쟁까지도 마다하지 않았으며 이후에도 20세기 말에 이르기까지 지속되었던 것이다.

2. 남북한의 분단 정부 수립: 남북한 분단 시대의 시작

해방 이후의 이념적 정치적 사회적 문화적 혼란과 무질서의 공간에서 결국 3년 후인 1948년 8월에 남한에는 미국이 지원했던 이승만을 대통령으로 하는 민주주의 체제의 대한민국 정부가, 곧이어 9월에 북한에는 소련이 예정했던 김일성을 내각수반으로 하는 공산주의 체제의 조선민주주의인민공화국 정부가 각각 수립됨으로써 분단이 공식화되었다.

곧 유엔총회가 한국 독립을 위해 '인구비례에 의한 총선거'를 결의하였지만 소련이 이를 거부하여 결국 1948년 5월에 남한만이 총선거를 실시하여 제헌국회를 구성하고 국가 이름을 대한민국이라고 정하고 헌법에서 국가체제를 민주공화국으로 정하면서 대통령은 국회에서 뽑도록 하였고 이에 따라 국회가 초대 대통령으로 이승만을 선출함으로써 남한의 제1공화국이 출범하였다.

또한 독자적인 정부 수립을 준비해 온 북한도 1948년 8월에 북조선로동당(북로당)의 김일성을 내각 수반으로 하고 그 밖에 남조선로동당(남로당)과 남북한의 비공산계 정당도 참여하는 내각이 출범함으로써 조선민주주의인민공화국 정부가 수립되었다.

그리고 두 정부 사이에는 이미 강한 적대감이 형성되어 있었고 양쪽이 서로 무력에 의한 한반도 통일을 공언하는 가운데 38선에서는 소규모 군사적 충돌이 간단없이 일어났다.

• 해방과 남북한 분단정부 수립 기간 중의 실패와 성취

실패: 남북 분단 국가의 출발

1945년 8월 15일의 해방과 동시에 미국과 소련의 결정에 의한 미군과 소련군의 38도선을 경계로 한 한반도의 분단 점령은 미국과 소련, 그리고 한국인들에 의한 3년 동안의 혼란의 시기를 거쳐 결국에는 해방 3년 후에 남한과 북한에 각각 민주주의 체제의 대한민국 Republic of Korea 와 공산주의 체제의 조선민주주의인민공화국 Democratic People's Republic of Korea가 성립됨으로써 남북 분단이 공식화 되어 한반도에 두 나라가 존재하게 되었다. 이로써 한반도는 고려와 조선의 천년의 통일 민족 국가로서의 역사를 뒤로하고 분단되었다.

문제는 통일된 국가 또는 정부의 성립이 불가능하였는가 하는 문제이다. 해방 당시 한국인들과 정치 지도자들은 당연히 통일된 독립국가의 구성을 원하고 또 실현되리라고 믿었다. 그리고 미국과 소련도 한반도에 신탁통치 기간을 준 이후에 독립국가를 허용하는 것으로 상정하였다. 그러나 이러한 해방 이후 초기 상황에도 불구하고 독립국가의 성립은 다음 두 가지 요인으로 인해 불가능했다고 생각된다.

첫째, 당시 남북한에 나누어 진주하고 있던 미국과 소련의 입장이 달랐기 때문이다. 1945년 세계대전 종전 이후 미국과 소련 두 나라가 급속도로 상대에 대하여 냉전체제를 구축함에 따라 남한과 북한이 두 체제의 전초기지가 되었다. 따라서 두 나라는 남북한에 각각 자신들의 정치체제에 부응하는 우방 국가를 세우고자 했기 때문에 어느 한 나라도 자신들에 비우호적인 독립국가의 건설에 찬성하지 않았다. 당시 남한에 진주한 미국은 남한에 민주주의 체제의 국가를 세우기를 원하고 북한에 진주한 소련은 북한에 공신주의 체제의 국가를 세우기를 원하여 각각 이승만과 김일성의 집권을 지원하고 있었으며 이러한 자신들의 입장을 포기하려고 하지 않으려 하였다.

둘째, 한민족 내부로 보아서도 남한의 이승만을 중심으로 한 민주주의 진영과 북한의 김일성을 중심으로 한 공산주의 진영이 각각 자신들의 근거 지역인 남한과 북한을 절대적으로 유지하고자 하는 상황에서 통일적인 정부의 구성은 불가능하였다고 생각된다. 곧 남한의 경우에는 미국에서 활동했고 미군정의 지원을 받는 이승만이 남한만의 단독 민주주의 정부 구성에 전력을 다하였으며 북한의 경우에도 해방 이전 소련군에 참여했고 해방 이후 소련의 지원을 받는 김일성은 한반도에서의 공산주의 정부 구성을 결코 포기하지 않았던 것이다.

이렇게 남한의 민주진영과 북한의 공산진영이 결코 자신들의 이념을 포기하지 않으려고 하였다는 것이 사실임은 북한이 남북한 독립정부 구성 2년 후인 1950년 6월 25일 남한을 전면 남침함으로써 6.25동란을 일으킨 사실에서 명백하게 드러났다고 하겠다. 곧 김일성을 비롯하여 북한의 지도부는 동족상잔의 전쟁을 일으켜 가면서라도 자신들의 공산주의 체제를 남한까지 확대하려고 한 것이다. 한편 결과적으로 북한이 6.25동란을 일으킨 것을 보면 이승만의 남한의 민주주의 체제의 단독 정부 추진은 올바른 판단이었음이 증명되었다고 할 것이다. 동시에 김구 등의 민족통일노선은 처음부터 그 실현 가능성이 없었다고 할 것이다.

성취: 남한의 민주주의 체제 정부 수립

1945년 해방 이후 1948년의 남한의 단독 정부 수립과 1950년의 6.25 동란 전까지의 기간 중의 성취는 남한에 민주주의 체제의 정부를 수립하여 대한민국이란 국가를 세운 것이라고 할 것이다.

물론 한반도에 고려와 조선의 천년 동안 민족국가로 살아왔고 35년 동안의 일제 식민지 기간 중에도 대다수 국민들이 민족국가 의식을 계속 간직하고 있었던 터라 모든 국민들이 해방에 따라 민족국가를 회복하기를 열망하였다. 그러나 통일된 하나의 정부 하나의 국가를 구성하는 것은 앞에서 보았듯이 불가능하였을 것으로 생각된다.

결국 이승만을 중심으로 한 민주주의 진영이 남한의 단독 정부를 구성하여 대한민국을 세운 것 자체가 성취라고 할 것이다. 이러한 평가는 이것저것 따질 필요 없이 그 결과가 말한다고 할 것이다.

곧 남한과 북한은 각각 자기들이 원하는 정치체제를 택하여 제 갈 길을 갔다. 그리고 70여 년이 지난 오늘의 상황이 남북한 각각의 선택 결과가 잘한 것인지 아닌지를 보여 주고 있다. 민주주의 체제 자본주의 경제체제를 택한 남한은 공산주의 체제 사회주의 경제체제를 택한 북한에 비하여 경제규모와 주민들의 생활수준 측면에서 수십 배 이상의 수준을 보이고 있다. 또한 양쪽 주민이 누리는 자유의 수준은 그 이상의 차이를 보이고 있다. 결국 북한이 선택한 정치체제와 경제체제는 실패하였고 남한이 선택한 정치체제와 경제체제는 성공한 것이다. 그리고 이러한 결과는 2차 세계대전 이후 세계적으로 관찰되고 있는 사실인 것이다. 물론 우리가 한 가지 기억해야 할 점은 1940년대 당시로서는 민주주의 시

장경제체제와 공산주의 통제경제체제가 그 이후 각각 이러한 결과를 초
래하리라고 예견할 수는 없었다는 점이다.

현재 남한은 북한을 경제적으로 또 문화적으로 도울 수 있는 능력을
갖추고 있다. 이러한 상황은 남한으로 보아서 해방 이후 혼란 속에서 민
주주의 체제의 정부를 수립하였다는 사실이 대단한 성취라는 점을 증명
하고 있다고 할 것이다.

2장

이승만 독재와 장면 정권의 몰락(1948-1960)

1. 이승만 독재와 몰락: 6.25동란, 제1공화국의 실패

이승만의 제1공화국은 신생국으로서 행정체제의 수립과 치안 및 국방 태세의 준비, 그리고 친일파 처리, 농지개혁과 귀속재산 불하 그리고 식량 문제의 해결 등 중요하고도 시급한 문제가 쌓여 있었지만 정치 상황의 불안정 등으로 인해 이들 문제에 대하여 효과적으로 대응하지 못하였다. 곧 1948년 10월에 국회에 반민족행위 특별조사 위원회(반민특위)가 구성되었지만 정부 각료와 관리, 경찰, 군 사법기관 등에는 친일 경력자들이 많았고 또 이승만이 정부 기능 유지와 반공 그리고 자신의 권력강화를 위하여 이들을 필요로 하였기 때문에 결국에는 1949년 6월에 경찰이 반민특위 사무실을 덮쳐 직원들을 체포함으로써 반민특위를 해체시켰다. 이로써 친일파 처리문제는 흐지부지되었다.

그리고 미군정이 추진하려다 한민당 등의 반대로 시행되지 못한 농지개혁은 정부 수립 이후 이승만이 강력하게 추진하여 농지개혁법이 1949년 6월 국회에서 제정되고 1950년 3월에 개정됨으로써 6.25동란 직전부터 시행되기 시작하였다. 비록 법의 시행에 많은 혼란과 시행착오가 있었지만 결과적으로는 한국사회에서 역사적 굴레였던 지주계급과 소작제도가 사라지고 농민의 농지소유가 실현되게 되었다. 이러한 종지개혁은 같은 시기에 시행된 귀속재산 불하와 함께 한국사회의 민주주의와 자본주의 경제의 기초적인 여건을 마련하는 데 있어서 결정적인 기여를 하였다.

한편 치안과 정치 사회 안정과 관련하여서는 1948년 4월 3일부터 1954년 9월에 이르기까지 제주도민의 경찰에 대한 항의시위와 경찰의 발포, 남로당 무장집단의 경찰서 습격과 군경의 진압 과정에서 군경 및 무장집단이 사망하였고 특히 이들 외에 많게는 수만 명으로 추정되는 민간인이 주로 군경의 진압 과정에서 학살당하는 비극이 발생하였다. 도중에 6.25동란이 포함되는 6-7년의 짧지 않은 기간 동안 제주도는 엄청난 비극을 겪은 것이다. 또한 1948년 10월에는 전라남도 여수에 주둔하던 국군 14연대 군인들이 이들 가운데의 남로당 소속 군인들의 주동으로 반란을 일으켜 이에 호응한 좌익계열 민간인들과 함께 여수, 순천 지역을 장악하는 사건이 발생하였다. 진압군의 출동으로 반란은 열흘 이내에 진압되고 남은 반란군이 지리산으로 도피하여 게릴라전을 이어갔다. 이 과정에서 반란군과 진압군에 의하여 많게는 수천 명으로 추정되는 민간인이 학살되는 비극이 발생하였다.

이러한 좌익계열의 무력을 사용한 반란 사건은 그 진압 과정에서 이승만 정부의 군과 경찰에 의해 좌익계열에 속하지 않은 수많은 무고한 민간인의 학살이 자행됨으로써 한국 현대사의 비극이 되었으며 오늘날까지도 그 실제적 역사적 정리가 제대로 이루어지지 않고 있다.

6.25동란

1950년 6월 25일에 스탈린과 모택동의 동의를 얻은 김일성의 명령에 따라 북한군이 전면적으로 남한을 공격함으로써 6.25동란이 시작되었다. 당시 남한은 북한이 남침할 것을 전혀 예상하지 못하고 있었으며 군사력이나 준비태세면에서 북한군에게 상대가 되지 못하였다. 그리하여 개전 사흘 후인 6월 28일에는 서울을 점령당하였다. 미군을 비롯한 UN 연합군의 빠른 개입에도 불구하고 북한군은 7월 말에는 남한군과 UN군을 남한 면적의 10분의 1에 불과한 낙동강 동쪽 지역으로 밀어붙였다.

그러나 9월 15일 UN군의 인천상륙작전으로 전세가 역전되어 9월 28일에는 서울이 수복되었으며 이후 한국군과 UN군의 38선 이북 지역에 대한 진격이 실시되었고 북한군은 패주하였다. 그리하여 10월 19일에는 평양을 점령하였고 계속 북진하여 한국군 일부 부대가 압록강 부근까지 진격하는 등 대부분의 북한 지역을 점령하였다. 그러자 중공군이 대규모로 참전함으로써 전세는 다시 역전되어 국군과 UN군은 후퇴하게 되었고 1951년 1월 4일에는 서울이 다시 점령당하였다.

그렇지만 UN군이 다시 반격하여 서울을 다시 회복하였고 이후 양쪽 모두 돌파구를 찾지 못하며 공방을 계속하는 가운데 7월부터 휴전회담이 시작되었고 결국 2년 후인 1953년 7월 27일에 UN군 사령관, 북한군 사령관, 중국군 사령관이 정전협정에 서명함으로써 6.25동란은 3년 1개월 만에 휴전하게 되었다. 한편 한국 정부는 휴전에 반대하여 휴전회담에 참여하지 않았다. 그런데 휴전 이후 종전을 위한 회담이 결렬되어 휴전 상태가 오늘에까지 이어지고 있다.

휴전 결과 휴전선이 종전의 38선에 비해 판문점 동쪽은 비스듬히 올라가서 경기도 연천과 강원도 속초 지역 등이 남한 영토가 된 반면 판문점 서쪽은 내려가서 경기도 개성과 황해도 옹진 지역 등이 북한 영토가 되었다. 면적은 남한이 3% 정도 늘어나고 북한은 3% 정도 줄어들어 전체적으로는 전쟁 전에 비하여 별로 변화가 없는 셈이었다.

6.25동란은 남북한 양쪽에 엄청난 피해를 주었다. 무엇보다도 인명 희생이 대단하였다. 남한과 북한이 군인과 민간인 합하여 각각 백만 명 이상의 사망자가 발생하여 모두 이백만 명을 넘는 인명이 희생된 것으로 보인다. 그 밖에 UN군 4만 명과 중공군 15만 명의 사망자가 발생하였다. 민간인 희생자 가운데는 북한 인민군에 의한 민간인 학살 및 이른바 인민재판을 통한 학살과 남한 국군에 의한 보도연맹 가입 민간인 등에 대한 대규모 학살이 있었다.

인명 희생 외에 건물, 공장, 철도, 교량, 도로 등 생활시설 및 산업시설과 사회간접자본이 엄청나게 파괴되었다. 다만 국립박물관 소장 문화재와 해인사 팔만대장경 등 대부분의 문화유산이 파괴와 수탈을 면한 것이 다행이었다.

이렇게 한국인과 한반도에 엄청난 피해를 입힌 6.25전쟁은 말 그대로 동족상잔(同族相殘)으로 같은 겨레끼리 서로 싸우고 죽였다는 점과 또 그로 인한 인명피해가 엄청나게 컸다는 점에서 민족 역사에 있어서 가장 큰 비극이라고 할 것이다.

이승만 독재

한편 막대한 인명 희생과 물적 파괴를 초래한 6.25동란 기간 동안 이승만 대통령은 온갖 무리를 동원하며 본격적으로 독재체제를 구축하기 시작하였다. 당초 해방 이후의 혼란 상황 이후 1948년의 남한 정부 수립에 이르기까지 이승만은 타의 추종을 불허하는 존재감으로 남한의 정치 지도자로서 정부 수립 전후의 과정을 이끌었다. 곧 독립운동의 경력과 미국 프린스턴 대학 박사인 학력과 실력으로 미국을 상대할 수 있는 유일한 사람이었다. 그는 민족주의를 기반으로 통일을 추구하기보다는 좌파인 공산주의 진영과의 타협을 거부하고 남한에서의 민주주의 체제의 반공산주의 정부 수립을 강력하게 추진하였다. 그는 강한 지도력과 추진력을 갖추고 또 무엇보다도 미국의 절대적인 지원을 받았다. 그리하여 그 자신과 상당수의 국민들에게는 그가 단순히 대통령에 머무르지 않고 절대적 권위를 지니고 대한민국을 상징하는 국부(國父)로서의 존재감을 과시하였다. 다만 이러한 권위에도 불구하고 현실적으로 그는 국회에서 조직적인 지지는 받지 못하고 있었다.

그러나 6.25동란의 발발과 이에 대한 무능하고 미숙한 대처는 그의 대통령으로서의 권위에 큰 타격을 주었다. 곧 이승만은 북진통일을 하겠다고 공개적으로 호언하였지만 이승만 정부는 오히려 북한의 기습적이고 전면적인 남침에 대하여 별다른 방어를 하지 못하고 사흘 만에 서울을 점령당함으로써 국가의 존립이 위기에 처하였다. 또한 서울이 점령당한 상태에서도 국군이 전투에서 승리하였다고 방송하여 국민들에게 큰 혼란을 주었으며 그리고 서울 시민들이 한강다리를 이용하여 피난하고 있는 중에 한강다리를 폭파함으로써 많은 인명 희생과 시민들의 서울 탈출을 막았다. 그 후에도 국민방위군 사건으로 수만 명의 방위군이 간부들의 횡령으로 굶어 죽거나 얼어 죽었으며 또 거창 양민학살, 보도연맹 학살 등 대규모 민간인 학살이 자행되는 등 6.25동란을 통하여 수많은 잘못이 저질러졌다.

이러한 가운데 이승만은 이후 그가 1960년 학생혁명으로 대통령직에서 물러나게 될 때가지 온갖 무리수를 동원하며 집요하게 장기집권과 독재체제 구축을 추진하였다. 곧 이승만은 국회에서 자신의 대통령 재선이 어려워지자 1952년 5월에 계엄령을 선포하고 전시 수도 부산에서 야당 국회의원들을 누명을 씌워 체포하고, 숨어 있는 국회의원들을 경찰들이 찾아내어 국회로 등원시키고, 경찰과 군이 국회를 포위하는 등 공포 분위기를 조성하여 대통령 직선제 개헌안을 통과시켰다. 이어서 8월에 제2대 정·부통령 선거를 실시하여 대통령에 재선되었다. 이어서 이승만은 1954년 11월에 여당인 자유당으로 하여금 초대 대통령의 경우에는 3선을 금지한 규정을 철폐하는 내용의 개헌안을 국회에 내도록 하였다. 그런데 투표결과 찬성이 개헌에 필요한 국회의원 2/3인 136표에서 한 표가 부족한 135표가 나와서 부결되었지만 이틀 후에 국회의원 의석수 203명의 2/3는 135.33인데 이를 '사사오입(四捨五入)'하면 135이므로 개헌안이 통과되었다고 번복하여 가결이 선포되는 희극 같은 일이 연출되었으며 이로서 이승만의 장기집권의 길이 열렸다.

이승만 집권 시기 동안 국민들 사이에 이승만 정권을 특징짓는 두 단어는 '독재'와 '부패'였다. 이러한 국민들의 불만을 직접적으로 표현한 것이 야당인 민주당이 1956년 3대 대통령 선거에서 내세운 '못살겠다 갈아

보자'라는 선거 표어였다. 이에 맞선 여당인 자유당의 선거 표어는 자신들의 실정을 인정하고 들어가는 '갈아봤자 별수없다'였다.

그런데 이승만은 여야가 제대로 붙은 3대와 4대 대통령 선거에서 뜻하지 않은 상황 발생으로 쉽게 당선되었다. 곧 3대 대통령 선거에서는 야당인 민주당의 신익희 후보가, 그리고 다음 4대 대통령 선거에서는 역시 민주당의 조병옥 후보가 선거를 앞두고 병으로 사망하는 일이 거듭 벌어진 것이다. 이 일로 국민들 사이에는 하늘이 이승만 대통령을 돕는다는 말이 돌기도 하였다.

이승만 독재의 특징으로는 일차적으로는 본인의 집권과 권력 행사를 위하여 탈법과 권력남용을 서슴지 않았다는 점이다. 여기에는 아직 한국사회가 민주주의를 제대로 할 준비가 되어 있지 않은 상황에서 오직 자신만이 한국을 이끌어 가야 한다는 생각과 또한 반공이라는 절대적인 목적을 위하여는 탈법도 괜찮다는 사고가 함께한 것으로 보인다.

이차적으로는 그에게 충성하는 측근 집단이 자신들의 영달을 위하여 이승만 독재의 실행자 역할을 적극적으로 수행하였다는 점이다. 정치 분야에서는 이기붕, 관료 중에는 최인규, 경찰에서는 곽영주, 군에서는 김창룡 등을 들 수 있다. 예를 들어 이기붕은 야당으로서 부통령이 된 장면을 제거하기 위하여 그를 저격토록 하였으나 실패하였다. 이러한 독재구조는 자동적으로 부패구조를 형성하였다. 그리고 당시 국민들 사이에서는 이승만이 인의 장막에 싸여 있어서 한국사회의 어두운 현실과 또 국민들이 이러한 현실로 인하여 자신에 대하여 강한 반감을 가지고 있음을 제대로 알지 못하고 있다는 이야기들이 돌았다. 사실 이승만은 1960년 4월 19일 이후에야 이러한 사실을 제대로 알게 된 것으로 보인다.

전체적으로 보아 이승만은 남한의 민주주의 정부의 수립과 이후 미국과의 동맹 관계 유지에 있어서는 결정적인 역할을 담당하였고 그의 존재 자체가 한국의 상징인 공이 있는 반면 6.25동란에 전혀 대비하지 못하였고 전쟁 수행에 있어서도 국민을 속이고 서울을 탈출하여 수많은 희생자를 내게 하였으며 전쟁 수행 능력도 제대로 발휘하지 못하였다. 특히 수많은 민간이 학살이 발생하게 하였다. 전쟁 이후에도 국정이 부패 무능하였다. 그는 국가 현실을 제대로 알지 못한 채 사욕을 챙기는 데 급급한 측근에 둘러싸여 있었다. 곧 그는 한국의 초기 성립 과정에 있어서는 결정적인 역할을 한 공이 크지만 6.25동란 발발 이후는 무능한 독재체제 위에 형식적으로 군림하다가 학생혁명으로 물러나기에 이르렀다. 그리하여 그가 일생 동안 헌신하며 사랑했던 고국을 떠나 쓸쓸하게 생을 마치게 되었다.

4.19학생혁명

이승만의 장기집권과 독재에는 이승만이 자신의 재집권을 위해 1951년에 민간단체들을 중심으로 만든 자유당과 경찰 및 내무부와 어용단체들이 수족 노릇을 담당하였다. 이들이 국회 활동, 국민 감시와 동원, 관제 민의 조작, 폭력 행사에 앞장섰고 결정적으로는 선거부정을 저질렀다. 그리고 결과적으로는 학생들의 부정선거에 대한 항의시위가 이승만 정권 몰락의 직접적인 계기가 되었다.

곧 1960년 3월 15일 정·부통령 선거 과정에서 자유당 내무부 경찰 정치깡패 등이 함께 나서 야당 선거운동에 대한 방해, 사전투표, 공개투표,

투표함 바꿔치기. 부정개표. 투표매수 등 온갖 불법을 자행하여 대통령에 이승만과 부통령에 이기붕을 당선시켰다. 이때 야당의 대통령 후보였던 조병옥이 선거 한 달 전 병사하여 이승만 단독 출마로 그의 당선이 이미 결정된 상황이었기 때문에 정부 여당의 부정선거는 부통령 선거에 집중되었다. 이러한 무지막지한 선거부정은 이미 선거 이전 2월 대구 고등학생들의 항의시위 및 3월 15일 마산 고등학생 및 시민들의 시위를 불러왔고 경찰발포로 사망자들이 발생하기 시작하였다. 뒤를 이어 대학생들이 중심이 되어 전국 주요 도시에서 시위가 확대되고 여기에 많은 시민들도 동참하였다. 드디어 4월 19일 대규모 시위가 서울에서 폭발하자 경찰이 무차별 발포하여 백여 명의 사망자가 발생하기에 이르렀고 이승만 정권은 완전히 국민들의 지지를 잃게 되었다. 결국 4월 25일 대학교수들이 시위에 나서면서 이승만은 다음 날인 4월 26일 대통령직에서 하야하였다. 한편 이승만의 하야에는 4.19시위를 공개적으로 지지한 미국 대사와 미 국무부의 압력도 작용하였다.

이렇게 4.19학생혁명에 의하여 이승만의 12년 독재 시대는 막을 내렸다. 여기에서 한 가지 유의할 사항은 4.19학생혁명의 주역은 대학생이었지만 2월 이후 3월 그리고 4월 19일 당일에도 대학생들이 본격적으로 시위에 나서기에 앞서서 시위를 먼저 시작한 것은 고등학생들이라는 점이다.

이러한 4.19학생혁명은 한국의 정치체제의 기본 성격 및 한국사회의 기본이념이 헌법에서 명시한 바와 같이 민주주의라는 점을 실제적으로 증명함으로써 이후 한국 역사의 방향을 확실하게 규정한 그 의미가 매우 중요한 혁명이었다. 이제는 그 무엇도 한국이 민주주의를 실천하여 나가는 국가라는 사실을 부정할 수 없게 된 것이다. 이와 동시에 4.19혁명은 정권이 이를 근본적으로 부인하는 경우에는 국민들이 정권에 대한 저항권을 행사한다는 점을 분명히 하였다는 점이다. 이러한 4.19혁명의 의미는 그 뒤 아무리 강압적인 정권들이 제도적으로 그리고 실제적으로 민주주의를 부정하더라도 결코 민주주의의 구속을 피할 수 없게 만들었다.

〈주목할 사항〉

6.25동란의 의미

6.25동란의 의미는 무엇보다도 동족상잔이다. 천 년을 넘게 한 국가를 이루며 살아온 같은 민족끼리 서로 싸우고 죽인 것이다. 따라서 이는 민족의 역사에 있어서 가장 큰 비극이다. 6.25동란은 김일성이 이끄는 공산주의 체제의 북한이 민주주의 체제의 남한을 멸망시켜 한반도를 공산주의 체제의 국가로 통일시키려고 일으킨 것이다.

2년 전 1948년에 남한과 북한이 각각 서로 다른 이념 노선을 따르는 정부를 세워서 출발하였다면 각자가 자기가 택한 노선에 충실하면서 자기 국민들을 잘살게 만들도록 노력하고, 시간이 경과하면서 그 성과를 살펴보고, 그에 따라 입장을 정리해 나가면 될 일인데 김일성의 북한은 전쟁을 일으킴으로써 같은 민족은 물론 다른 나라 군인들을 희생시켰던 것이다. 이러한 의미에서 6.25동란을 일으킨 김일성을 비롯한 북한의 지도자들은 우리 민족에게 용서받지 못할 죄를 저질렀으며 따라서 그들은 민족 반역자라고 할 것이다.

사람들에 따라서는 6.25동란의 원인을 국경충돌의 연장 및 확대로 보거나, 남북한의 자구책으로 보거나, 미국과 소련의 냉전의 결과로 보거나 또는 이들을 합친 복합적인 상황의 전개로 보는 등 여러 가지 견해를 제시하여 왔다. 그러나 중요한 것은 북한이 남한을 전면적으로 공격하면서 전쟁을 일으켰다는 단순하고도 명백한 사실인 것이다. 그리고 그 전쟁의 책임은 김일성을 비롯한 북한의 지도자들에게 있다는 점이다. 김일성은 전쟁준비를 계속하는 가운데 소련의 스탈린에게 여러 차례 남한 공격에 대한 동의를 요청하여 결국 동의를 얻고 이어서 중국 모택동의 동의와 군 지원 약속을 얻어 6.25동란을 일으킨 것이다.

그러나 한편으로는 북한의 전면적인 남침에 대하여 이를 제대로 예상하지도 못하고 또한 대비하지도 못한 이승만 정부의 무능과 불성실성 또한 비판받아 마땅하다고 하겠다. 실제로 이승만은 실제 의도는 알 수 없지만 공개적으로 북진통일을 내세웠고 국방부 장관은 전쟁이 나면 며칠 안으로 북한을 점령할 수 있다고 큰소리를 쳤던 것이다. 결과는 은밀하게 남침을 준비해 온 북한이 기습적으로 전면적인 공격을 해 오자 준비가 안 된 남한은 사흘 만에 서울을 빼앗기고 한달 여 만에는 낙동강 지역으로 후퇴하게 되었다.

이승만 독재의 특징

첫째, 이승만 독재의 특징은 무엇보다도 그의 장기집권을 위한 것이었다는 점이다.

그는 1948년 7월에 국회에서 국회의원들의 투표로 초대 대통령에 선출되었다. 1952년 8월에는 개헌에 의하여 직선제를 통하여 국민들의 투표로 2대 대통령에 선출되었고 1956년 3월에 다시 국민들의 투표로 3대 대통령에 선출되었다. 그리고 1960년 3월 15일에 국민들의 투표로 4대 대통령에 선출되었지만 4.19학생혁명으로 대통령 임기 전에 사임하였고 4대 대통령 선거는 무효화되었다.

그런데 1952년 1차 개헌은 이승만이 국회에서 대통령에 선출될 가능성이 없게 되자 대통령 직선제로 변경하려고 추진한 것으로서 계엄령을 선포하고 경찰과 군 및 정치깡패들을 동원하여 국회의원들을 연행하고 개헌 반대모임을 습격하고 구실을 붙여 체포하는 등 불법과 폭력을 자행하며 공포 분위기를 조성하여 이를 자행하였다. 1956년 2차 개헌은 이승만에게 대통령 3선 제한을 면제하여 주려고 추진한 것으로서 국회 개헌안 투표에서 통과에 필요한 찬성표가 한 표가 부족하여 부결을 선포하였다가 4사5입을 적용하여 필요 찬성표 수를 하나 줄여서 통과한 것으로 번복하여 통과시켰다. 이러한 개헌의 결과로 이승만은 2대와 3대 대통령에 당선되었다. 그리고 앞에서 본 대로 총체적인 부정선거로 치른 1960년 3월의 4대 대통령 선거에서 네 번째로 대통령에 당선되었지만 4월 학생혁명으로 임기 시작 전에 대통령직에서 물러났다.

이렇게 이승만은 국회에서 선출되었던 초대 대통령 당선의 경우를 제외한 나머지 세 번의 국민의 직접선거를 통한 대통령 당선은 모두 불법적 개헌이나 부정선거에 원인을 둔 정당하지 못한 당선이었다. 그리고 이를 가능케 한 독재는 이승만의 장기집권을 위하여 행사된 것이었다.

둘째, 흥미롭게도 이승만 독재 아래에서 언론자유는 상당한 정도로 행사되었다는 점이다.

이승만 독재는 무엇보다도 외형적으로 볼 때 매우 거칠고 투박한 모습을 보이고 있다. 경찰과 군 헌병대 및 내무부와 정치깡패 집단 등이 독재의 기구로 자주 사용되는 가운데 무지막지한 모습을 보이고 있다. 1952년 부산정치파동 때 국회의원들이 탄 버스를 헌병대로 끌고 간 일이 대표적이다. 그런데 흥미롭게도 독재체제가 의례 사용하는 언론통제는 그리 철저하게 시행되지 않았다. 물론 1959년에 이승만 정권에 비판적이던 천주교 재단 소유의 경향신문이 폐간당한 일이 있었지만 그 뒤 군사독재에서 보듯이 조선일보, 동아일보 등 주요 신문들이 공포 속에 숨을 죽이거나 독재 합리화에 앞장서는 일은 없었다.

특히 주목되는 점은 일반 국민들은 대통령을 자유롭게 비판하였으며 이승만 정권이 독재정권이고 부패정권이라고 거리낌 없이 말할 수 있었다는 사실이다. 당시 국민학교 교실에서도 선생님이 수업시간 중 학생들이 자유롭게 정부를 비판하는 것을 허용하는 일도 있었다.

이러한 언론자유의 행사는 이승만 독재가 외형상의 폭력성에도 불구하고 뒤의 군사독재에서 보는 제도적 조직적 치밀성에 비해 훨씬 초보적인 성격의 것이라는 점을 보여 주고 있다고 할 것이다. 그리고 이러한 자유로움은 한국사회의 민주주의적 성향을 유지토록 함으로써 상당 기간 후에라도 한국사회의 민주화가 실현될 수 있는 토양을 지니고 있음을 보여 주고 있다고 할 것이다.

4.19학생혁명의 특징

4.19학생혁명의 특징은 그 이름에서 보듯이 혁명의 실행자가 학생이었다는 점이다. 그리고 이는 학생들이 민주주의를 대한민국의 기본으로 인식하고 있었기 때문이다. 비록 실제에 있어서 한국사회의 현실은 이승만 독재로 얼룩졌다고 하더라도 한국사회가 지향하는 이념은 민주주의라는 점을 학생들이 어려서부터 익혀온 것이 열매를 맺었다고 하겠다.

앞에서도 보았듯이 비록 4.19학생혁명의 주동적인 역할은 대학생 계층이었지만 실제로 혁명의 시작은 고등학생들이었던 것이다. 그리고 이들 고등학생들은 민주주의의 가치와 중요성을 그들의 사고 속에 지니고 있었으며 그리하여 그들의 순수한 열정이 분출되어 학생혁명의 도화선 또는 그 마중물로서의 역할을 담당하였던 것이다.

이렇게 4.19학생혁명의 담당자가 이름 그대로 학생 곧 고등학생과 대학생이라는 점은 무엇보다도 해방 후 3년의 미군정 기간 3년과 그 뒤 이승만 정부 12년 동안 한국의 학생들이 민주주의 교육이념을 기본으로 교육받았기 때문이다. 곧 미군정 기간 동안에는 미군정이 기본적으로 미국식 민주주의 이념과 미국식 실용주의 교육을 시행하였고 이러한 교육 방향은 미국에서 박사학위를 받은 이승만의 집권 기간 동안에도 계속되었던 것이다. 특히 이승만은 자신의 집권을 위하여 학교 교육을 정치적으로 왜곡하려 하지 않았다. 다만 그의 집권 말기에 문교부가 일부 사회 교재에 그를 찬양하는 내용을 넣는 사례가 있었다.

　이렇게 한국의 학생들은 초등학교와 그 위의 중고등학교 기간 중 민주주의 이념을 기본으로 하고 여기에 민족주의적 이념이 가미된 교육을 받았다. 그리고 이러한 가치관을 가진 학생들이 4.19학생혁명을 일으킨 것이다. 한 가지 덧붙이자면 이승만은 역설적으로 그가 힘들여 시행하였던 민주주의 교육으로 성장한 학생들에 의해 독재자의 자리에서 물러나게 되었던 것이다.

2. 장면 정권의 실패: 제2공화국의 실패

장면 정부는 4.19혁명 4개월 후인 1960년 8월부터 다음 해 5월 박정희의 군사쿠데타까지 10개월간 유지되었다. 1년도 채우지 못한 이 기간은 무질서와 민주주의의 두 단어로 표현될 수 있다고 하겠다.

곧 이승만의 하야 이후 외무부장관 허정의 과도정부, 6월의 내각책임제와 참의원과 민의원 양원제를 내용으로 하는 개헌안의 국회 결정과, 7월의 국회의원 선거와 종전 야당이었던 민주당의 의석수 2/3를 넘는 압승, 8월의 국회에서의 장면 총리 인준으로 내각책임제 아래 장면의 '신파' 계열이 주도하는 장면 정권이 시작되었다. 그런데 9월에는 민주당에서 대통령인 윤보선의 '구파' 계열이 분당하여 신민당 창당을 선언함으로써 민주당은 2개의 정당으로 분열되었다. 이승만 정권에 대하여 반독재투쟁을 벌이다 이제 집권당이 된 민주당의 분열과 권력투쟁의 격화는 장면 정부로 하여금 정치 사회질서의 확립과 당면한 민생고의 해결 및 경제개발계획의 추진과 같은 국가적 당면과제의 해결을 불가능하게 하였다. 그리하여 이승만 독재가 무너진 이후 사회의 안정과 민생의 해결을 염원하던 국민들에게 큰 실망을 주었으며 다음 해 군사쿠데타의 발생의 구실을 주었다.

장면의 경제정책 가운데 실제로 실시된 것으로 대표적인 것이 국토건설사업이었다. 1960년 8월부터 추진된 이 사업은 대졸 미취업자에게 일자리를 주는 것이 주목적이었으며 이들을 지방의 도로건설 농촌주택 개량 등 산업건설에 동원하는 것이었다. 이 사업은 중요한 성과를 거두지는 못하였지만 뒤의 박정희의 군사정권에서도 계승되었다. 또한 장면 정부는 이승만 정부의 부흥부가 만든 '경제개발 3개년 계획안(1960-1962)'을 토대로 '경제개발5개년계획(1961-1965)'을 작성하였으나 이를 시행하지 못하였다. 이 계획은 뒤에 박정희 정권의 경제개발5개년계획의 토대가 되었다. 결국 장면 정부는 나름대로 경제재건을 위한 준비와 노력을 하였지만 혼란과 짧은 집권 기간으로 인하여 별다른 성과를 내지 못하였다.

이렇게 장면 정부가 경제적으로 분명한 성과를 내지 못함으로써 장면 총리의 집권 기간은 일차적으로 무질서로 표현되고 있다. 무엇보다도 치안이 말이 아니었다. 대낮에 시내에서 깡패들이 몽둥이를 들고 설쳐 대도 경찰은 보고만 있는 지경이었다. 경찰은 이승만 독재의 하수인이었고 4.19혁명 과정에서 시위대에게 무차별 발포함으로써 200명에 가까운 사망자를 내어 국민으로부터 지탄의 대상으로 전락하여 무시당하고 있었다. 10월에는 4.19 부상자들이 국회에 난입하여 3.15부정선거와 반혁명 책임자 처벌을 위한 특별법 등의 입법 지연과 민주당 신·구파 간의 정쟁을 질타하는 일이 벌어지기도 하였다. 이때 이들 부상자들 앞에서 신·구파 의원 대표들이 악수하는 촌극을 연출하기도 하였다.

또한 4.19학생혁명 1년 후인 1961년 5월 초에는 대학생들이 북한의 대학생 대표들과 판문점에서 조국의 통일을 논의하자고 제안하고 이에 대해 북한이 즉각 찬성하는 일이 발생하였다. 이러한 대학생들의 제안은 진보당 진영의 찬성을 얻기도 하였지만 북한 공산체제에 대한 반감이 강한 데다 혁명 이후 정치 사회적 혼란에 불안을 느끼고 있던 대다수의 국민들에게 큰 우려와 불안감을 주었다. 그리고 이 또한 열흘 남짓 후의 군사쿠데타에 구실을 주었다.

한편 무질서와 혼란으로 특징지어지는 장면의 집권 기간은 민주주의 측면에서는 한국사회가 일찍이 경험하지 못하였고 또 그 이후에도 볼 수 없는 자유를 구가한 기간이기도 하다. 특히 언론 자유의 경우에는 거의 완전한 자유를 누린 시기였다고 할 것이다. 그러나 이러한 자유는 무질서 속에 방종으로 흘렀으며 또 이승만 시대부터 계속되어 온 식량부족을 비롯한 보리고개로 상징되는 민생고가 조금도 개선되지 않은 관계로 국민들은 이를 진정한 자유로 이해하기보다는 무정부적 혼란과 방종으로 받아들였다. 그리하여 장면 정권의 무능은 곧이어 일어난 박정희의 군사쿠데타를 합리화시켜 주는 측면이 컸다.

〈주목할 사항〉

장면 정부의 특징

장면 정권은 최우선 정책으로 경제제일주의를 내세우고 나름대로 공업화를 추진하려고 하고 경제개발5개년계획을 수립하기도 하였다. 그러나 정치적 혼란으로 이를 실행하지 못하였는데 정치적 혼란이란 민주당이 신파와 구파로 나뉘어 격렬한 권력다툼을 벌였고 종래에는 신파가 권력을 잡아 장면을 총리로 세운데 대항하여 구파의 윤보선 대통령이 이끄는 신민당을 분리하기에 이른 것이다. 이러한 권력투쟁으로 인하여 국회가 둘로 나뉜 가운데 장면 정부는 무엇 하나 정책을 제대로 수행할 수 없었다.

그런데 여기에서 한 가지 주목하여야 할 점은 민주당의 신파와 구파 또는 그 뒤 민주당과 신민당은 다 같이 보수적인 성향을 갖고 있어서 성향 또는 이념 측면에서는 서로 별다른 차이가 없었다는 점이다. 결국 양쪽의 차이는 과거 민주당을 구성할 때부터 어느 계열이나 정파 출신이냐에 따라 끼리끼리 모인 인맥 간의 파벌싸움에 지나지 않았다는 점이다. 이는 한국

정치가 해방 이후 계속하여 파벌 간의 이합집산에 따라 진행되고 있음을 보여 주고 있는 것이다.

이러한 전근대적인 정치 현상이 결국에는 제2공화국을 불안정한 혼란 상태를 벗어나지 못하게 하였고 결국에는 군사쿠데타를 초래하게 된 것이다. 실제에 있어서 박정희 군사정권의 경제개발은 그 초기에 있어서는 장면 정부에서 준비한 경제개발계획을 기초로 하여 추진된 것이다.

결국 장면 정부의 실패는 정치의 전근대성에서 비롯된 파벌싸움이 정국을 불안정하게 만들었고 정면 정부의 국정에 발목을 잡았으며 이로 인해 장면 정부는 일다운 일을 제대로 추진하지도 못하다가 무너졌다. 그리고 이 점이 장면 정부 실패의 가장 큰 이유이며 또는 넓게 보아 장면 정부의 특징이라고 할 것이다. 결국 장면 정부는 집권 1년도 못 되어 박정희의 5.16군사쿠데타에 의해 막을 내렸다.

• 이승만 독재와 장면 정권의 몰락 기간 중의 실패와 성취

실패: 이승만 독재와 장면 정권의 무질서로 인한 민주체제의 실패

1948년에 출범한 남한의 민주주의 체제의 대한민국 제1공화국은 초대 대통령 이승만이 자신의 장기집권을 위하여 대통령 선출 제도를 국회의원이 선출하는 간접선거제에서 국민들이 직접 선출하는 직선제로 바꾸고 이어서 대통령 3선이 가능하도록 헌법을 불법적인 방법을 동원하여 개정하고 더 나아가 1960년의 대통령 부통령 선거에서 전국적인 부정선거를 실시하였다. 결국에는 4.19학생혁명을 불러일으킴으로써 대통령직에서 물러났고 이로써 제1공화국은 12년 만에 실패로 막을 내렸다.

다음 내각책임제를 채택한 제2공화국은 장면을 총리로 선출하였는데 장면 정부는 민주당 정권이 신파와 구파로 양분되어 권력투쟁에 몰두하는 가운데 무정부적 혼란을 초래하였으며 정부로서의 기능도 제대로 발휘하지 못하였다. 결국에는 집권 1년도 채우지 못한 가운데 박정희의 5.16군사쿠데타로 정권을 빼앗겼으며 이로써 제2공화국은 1년 만에 실패로 막을 내렸다.

이렇게 대한민국은 출범 이후 13년 동안 민주주의 체제의 제1공화국과 제2공화국이 연이어 실패하였다. 곧 이승만의 제1공화국은 독재와 부정 부패에 대한 국민적 반발로 실패하였고 장면의 제2공화국은 집권당 내부의 권력투쟁으로 인한 무질서를 구실로 일어난 군사쿠데타로 실패하였다. 결국 한국이 정부 수립과 함께 시작한 민주주의 체제와 민주주의는 13년의 기간 동안 6.25동란을 비롯한 간단없는 과정을 거치면서 실패하였다. 이는 민주주의의 실패를 말하는 것이다. 이후 한국은 그 기간의 두 배가 넘는 27년간의 군사독재체제를 갖게 되면서 도합 40년의 짧지 않은 기간 동안 민주화를 이루지 못하게 된 것이다.

실패: 친일 행위자에 대한 심판 실패

남한은 이승만을 중심으로 민주주의 체제의 정부를 세운 다음에 친일 행위자에 대한 청산을 하지 않았다. 곧 제헌국회가 1948년 9월에 「반민족행위처벌법」을 통과시켜 '반민족행위 특별조사 위원회(반민특위)'가 국회에 설치되어 친일 행위자에 대한 조사와 처벌을 진행하였지만 이승만과 경찰 조직이 반발하여 반민특위 참여 국회의원 등 10여 명을 공산당에 협조하였다는 혐의로 구속하고 또 내무부차관이 주도하여 경찰이 반민특위를 습격하여 반민특위 산하 특별경찰대를 해산시키고 또 국회는 법을 개정하여 반민특위를 해체하였다. 이 기간 중 2백여 명이 기소되어 실형 선고 12명을 포함하여 30명이 법적 제재를 받았지만 실형을 선고받은 인사들도 이후 모두 풀려났다. 그리고 1951년 2월에는 위의 처벌법이 폐지되었다. 결국 친일 인사에 대한 처벌은 용두사미로 끝났다. 이렇게 해방 이후 한국사회에서 친일 문제에 대한 청산은 이승만과 친일 세력의 방해로 이루어지지 않았다. 이에 더하여 친일 행위자들이 새로 세워진 정부의 각료, 고위 관리 및 군과 경찰의 중심 집단과 사회 각계에서 지도적인 역할을 담당하였다.

이러한 상황이 벌어진 이유는 초대 대통령 이승만 개인으로서는 과거 독립운동에 헌신함으로써 일제에 의해 옥고를 치르는 등 심한 박해를 받은 관계로 강한 배일 감정을 가졌음에도 불구하고 정부 초기 정부 기능의 확립과 반공 태세 정비 및 본인의 권력 장악을 위하여 친일 행위자의 기용이 필수적이라고 판단하였기 때문이다.

이러한 해방 이후 친일 행위자에 대한 심판이 이루어지지 않은 사실과 관련하여 몇 가지 내용을 살펴보고자 한다.

첫째, 반민특위의 실패는 반 민족적 행위에 대하여 심판이 이루어지지 않고 또 결과적으로 친일 행위자에게 면죄부를 줌으로써 독립국가로서의 기본적인 규칙을 실행하지 못하였다.

이와 같이 대한민국이 국가로서 첫출발을 하는 단계에서 반민족행위자에 대한 심판이 이루어지지 않음으로 인해 국가 사회에서 정의가 바로 설 수 없었으며 이는 한국사회에 있어서 올바른 정치적 사회적 질서를 세우는 데 심각한 장애를 주었으며 두고두고 한국사회에 부정적인 영향을 끼치게 되었다.

곧 해방 이후 남한이 민주주의 체제의 정부를 수립하고 국가를 시작함에 있어서 무엇보다 먼저 해결해야 할 문제가 반민족행위자에 대한 처리 문제였는데 이를 해결하지 못함에 따라 한국사회는 국가로서의 도덕적 기반이 부실하게 되었다. 단적인 예로 독립운동자와 그의 자손들은 경제적 사회적으로 계속 어려움을 겪은 반면 친일 행위자와 그의 자손들은 대를 이어 잘사는 역설적인 현상이 벌어진 것이다.

둘째, 집권하고 있는 정권에 도움이 된다면 과거의 일은 아무래도 좋다는 집권 행태를 기정사실화함으로써 정권의 정당성 문제를 무시하는 풍조를 만들었다는 점이다.

당시 대통령 이승만이 반민특위를 무력화시킨 이유는 반민특위의 활동이 자신의 정권 유지 및 강화에 타격을 주기 때문이었다. 곧 그는 일본에 대하여는 강한 적대감을 가지고 있었지만 의외로 친일 행위자에 대하여는 별다른 거부감을 보이지 않았다. 이는 정부 수립 초기에 이승만이 정부 구성과 경찰 및 군 등을 조직화함에 있어서 필요한 인력을 충원할 때 일제 때의 경험자들을 중용하였기 때문이다. 특히 핵심적인 역할을 맡은 고위 간부직의 경우에는 더욱 그러하였다. 그리하여 이승만이 자신의 권력 강화와 좌익 세력 처리에 있어서 이들 친일 행위자들을 필요로 하고 또 이들을 이용하였던 것이다.

또한 친일 행위자들 또한 자신들의 안위를 위하여 집단적으로 반민특위 활동에 반대하였을 뿐만 아니라 한 걸음 더 나아가 반민특위를 무차별적으로 공격하였다. 곧 이 일에는 이승만과 친일 행위자들의 이해가 일치하였던 것이다.

그런데 이승만의 이러한 행태는 집권에 도움이 된다면 과거에 어떤 행위를 하였든지 이를 문제 삼지 않겠다는 입장으로서 이는 정권 및 정권 담당자의 정당성 문제를 무시하는 풍조를 만들었으며 이후 한국 현대사에 있어서 군사독재체제의 합리화 등 어두운 유산으로 작용하였으며 한국사회는 아직도 이 문제를 제대로 극복하지 못하고 있는 실정이다.

실패: 북한의 남침에 대한 대비 실패

이승만 집권 기간 중의 커다란 실패는 북한 김일성의 남침에 대하여 제대로 대비하지 못함으로써 수많은 인명 피해와 물적 피해를 당한 점이라고 하겠다.

물론 6.25동란이라는 민족적 비극을 일으킨 기본적 책임은 남침을 일으킨 북한의 김일성 정권에 있다. 그러나 남한으로서는 미국의 도움을 받아 국방력을 건설하고 또 북한의 침략을 예상하고 이에 대비하여야 했지만 그러지 못하여 남침 초기 북한의 침략에 대한 무방비 상태에서 속수무책으로 당하여 국가의 운명이 말 그대로 바람 앞의 촛불 신세가 되었는바 여기에는 이승만의 책임이 매우 크다고 할 것이다. 다행히도 미국과 UN이 신속하게 참전하여 대한민국을 존속시켰다.

김일성은 북한의 권력을 잡은 이후 남침을 준비하여 왔다. 그는 남침을 위하여 소련과 중공의 도움을 받아 군사력을 증가시키고 또 스탈린과 모택동을 설득하여 마침내 남침을 동의 겸 허락을 받아내어 남침을 실행하였다. 반면 이승만은 말로는 오히려 북진 통일을 외쳤으며 오히려 이로 인해 전쟁을 우려한 미국으로부터 군사력 증강을 위한 도움을 받지 못하였다. 그러다가 북한의 남침에 대하여 전혀 예상하지도 준비하지도 못한 상태에서 북한의 침략을 받아 대한민국이 국가 존망의 위기에 처하게 된 것이다. 결국에는 3년여의 전쟁으로 수많은 인명 피해와 물적 피해를 입는 가운데 미군 등 16개 UN군의 참전으로 동란 이전과 비슷한 영토를 확보하고 이후 정전 상태를 지속하면서 오늘에 이르고 있다.

이렇게 북한 김일성 정권의 남침에 제대로 대비하지 못한 사실에 대하여는 이승만에게 큰 책임이 있으며 그의 실패라고 할 것이다.

실패: 민간인 학살

먼저 6.25동란 기간 중의 남한의 인명 피해 문제에 대하여 사망자 수를 중심으로 생각해 보고자 한다.

공적 자료에 의하면 6.25동란 중 사망자는 국군 사망자가 14만 명이다. 그리고 경찰 사망자가 3천 명이다. 그리고 민간인 사망자는 24만 명이고 여기에 더하여 양민 학살로 인한 사망자가 13만 명이다. 한편 UN군 사망자 수는 4만 명에 달하고 있다.

그런데 여기에서 문제는 학살로 인한 사망자가 실제로는 13만 명보다 훨씬 많아 100만 명 정도에 이른다는 견해가 있다는 점이다. 예를 들어 문창재의 책 《대한민국의 주홍글자》에서는 6.25전쟁 중 민간인 사망자는 국민보도연맹 가입자와 부역자라는 이유로 국가권력에 의하여 학살된 사람, 국민방위군으로 징집되어 굶어 죽거나 병사한 사람들, 인공 시절 공산당에 의하여 반동분자로 몰려 처형된 사람들, 군경의 공비토벌 작전 때 빨치산에 협조한 혐의로 몰려 피살된 사람 등 여러 유형으로 죽은 사람들 등을 합한 전체 추계는 100만 명으로 보고 있다. 그는 6.25전쟁을 민간인 사망자가 군인 전사자의 5배에 달하는 '이상한 전쟁'이라고 부르고 있다. 이와 같이 6.25동란의 민간인 사망자에 대하여는 그 실상을 아는 것이 거의 불가능한 실정이다. 그렇지만 실제 사망자 수가 공적 자료에 의한 것보다는 훨씬 많다고 생각된다.

이렇게 이승만의 대통령 기간 중 국가권력에 의하여 수많은 민간인 학살이 자행되었다.

1947년부터 수년간의 제주 4.3사건과 1948년의 여수·순천 사건에서 많은 민간인들이 좌익 또는 좌익에 협조하였다 하여 학살당하였다. 무엇보다도 1950에 일어난 6.23동란 중에 수많은 민간인 학살이 이루어졌다.[2] 그 가운데서도 국민보도연맹 가입자들에 대한 학살이 가장 규모가 컸고 다음으로는 인민군에 협조한 부역자로 몰려 학살당한 사람들이 많았다. 그리고 민간인이 아닌 국민방위군으로 징집된 병사들 수만 명이 굶어 죽거나 얼어 죽었다. 또한 거창 양민학살 사건과 함양·산청 양민학살 사건을 비롯하여 많은 학살 사건들이 있었다.

이 가운데서도 가장 많은 민간인 학살이 이루어진 것이 국민보도연맹 사건이었다.

보도연맹이란 한때 조선공산당 등 좌파 단체 관련자들을 정부가 '보호'하고 '선도'하겠다며 등록토록 하여 1949년에 만든 조직이었는데 가입자는 33만여 명이었다. 당초에 전향자를 중심으로 등록자가 4만 명이었는데 너무 적다고 하여 시·군별로 가입 할당량을 매겨 지방 공무원 경찰, 구장, 이장에 대한청년단 등 우익 단체 회원들까지 동원하여 협박이나 강제 가입, 쌀 준다고 속이는 등 온갖 방법을 동원하여 가입자를 늘렸다. 그리하여 대다수의 가입자들은 좌익과 관련 없는 사람들이었다. 농민들과 문맹자들이 많았고 미성년자들도 많았다. 실제에 있어서 진짜 좌익 인사들은 1948년 정부 수립 이후 신변의 위험을 피해 대부분 이미 잠적해 버린 상황이었다.

6.25동란이 터지자 경찰과 군은 전국적으로 보도연맹원들을 잡아들

---

2) 6.25동란 중에 일어난 국민보도연맹 사건, 부역자 처단 사건 및 국민방위군 사건에 대하여는 문창재, 『대한민국의 주홍글자: 국민보도연맹과 국민방위군 사건』(푸른사상사, 2021)을 참고할 것. 여기의 내용은 이 책에 따른 것임.

여 일부 방면한 사람들을 제외하고 경찰서나 형무소 그리고 창고 공장 등에 수용하였고 서둘러 집단적으로 즉결 처형하였다. 골짜기, 절벽, 광산, 바다 등 처형과 사체 처리가 용이한 곳에서 그냥 총살하였다. 국가권력에 의한 대규모 민간인 학살이었다.

얼마나 많은 인명이 죽었는지, 누가 죽었는지, 어디서 죽었는지, 누가 죽이라고 했는지, 누가 죽였는지가 제대로 밝혀져 있지 않다. 희생자 수에 대하여 AP통신은 기사에서 '연맹 가입자 30만 명 가운데 최소한 10만 명 이상 학살된 것으로 추정된다'고 밝혔다.[3]

10년 후 4.19학생혁명이 일어나자 전국 각지에 유족회가 생기고 학살자 처벌을 요구하는 시위도 벌어졌다. 민주당 정부가 이들의 주장을 적극 수용하여 지역별 합동 위령제도 열렸고 위령비도 세워졌으며 유해발굴과 진상조사도 착수되었다. 그동안 '빨갱이 가족'이라고 숨죽여 살아오던 유족들은 처음으로 가슴을 펴게 되었다. 전국유족회도 결성되었고 학살 책임자 처벌을 내용으로 한 특별법 제정을 정부에 촉구하는 청원안도 결의되었다.

그러나 다음 해 박정희의 5.16쿠데타가 발생하자 분위기가 급변하였다. 군사정부는 유족들을 빨갱이라고 잡아들였다. 피학살자 합동 묘지가 파헤쳐지고 위령비는 깨어져 땅에 묻혔다. 유족회 간부 20여 명이 '북괴'를 이롭게 하였다는 혐의로 혁명재판에 넘겨져서 대구유족회장에게 사형이 선고되는 등 15명에게 유죄 판결이 났다. 유족들과 후손들까지 연좌제로 온갖 박해를 받았다. 그 뒤 40여 년이 지나 2005년에 '진실·화해를 위한 과거사 정리 기본법'(과거사정리법)이 제정되어 '과거사정리

---

3) 문창재, 위의 책 p. 29에서 재인용.

위원회'가 출범한 이후에야 보도연맹 사건을 포함한 현대사의 비인간적 학살 행위 등에 대한 조사가 진행되고 있다.

이러한 민간인 학살에 있어서 가장 책임을 져야 할 사람은 대통령 이승만이라고 할 것이다.

직접적으로는 '남로당 계열 및 보도연맹 관계자들을 처형하라는 대통령 특명을 헌병사령부로부터 무전 지시를 통하여 받았다'는 헌병 상사의 증언이 있다.[4] 그런데 보다 넓은 시각에서 이승만의 대통령 직무수행 행태에 대하여 논의하고자 한다.

첫째, 이승만은 자신이 좌익이라고 생각하는 인사들의 처형을 당연시한 것으로 보인다는 점이다. 집권 초기 그는 자신이 싫어하는 상대방을 좌익으로 몰아 처리하는 행태를 보여 왔다. 앞에서 본 바와 같이 이승만은 반민특위의 활동을 중단시키기 위하여 반민특위에 참여한 국회의원 등 10여 명을 공산당에 협조하였다는 혐의를 씌워 구속한 바 있다. 그리고 정적이었던 조봉암에 대하여는 그가 창당한 진보당의 '평화통일 정강'이 반공법 위반이라고 하여 사형받도록 하였다. 52년이 지난 2011년에야 재심에서 대법원은 이에 대하여 무죄판결을 내렸다.

또한 그는 군경의 민간인 학살에 대하여 이를 별 문제가 아니라고 여기고 있었다고 생각된다. 위의 제주 4.3사건이나 여수·순천 사건과 6.25 동란 중 일어난 수많은 민간인 학살 사건에 대하여 별로 중요한 일이라고 생각하지 않은 것으로 생각된다. 군이 어린이 300여 명을 포함하여 700여 명의 민간인을 학살한 거창 양민학살 사건의 책임자인 군 장교 세

---

4) 문창재. 위의 책 p. 32.

사람을 모두 특별사면 하는 등 군의 민간인 학살에 대하여 별다른 의식이 없었다. 또한 민간인 학살 등으로 악명 높았던 김종원을 총애하여 치안국장으로 중용하였다.

이러한 이승만의 직무수행 행태를 볼 때 이승만 시기에 벌어진 대규모 민간인 학살의 가장 큰 책임자는 대통령 이승만이라고 할 것이며 이러한 민간인 학살은 이승만 시기의 심각한 실패라고 하겠다.

실패: 장면 내각책임제의 실패, 정당 정치 실패

1960년 4월 학생혁명으로 이승만이 물러나고 두 달 후 내각책임제와 민의원 참의원의 양원제를 내용으로 하는 개헌이 국회에서 이루어지고 그 한 달 후에는 국회의원 선거가 있어서 이승만 독재를 비판해 온 야당인 민주당이 민의원 선거에서 75%, 참의원 선거에서 53%를 차지하여 한국의 정치를 감당하게 되었다. 국회가 양원제였지만 참의원의 경우 대법원장과 검찰총장 등에 대한 인준권을 가진 외에는 실질적으로 행사할 만한 권한이 없어서 정치적으로는 무시되었다. 그리하여 민의원의 3/4을 차지한 민주당이 4.19학생혁명 이후의 한국 정치를 책임지게 되었다.

그러나 민주당은 비록 4.19학생혁명으로 정권을 얻고 또 바라던 내각책임제를 실현하였지만 신파와 구파 사이의 격심한 파벌싸움으로 10개월 동안 국정을 표류시키다가 결국에는 군사쿠데타의 명분을 주며 정권을 군부에 빼앗겼다.

본래 민주당은 1954년 11월에 자유당이 이른바 '사사오입(四捨五入) 개헌'을 통하여 무리하게 이승만의 종신 집권의 길을 열자 이승만과 자유당의 독재에 반대하는 여러 계파 사람들이 모여 1955년에 창당한 정당이었다. 곧 민주당은 반이승만 독재라는 공통 목표를 중심으로 모인 정치인들의 연합이었다.

그런데 민주당의 양대 파벌인 신파와 구파는 이념이나 정책 방향에서 차이가 있는 것이 아니었다. 두 파벌이 똑같이 반공과 민주주의를 중요시하고 이승만 독재에 반대하여 모였고 내각책임제 개헌을 원하였다. 그렇기 때문에 민주당이 신파와 구파로 분열된 것은 인적 파벌에서 비롯된 것이었다.

먼저 구파는 지주 출신 등으로 일제 시절부터 사회 지도자층으로 활동하던 사람들이 중심인 민주국민당 출신 인사들로 구성되었고 전라도 출신 인사들이 눈에 띄었다. 대체로 보아 보수 주류적인 성격의 집단이었다. 이에 대해 신파는 흥사단계열, 자유당 탈당파, 관료 및 법조인 출신들, 무소속 의원 일부 등으로 구성되었고 평안도 출신 인사들이 눈에 띄었다. 대체로 보아 비주류 신진 소장파 성격의 집단이었으며 연령적으로도 구파에 비해 젊은 편이었다.

그런데 민주당은 이미 국회의원 선거 이전부터 신파와 구파로 분열되어 있었고 당선자 대회를 각기 따로 가졌다. 그리고 국회가 개원하면서 구파가 따로 원내 교섭단체를 등록하여 실질적으로는 분당 상태에 있었다. 국회의원 수에 있어서는 양쪽이 거의 대등하였다.

민주당의 신파와 구파가 당파싸움을 함으로써 국정을 표류시켰다는 점에 대하여 살펴보자.

첫째, 민주당이 집권한 10개월 동안 네 차례의 개각이 있어서 정부가 안정적으로 기능을 발휘할 수 없었으며 또한 정부가 국민의 신뢰를 잃게 되었다.

이렇게 빈번한 개각의 원인이 장관 자리를 어느 파가 얼마 가질 것이냐 하는 문제에 대한 대립으로 이루어진 것이다. 이렇게 개각이 잦고 또 그 이유가 자리 싸움에 있다 보니 내각이 안정적으로 자리 잡고 국정을 처리할 수가 없었고 또 국민의 신뢰를 얻을 수 없었다. 당시 한국사회는 혼란과 무질서가 극심하여 거의 무정부 상태를 보이다시피 하였다. 그럼에도 장면 정부는 무엇 하나 정부로서 최소한의 기능도 발휘하지 못하였다.

무엇보다도 국민생활과 직결되는 치안에 있어서는 부정선거와 4.19 발포에 책임이 있는 경찰이 국민의 신뢰를 잃어서 있으나 마나 한 실정이었다. 대낮에도 도심에 깡패들이 몽둥이를 들고 설쳐 대고 있고 패 싸움이 벌어져도 경찰이 방관하다시피 하였다. 교복 입은 중고생들도 여럿이 몰려다니며 약한 학생들의 돈을 빼앗는 일이 일상이 되었다. 정치 분야에 있어서는 비록 실행은 안 되었지만 대학생들이 북한 학생들과 통일을 논의하겠다고 나서기도 하였다. 대학생들의 이러한 행동은 많은 국민들을 불안하게 하였다.

당장 시급한 민생문제에 대하여 정부가 무엇을 어떻게 하고 있는지 알 수가 없었다. 가장 큰 문제였던 경제개발에 대하여는 부흥부가 계획을 준비하고는 있었지만 시행은 막연한 상황이었다. 기껏 한 것이 청년 인력을 동원한 국토개발사업을 시행한 것이었다. 이러한 상황으로 말미암아 한국사회는 무정부 상태나 마찬가지 상황이었다.

둘째, 국회가 권력 쟁탈에만 몰두하는 가운데 4.19학생혁명의 후속 입법에 소홀하였으며 이 또한 국민의 불신을 초래하였다.

부정선거 책임자들과 발포 책임자 등을 제대로 처벌하기 위하여는 소급 입법 근거 마련 등을 위한 법 개정이 필요한데 국회가 이를 처리하지 않았다. 결국에는 책임자들에 대한 재판 결과가 국민의 기대에 훨씬 못 미치게 되자 국민들의 비판이 쏟아졌고 4.19부상자들의 국회 난입 사태가 벌어지기도 했다. 국회에 밀고 들어온 부상자들도 국회의원들에게 왜 해야 할 일은 안 하고 밤낮 당파싸움만 하고 있냐며 야단쳤고 이들 앞에서 신파와 구파 대표자들이 앞으로는 싸우지 않겠다며 함께 손을 맞잡는 '쇼'도 하였다.

이러한 민주당 신파와 구파 간의 당파싸움은 앞에서 지적하였듯이 정치 철학이나 정책 의견의 차이에서 오는 민주주의 국가에서 일반적으로 관찰되는 정상적이고 건설적인 대립이 전혀 아니었다. 오직 정권이란 먹잇감을 앞에 두고 어느 쪽이 더 많이 빼앗아 먹느냐는 싸움에 불과하였다. 국가와 국민은 안중에도 없고 사리사욕 챙기기에만 급급하였다. 민주당이 이럴 수 있었던 것은 자유당은 망했고 이른바 혁신 정당이라고 하는, 당 이름에 '사회'가 들어가는 진보 계열 군소 정당들은 겨우 몇 명만 당선됨으로써 민주당과 경쟁할 정당이 없었기 때문이다. 이리하여 구파 쪽에서는 민주당 일당 체제는 독재체제이므로 민주주의에 해로운 것이라는 이야기를 공공연히 하고 있는 실정이었다.

이러한 상황은 당시 한국사회에서 민주주의적 정당 정치가 없었다는 사실을 보여 주고 있는 것이었다. 곧 4월 학생혁명 이전에는 이승만 독재 아래에서 자유당은 국민의 뜻을 정부를 통하여 실천하는 데는 신경을 쓰지 않고 오히려 이승만 독재의 하수인으로의 역할만 담당하였고 학생혁명 이후의 민주당은 학생들의 희생으로 얻게 된 정권을 경쟁 정당이 없어서 국민의 뜻을 고려할 필요성이 없는 독점 정당의 지위를 가지게 되어 정권에 따르는 권력과 이익을 챙기는 데에만 혈안이 되어 있었던 것이다. 이러한 상황에서 민주당의 마음에는 국가와 국민이 최소한으로도 자리 잡지 못하고 있는 실정이었던 것이다. 그리고 이것이 장면 내각책임제와 정당 정치의 실패를 가져왔고 국민들이 절망 속에 있는 가운데 군사쿠데타의 명분을 주게 된 것이다. 더욱이 답답한 것은 당시 정부와 군내에 쿠데타에 관한 소문이 무성했음에도 불구하고 민주당은 자신들의 국정 실패가 군사쿠데타를 초래할 수 있다는 사실에 대하여 전혀 생각지도 않았다는 점이다.

이렇게 민주당의 실패는 정치의 실패이자 정당의 실패였으며 한국의 실패를 의미하였고 이로 인해 한국사회는 이후 30년 가까이 군사독재체제에 매이게 되었다.

성취: 학교 교육 확충 및 민주주의 교육 실시

앞에서 우리는 한국이 정부 수립 이후 이승만의 제1공화국과 장면의 제2공화국이 실패함으로써 민주주의가 실패하였음을 논의한 바 있다. 그러나 이하에서 논의할 내용이지만 한국은 1961년 이후 27년간의 군사독재체제 기간 동안 경제개발에 성공하였으며 1988년부터는 헌법이 정하는 바에 따라 국민이 대통령 곧 정권을 선택하는 제도적 민주주의를 실행하게 되는 것이다. 그리하여 한국은 2차 세계대전 이후 경제개발과 민주화에 성공하는 세계적으로 드문 성과를 이룬 국가가 되는 것이다.

그리고 이렇게 한국이 경제개발과 민주화라는 두 가지 역사적이고 시대적인 과업에 성공할 수 있었던 것은 바로 실패로 끝난 제1공화국과 제2공화국 기간 중에 한국사회가 이후 경제개발과 민주화를 가능하게 한 요인들을 마련하였기 때문이다. 그리고 그 요인들은 첫째, 두 공화국에서 추진한 학교 교육의 대폭적인 확충과 둘째, 민주주의 교육의 실행이라고 할 것이다.

첫째, 이승만 정부와 장면 정부에서 추진한 학교 교육의 확충은 이후 한국이 추진한 경제개발에 기반이 되는 인적 자본을 마련하였다는 점이다.

이제 기간 중 학교 교육의 확충 실적을 몇 가지 통계를 통하여 살펴보고자 한다. 그리고 편의상 해방되는 해인 1945년과 제2공화국에 해당하는 1960년 두 해의 통계를 비교함으로써 두 공화국 기간 중의 학교 교육 확충 상황을 보고자 한다. 그런데 초등학교 의무교육 등 교육 확충이 미군정 때가 아니라 제1공화국에서 이루어졌고 제2공화국은 1960년 6월부터 1961년 5월까지 유지된 점을 고려한다면 1945년부터 1960년까지의 기간 중 실적은 실질적으로 제1공화국의 실적으로 보아도 큰 무리가 없다고 하겠다. 다만 여기서 한 가지 유의할 점은 사용하는 통계의 신뢰성이 크지 않다는 점을 염두에 두어야 한다는 점이다. 그렇다고 하더라도 기간 중의 학교 교육의 양적인 변화를 어느 정도 가늠해 볼 수 있다고 생각한다.

	1945(A)	1960(B)	B-A	B/A(배)
초등학교 취학률(%)	64	95	31	1.5
학교 수	3,037	4,496	1,459	1.5
학생 수(만)	137	362	225	2.6
중학교 진학률(%)	26	40	14	1.5
중학교 취학률[5](%)	21	32	11	1.5
학교 수	297	1,053	756	3.5
학생 수(만)	8	53	45	6.6
고등학교 진학률(%)	65	76	11	1.2
고등학교 취학률[6](%)	12	20	8	1.6
학교 수[7]	184	645	461	3.5
학생 수(만)	11	27	16	2.5
고등교육 진학률(%)	-	-	-	-
대학교 수	21	85	64	3.0
대학생 수(만)	0.5	10	9.5	19.1

자료: 『한국교육 60년-성취와 과제』(한국교육과정평가원, 2009) 통계편에서 재작성.

이승만의 제1공화국은 6.25동란과 어려운 재정 형편 가운데서도 무엇보다 초등학교 6년의 의무교육 실행에 큰 노력을 기울였다. 곧 제헌헌법은 초등교육은 의무교육으로 할 것을 정하고 있었고 제1공화국은

---

5)   1953년 취학률.

6)   1953년 취학률.

7)   1948년 학교 수.

1950년 6월부터 의무교육을 실시하고자 하였으나 6.25동란으로 지체되어 1953년 5월부터 의무교육 실행을 추진하였다. 그 결과 1945년부터 1960년 기간 중에 초등학교수가 3,037에서 4,496으로 1.5배로 증가하였고 초등학생수는 137만에서 362만으로 2.6배로 증가하였다. 동시에 초등학교 취학률은 64%에서 95%로 증가함으로써 의무교육이 실질적으로 실행되었다.

다음으로 중학생 수는 같은 기간 중 8만 명에서 53만 명으로 6.6배로 크게 증가하였고, 고등학생 수는 1948년의 11만 명에서 1960년의 27만 명으로 2.5배로 증가하였다. 한편 대학생 수는 1945년의 5천 명에서 1960년의 10만 명으로 19.1배로 크게 증가하였다.

이렇게 제1공화국 기간 중 초등학교 의무교육이 거의 완성되고 중고등학생 수 및 대학생 수가 급격하게 증가됨으로써 이러한 인적 자본의 증가가 1960년 이후의 경제개발을 가능하게 한 것이다.

이에 더하여 제1공화국은 일반 국민을 대상으로 문맹 퇴치 운동을 적극적으로 추진하여 1945년 해방 당시 77% 수준으로 추정되는 문맹률을 1960년에는 28% 수준으로 크게 낮추었다. 그런데 한편으로 당시 문교부 발표에 의하면 1958년 문맹률이 4%로 낮아졌다고 하였는데 이러한 발표를 믿기는 곤란하지만 제1공화국 기간 중 성인의 대다수가 문자를 해독할 수 있게 되었으므로 경제활동에 있어서 전반적인 효율이 높아졌다고 할 것이다. 이렇게 문맹률의 감소 또한 전반적인 인적 자본의 증가를 의미하고 이러한 현상이 경제개발에 크게 도움을 준 것이 분명하다고 하겠다.

문맹률 추이

	1945	1960
문맹률(%)	77	28

자료: 1945년 통계는 문교부 발표. 1960년 통계는 1960년 국세조사 결과.

둘째, 제1공화국은 학교 교육을 통하여 민주주의에 대하여 교육을 실시함으로써 이후 한국사회가 민주화를 이룩하는 기반을 마련하였다는 점이다.

곧, 제1공화국의 학생들이 학교 교육을 통하여 민주주의에 대하여 공부함으로써 이들이 민주주의를 한국의 정치 사회체제의 기본임을 받아들이고 또 한국사회에 민주주의 체제가 실현되는 일에 핵심적인 주체가 된 것이다. 이렇게 하여 제1공화국의 민주주의 교육은 한국사회의 민주주의 실현에 기반을 형성하였다고 할 것이다. 여기에 더하여 제1공화국의 문맹 퇴치 노력으로 문맹자 수가 크게 감소하면서 대다수 성인들이 신문을 읽을 수 있게 된 것도 국민들의 민주주의 이해에 큰 도움이 되었다고 보겠다.

이와 관련하여 두 가지 사항을 논의하고자 한다. 첫째로는 이승만 정권의 학교 교육은 일반 사회와 도덕 과목 등의 교과 과정과 훈육 등에 있어서 민주주의에 대한 교육도 있었지만 현실적으로 반공을 더욱 강조하였다는 점이다. 이는 6.25동란을 통하여 북한 공산주의 체제에 의해 국가의 존망의 위기를 경험하였고 또 이승만이 자신의 권력 강화를 위하여 반공을 이용한 의도도 있었기 때문이라고 하겠다. 그럼에도 불구하고 공산주의에 반대하는 반공교육 자체가 민주주의를 상대적으로 대비시킴으로써 민주주의를 교육하는 결과를 초래하였다고 할 것이다.

둘째로는 이러한 학교 교육을 통한 민주주의 교육과 문맹률 감소를 통한 성인의 신문 등 접근 확대를 통한 민주주의 내용 보급은 한국사회의 민주화에 매우 필요하고도 중요한 과정이었다는 점이다. 왜냐하면 해방 이후 이전까지는 한국 국민이 민주주의에 대하여 어느 정도라도 이해할 기회가 거의 없었기 때문이다.

예를 들어 해방 다음 해에 한국인들이 가졌던 정치 및 경제체제에 대한 여론을 보도록 하자. 곧 1946년 7월에 미군정이 서울 시민을 대상으로 실시한 여론조사 결과를 보면 선호하는 정치 형태에 있어서는 개인 독재 3%, 소수 독재 4%, 계급 독재 5%, 대의정치 85%, 모르겠다 3%를 보였다. 그리고 선호하는 체제에 있어서는 자본주의 13%, 사회주의 70%. 공산주의 10%, 모르겠다 7%를 보였다.[8] 이와 같이 해방 당시 한국사회의 여론은 정치체제에 있어서는 대의정치를 압도적으로 선호하면서도 경제 체제에 있어서는 자본주의보다 사회주의를 일방적으로 선호하는 행태를 보임으로써 오늘 날의 민주주의 시장경제와는 크게 다른 행태를 보인 것이다.

그렇기 때문에 제1공화국의 학교 교육과 문맹 퇴치 노력은 한국 국민들이 민주주의 시장경제를 이해하는 데 결정적인 역할을 하였다고 할 것이다. 특히 이는 한국사회의 민주화와 관련하여 보다 구체적으로 민주주의에 대한 희망과 독재에 대한 거부를 한국 국민의 사고에 분명하게 자리 잡게 함으로써 1960년의 4.19혁명을 이루었으며 이후 30년 가까운 군사독재 이후에 한국사회가 경제개발에 이어 민주화를 이룩하는

---

8) 송재경, '미군정 여론조사로 본 한국의 정치·사회동향(1945-1947)', 2014. 서울대학교 대학원 국사학과 석사학위 논문 pp. 52-53.

기반을 마련하였다고 할 것이다.

성취: 4.19혁명으로 민주주의 전통 확립

남한은 북한의 전면적인 남침으로 비롯된 국가 존망의 위기를 UN군과 함께 사력을 다하여 막아 내었다. 그러나 정전 이후 내부적으로는 이승만 독재로 인한 압제와 무능과 부패로 국가가 경제개발과 민주화의 전기를 마련하지 못하고 국민들은 가난 속에서 아무런 희망도 가지지 못하고 이승만과 자유당 욕만 하며 삶을 이어 가고 있었다.

물론 이승만은 당대의 거인이며 그가 있었기에 남한에 민주주의 체제의 대한민국이 세워졌음을 국민들이 알고 있었고 그리하여 국민들은 그의 호칭을 많은 경우에 이 대통령이라고 부르기보다는 존경심을 담은 이승만 박사 또는 이 박사라고 불렀다. 더욱이 두 번의 대통령 선거에서 야당 후보들인 신익희와 조병옥이 선거를 앞두고 사망하는 바람에 사람들은 이 박사를 하늘이 세웠다는 말도 하였다.

그렇지만 1950년대 중반에 그의 나이가 80대가 되었고 그가 당시 한국사회의 현실을 제대로 알고 있지 못하다는 인상을 국민들에게 주었다. 동시에 그의 밑에는 그에게 충성을 바치면서 이를 이용하여 사리사욕을 챙기며 권력을 휘두르는 사람들이 이승만을 인의 장막으로 둘러싸고 있는 것으로 보였다.

결국에는 1960년 3월 15일 정부통령 선거에서 최인규 내무장관 등이 경찰과 관료조직을 부려서 투표함 바꿔치기 등 온갖 부정 수단을 사용하며 근대국가에서는 생각할 수 없는 전국규모의 조직적인 부정선거를 자행하기에 이르렀다.

이리하여 처음에는 고등학생들이 시작하고 이어서 대학생들이 주동이 되어 부정선거 규탄 시위가 전국적으로 확대되어 4월 19일에는 시위대가 경무대(오늘의 청와대)로 향하여 접근하자 경찰이 발포하면서 많은 사망자가 발생하였고 이를 본 대학교수들이 시위에 나서면서 이승만이 하야하며 4.19학생혁명이 성공으로 끝나게 된 것이다.

4.19학생혁명은 한국 현대사에 있어서 민주주의 전통을 확립한 역사적 사건이었다. 남한의 한국은 1948년 제헌헌법은 1조에서 '대한민국은 민주공화국이다' 그리고 2조에서 '대한민국의 주권은 국민에게 있고 모든 권력은 국민으로부터 나온다'고 정하고 있고 현재의 6공 헌법도 같은 내용을 헌법 1조의 1항과 2항으로 정하고 있다. 무엇보다도 한국 국민들의 마음속에는 대한민국이 민주주의 국가라는 생각이 기본적인 생각으로 자리 잡고 있다. 왜냐하면 한국은 정부 수립 이후 바로 초등학교 때부터 남한이 북한의 공산주의와는 반대되는 민주주의 국가라는 내용을 학생들에게 가르쳤기 때문이다.

그럼에도 불구하고 실제에 있어서는 초대 대통령인 이승만이 장기집권하면서 독재정치를 실행함에 따라 민주주의는 실행되지 못하였다. 그리하여 4.19학생혁명이 일어난 것이다. 곧 이승만은 그가 적극적으로 실시한 학교 교육에서의 민주주의 교육의 결과로 독재자의 자리에서 물러나게 된 것이다.

곧, 4.19혁명은 제1공화국에서 민주주의 교육을 받은 고등학생과 대학생들이 일으킨 것으로서 먼저 고등학생들이 부정선거에 대한 항의 시위로 시작되어 대학생들이 중심적인 역할을 함으로써 이룩한 것이었다.

여기서 4.19혁명 당시 고등학생과 대학생들의 선언문의 내용을 보면서 당시 그들이 가졌던 혁명의 취지를 통하여 그들의 민주주의적 사고를 살펴보도록 하자.

〈1960. 2. 28. 경북고등학교 학생 결의문〉

먼저 4.19혁명의 초기 집단 행동은 1960년 2월 28일 경북고등학교 학생들의 일요일 등교 반대 시위였다. 당시 자유당 정부가 당일 대구에서 열리는 야당 부통령 후보 장면의 선거 연설에의 학생들의 참가를 방지하고자 고등학생들의 일요일 등교를 지시하자 경북고등학교 학생들이 이에 반대하는 시위를 거행하면서 결의문을 발표하였다. 이 결의문에서 그들은 '우리는 일주일 동안 하루의 휴일을 쉴 권리가 있다.' '백만 학도여, 피가 있거든 우리의 신성한 권리를 위하여 서슴지 말고 일어서라.' '정의에 배반되는 불의를 쳐부수기 위해 이 목숨 다할 때까지 투쟁하는 것이 우리들의 기백이며…' '최후의 일인까지 부여된 권리를 수호하기 위하여 싸우련다.'

〈1960. 4. 18. 고려대학교 학생 선언문〉

'이제 질식할 듯한 기성 독재의 최후적 발악은 바야흐로 전체 국민의 생명과 자유를 위협하고 있다.' '만고 이와 같은 극단의 악덕과 패륜을 포용하고 있는 이 탁류의 역사를 정화시키지 못한다면 우리는 후세의 영원한 저주를 면치 못하리라.' '동족의 손으로 동족의 피를 뽑고 있는 이 악랄한 현실을 방관하랴.' '우리 고대는 과거 일제하에

서는 항일투쟁의 총본산이었으며 해방 후에는 인간의 자유와 존엄
을 사수하기 위하여 멸공전선의 전위적 대열에 섰으나 오늘 진정한
민주이념의 쟁취를 위한 반항의 봉화를 높이 들어야겠다.' '진정한
민주역사창조의 역군이 될 수 있음을 명심하여 총궐기하자.'

〈1960. 4. 19. 서울대학교 문리과 대학생 선언문〉

'우리의 지성은 암담한 이 거리의 현상이 민주와 자유를 위장한 전
제주의의 표독한 전횡에 기인한 것임을 단정한다.' '무릇 모든 민주
주의의 정치사는 자유의 투쟁사다.' '한국의 일천한 대학사가 적색전
제에의 과감한 투쟁의 거획을 장하고 있는데 크나큰 자부를 느끼는
것과 꼭 같은 논리의 연역에서, 민주주의를 위장한 백색전제에의 항
의를 가장 높은 영광으로 우리는 자부한다.' '근대적 민주주의의 근
간은 자유다.' '민주주의 이념의 최저의 공리인 선거권마저 권력의
마수 앞에 농단되었다.' '언론, 출판, 집회, 결사 및 사상의 자유의 불
빛은 무식한 전제 권력의 악랄한 발악으로 하여 깜박이던 빛조차 사
라졌다.' '보라! 우리는 기쁨에 넘쳐 자유의 횃불을 올린다.' '영원한
민주주의의 사수파는 영광스럽기만 하다.' '우리의 대열은 이성과 양
심과 평화, 그리고 자유에의 열렬한 사랑의 대열이다. 모든 법은 우
리를 보장한다.'

〈1960. 4. 19. 연세대학교 학생 선언문〉

'발작적 방종이 아닌 민주주의라 하는 것, 그것은 각인의 의사를
자유로이 표시할 수 있을 뿐 아니라, 집회, 언론, 결사의 자유가 엄연

히 보장되어야 함은 물론 국민에 의해서 선출된 정부와 입법부는 국민의 의사를 존중하여 전 국민을 위한 정부가 되어야 하는 것이다.'

'우리는 … 헌법 전문에 기록된 바 사회적 폐습을 타파하고 진정한 민주주의 대한민국을 건설해야 하는 것이다. 몽매한 무지와 편협 그리고 집권과 데모의 제지, 학생 살해, 재집권을 위한 독단적인 개헌과 부정선거 등은 이 나라를 말살하는 행위인 것이며, 악의 오염을 더욱 증가시키는 것 이외에는 그 무엇이 되겠는가? 나라를 바로 잡고자 혈관에 맥동치는 정의의 양식 불사조의 진리를 견지하려는 하염없는 마음에서 우리는 다음의 몇 사항을 엄숙히 결의하는 바이다.'

이렇게 4.19혁명 당시 고등학교와 대학교의 결의문은 권력이 국민에게 있다는 점과 국민의 자유의 권리를 외침으로써 혁명의 자유민주주의적인 성격을 소리 높여 강조하고 있으며 이러한 사고는 제1공화국의 민주주의 교육의 결과라고 할 것이다.

이제 4.19혁명이 한국사회에 있어서 민주주의 전통을 확립한 사건이라는 점에 대하여 논의하도록 하자.

첫째, 4.19혁명은 한국 국민들이 민주주의가 유린되는 경우에는 정권에 대하여 행동으로 거부권을 행사한다는 사실을 분명하게 보여 주었다는 점이다. 그리고 이 사실은 민주주의가 헌법 조항에 적혀 있는 문자일 뿐만 아니라 이를 실현해야 하는 실제라는 사실을 행동으로 보여 줌으로써 민주주의를 한국사회의 전통으로서 확립하였다.

둘째, 비록 박정희와 전두환의 군사쿠데타로 군사독재체제가 27년간 지속되었다고 할지라도 국민들은 끈질기게 이러한 군사독재체제가 민주주의가 아니므로 이들의 정당성을 부정하고 이에 대해 저항하였는데 이러한 저항은 4.19혁명의 전통 위에서 진행된 것이라는 점이다.

특히 독재의 정도가 제도적으로나 실직적으로나 엄청났던 박정희의 유신체제 하에서 자신들의 생명을 희생하며 저항한 민주인사들과 전두환 등의 5.18내란에 대하여 대규모 학살을 당하며 저항한 광주민주화운동 또한 4.19혁명의 전통 위에서 또는 그 전통을 이어받아 이루어진 것이라는 점이다.

이렇게 4.19혁명은 한국 민주주의 전통을 확립한 국민들의 성취라고 할 것이다. 그리고 이 민주주의 전통은 제도적 민주화의 성취로 열매를 맺었으며 앞으로 실질적 민주화의 실현을 통하여 계속 열매를 맺어 갈 것이다.

3장

박정희 전두환의 군사독재와 경제개발(1961-1987)

1. 박정희 독재와 경제개발(1961-1979): 양해받은 쿠데타에서 절대 독재로, 그리고 역사적 경제개발 성과의 공존

1961년 5월 16일 박정희 소장이 이끄는 군사쿠데타가 일어나서 장면 정부를 쓰러뜨리고 권력을 장악하였다. 비록 군의 일부 소수 병력이 동원되어 정부 주요 시설 몇 군데와 방송국을 점령하는 데 그쳤지만 장면 총리가 수녀원에 숨고 윤보선 대통령이 주한미군사령관의 쿠데타 진압에 반대하는 바람에 쿠데타는 별 어려움 없이 성공하였다. 그리고 이 쿠데타는 이후 19년간에 걸친 박정희 군사독재 시대를 열었으며 뒤를 이어 전두환의 군사독재 8년을 더하여 한국은 27년의 군사독재체제에 들어가게 되었다.

당시 군사쿠데타가 일어나자 한국사회는 이를 지지하거나 또는 지지하지는 않더라도 불가피하였다고 생각하여 전반적으로는 이를 받아들이는 분위기였다. 윤보선이 대통령에게 쿠데타를 인정받고자 청와대에 온 박정희 앞에서 '올 것이 왔구나'라고 말한 것이 대표적이다. 이와 같이 당시 한국사회가 5.16쿠데타에 대하여 이를 대체로 받아들이는 태도를 취한 것은 무엇보다도 장면 정부가 들어선 이후에도 국민들의 생활고가 조금도 나아지지 않은 데다가 거의 정치권과 사회 전반에 무정부적 혼란과 무질서가 한국사회를 지배하고 있어서 국민들의 불만이 높았기 때문이었다. 더욱이 대학생들에 의하여 남북한 대학생의 통일 논의 대화 추진 움직임 등은 반공의식이 강한 기독교 진영을 포함한 장년층을 불안하게 만들었다. 이리하여 한국사회 전체가 장면 정권 아래의 한국사회 상황에 대하여 희망을 가질 수 없는 상황이었다.

이러한 때에 군사쿠데타는 한국 국민으로 하여금 군사정부에 의한 반공과 부패 근절, 사회질서의 확립 및 민생고 해결에 대한 기대를 갖게 하였다. 결국 박정희는 1979년 중앙정보부장 김재규에 의해 살해당할 때까지 19년 동안 한편으로는 한국사회를 군사독재국가로 만들어 철저하게 지배하는 동시에 다른 한편으로는 경제개발을 강력하게 추진하고 또 이에 성공함으로써 한국을 산업화해 근대국가로 만드는 역사적인 과업에 성공하였다. 곧 박정희 시대는 군사독재와 경제개발의 두 단어로 요약할 수 있다.

이제 박정희 정권의 두 가지 특징인 군사독재와 경제개발에 대하여 차례로 논의하여 보자.

박정희의 군사독재

먼저 박정희의 군사독재에 대하여 살펴보도록 하자.

박정희는 군사쿠데타 이후 2년 남짓은 현역 군인으로 실권을 행사하였지만 그후 전역하여 민간인 신분이 되었고 대통령 선거에서 대통령에 당선되어 1963년 12월부터는 5대 대통령이 되어 1979년 10월 사망까지 16년 동안 대통령직에 머물렀다. 이렇게 그는 정권의 대부분을 민간인 대통령으로 지냈지만 그의 정권을 군사독재체제라고 부르는 것은 그가 군사쿠데타로 정권을 탈취하였고 그의 대통령직도 군을 장악하고 또 군의 지지를 바탕으로 유지되었기 때문이다. 그리고 그가 만든 군사독재체제적인 성격은 그가 사망한 이후 그가 총애하던 군 후배 전두환이 역시 군사쿠데타로 군을 장악하고 나아가 정권을 탈취함으로써 군사독재체제가 계속된 사실에서도 분명히 드러났다고 하겠다.

박정희는 군사쿠데타 이후 2년 여 군사정부 지도자로 지낸 이후 두 번의 대통령 선거와 3선 개헌 후의 대통령 선거 그리고 10월 유신 이후 두 번의 대통령 선거에서 당선되어 모두 다섯 번 대통령에 선출되었다. 그런데 유신 이전의 세 번의 선거는 국민에 의한 직접선거였으며 또한 조직적인 부정선거였다고 보기도 어려워서 대통령 선거의 내용만 놓고 본다면 10월 유신 이전의 12년을 독재 시대라고 보기가 어려운 면도 있지만 대통령직의 수행에 있어서 내용적으로는 불법적으로 국가 권력을 자신에게 집중시키고 정보기관을 부려서 반대 세력을 억압하고 국민의 기본권을 유린한 독재체제였다. 문제는 그럼에도 불구하고 국민들이 계속

해서 그를 대통령으로 뽑았다는 점인데 이러한 점에서 10월 유신 전까지는 국민들이 그의 독재를 허용하였다고 볼 수 있다. 그러나 특히 3선 개헌 이후부터는 정권의 폭력성이 두드러지기 시작하여 앞으로 다가올 유신 시대의 전조를 보였다. 그 단적인 예가 1971년에 있는 이른바 10.2 항명파동이다. 당시 국회에서 야당이 오치성 내무부장관 등 세 명의 장관에 대하여 불신임결의안을 내자 오치성 장관에 대하여 불만을 가졌던 여당인 공화당의 실력자들이 주동이 되어 그에 대한 불신임에 가담함으로써 오치성이 불신임 당하는 일이 발생했다. 이에 박정희가 격노하여 이후락 중앙정보부장을 시켜서 불신임에 가담한 공화당의원 20여 명을 중앙정보부에 끌고 가서 두들겨 패는 미개한 나라에서나 있을 수 있는 일이 벌어졌다.

　1972년 이후의 유신체제는 내용적으로나 외형적으로나 완전한 독재체제였다. 유신체제란 박정희가 1972년 10월에 국회를 해산하고 계엄령을 선포하면서 추진 시행한 절대독재체제로서 박정희가 행정권은 물론 국회의원 1/3과 법관의 임명권을 가지는 등 입법권과 사법권까지 모두 가지며 국민대표들이 대통령을 뽑는 등 종신 통치를 하는 체제이다. 이에 더하여 유신체제에 반대하면 징역형을 받도록 하였다. 박정희는 10월 유신의 명분으로 남북대화 뒷받침과 주변 정세 대응을 내세웠지만 유신체제는 그의 독재를 위한 장치에 지나지 않았다.

　유신 초기에는 공포통치를 통하여 반대를 억압하는 가운데 그럭저럭 체제가 작동하였지만 유신체제 후반 이후에는 정부의 모든 역량이 박정희의 집권 유지에만 집중되어 한국사회는 활력을 잃었고 박정희가 한국을 위하여 있는지 아니면 한국이 박정희를 위하여 있는지를 구분하기 어려운 실정에 이르게 되었다. 이러한 유신체제의 시행으로 말미암아 박정희 시대 전체가 독재 시대로 확실하게 규정되게 되었다.

박정희가 그의 독재를 실행함에 있어서 사용한 기관이 중앙정보부였다. 중앙정보부는 5.16군사쿠데타 직후에 김종필에 의해서 만들어진 정보와 수사를 총괄하는 조직이었는데 이는 곧 바로 박정희 정권 내내 오로지 박정희 독재체제를 보호하고 유지하는 것을 지상 임무로 실천하는 무소불위의 초법적 기관으로 존재하였다. 예를 들어서 중앙정보부 직원이 밤에 장관 사무실을 뒤지는 일이 있어도 장관은 아무 소리를 못 하였고 1973년에는 서울대 최종길 교수가 중앙정보부에 잡혀 가서 고문으로 죽어도 별일이 없었다. 후에 박정희가 바로 중앙정보부부장인 김재규에게 살해되고 박정희 독재체제가 중단된 것은 역설적인 사실이었다.

그런데 박정희 시대에 있어서 한 가지 기억해야 할 사항은 박정희가 국민정신의 개조를 추진하였다는 점이다. 곧 국민교육헌장의 제정과 새마을운동의 시행이었다. 이 두 가지 모두 박정희 개인의 생각에서 출발 시행된 것이었다. 박정희는 1968년에는 교육 이념의 정립을 위하여 국민교육헌장을 제정하였는데 첫 문장이 '우리는 민족중흥의 역사적 사명을 띠고 이 땅에 태어났다.'였다. 그리고 1970년에는 농촌 환경 개선 및 농민의 의식 개혁을 위하여 새마을운동을 시행하였다. 이는 절대독재체제에서 가능했던 전체주의적 발상이었는데 두 가지 모두 집단주의 의식이 강한 한국에서 당시의 국민 의식에 영향을 주었다. 특히 새마을운동의 경우에는 성과가 좋은 마을에 대하여 정부가 선택적으로 지원해 주는 경쟁 방식을 시행함으로써 상당한 성과를 거두었다.

이와 같이 박정희 독재는 철저하고 잔인한 속성을 가진 것으로서 형식과 내용에 있어서 시대착오적인 것이었다. 공포 분위기로 유지되던 유신체제는 후반에 이르러서는 고위 관료들까지도 사석에서는 체제를 비아냥거리기에 이르렀다. 이러한 박정희 독재의 비정상적인 성격은 박정희의 생각지도 못한 급작스런 사망에서도 나타났다고 할 것이다.

박정희의 경제개발

다음으로 박정희의 경제개발에 대하여 살펴보도록 하자.

박정희 시대는 경제개발 시대로 규정된다. 앞에서 보았듯이 박정희 시대는 정치 사회적으로는 유신체제라는 시대착오적인 독재체제로 특징지어지지만 경제적으로는 한국의 경제개발과 경제발전을 성공시키는 역사적인 성과를 이룩한 시대였다. 박정희 시대는 한국이 경제개발에 성공함으로써 산업화를 이루어 세계 최빈국 집단에서 벗어나 오늘날 세계 10위권 선진 경제로 도약할 수 있는 토대를 마련함으로써 경제적 측면에서는 역사적으로 가장 중요한 의미를 지닌 시기였다고 하겠다.

곧 박정희 시대를 통하여 한국은 수출 주도형 경제개발에 성공함으로써 높은 경제성장률을 기록하여 저소득 국가에서 벗어나 중소득 국가 단계로 들어갔으며 단순 공업화에서 중화학 공업화로 이행함으로써 경제개발을 통하여 양적인 경제성장과 질적인 경제발전을 동시에 이룩하였다. 그리하여 경제는 물론 사회 전반에 걸쳐서 산업화를 이룩하여 한국사회 선진화의 물적 토대를 마련하였다고 볼 수 있다. 이러한 경제개발의 결과로 인해 박정희 시대를 거치는 동안 한국 사회의 성격은 전통 농업사회로부터 근대 산업사회로 전환하게 되었다.

곧 박정희는 장면 정부가 마련한 경제개발5개년계획을 기초로 하여 제1차 경제개발5개년계획(1962-1966)을 만들고 이후 계속적으로 경제개발5개년계획을 수립하고 정부와 국민의 모든 역량을 5개년계획의 실천에 집중시키도록 하였다. 그 결과 한국은 세계적으로도 유례가 드문 높은 경제성장률을 기록하면서 경제개발에 성공하였다.

이제 박정희 집권 기간 중의 경제발전 상황을 보도록 하자. 먼저 경제성장면에서 그가 집권한 1961년부터 1979년의 18년 동안 연평균 경제성장률은 10.0%에 달하였고 이에 따라 1인당 국민소득은 1961년의 85달러에서 1979년의 1,709달러로 증가하여 명목상으로는 20배가 증가하였다. 참고로 박정희 시대 이전인 1954-1960년 동안의 연평균 경제성장률은 3.9%에 지나지 않았다. 이러한 높은 경제성장률은 세계적으로도 유례가 드문 훌륭한 성과였다. 그리하여 1974년에는 남한의 1인당 국내총생산이 555달러로 처음으로 북한의 521달러 수준을 넘어서게 되었다.

그런데 이렇게 빠른 경제성장은 무엇보다도 수출의 급격한 증가에 힘입은 것이었다. 곧 기간 중 연평균 수출증가율은 무려 39%를 보였다. 이에 따라 수출액 1960년의 3천 3백만 달러에서 1979년에는 150억 달러로 명목상 450배나 증가하였다. 그리하여 국민총생산에 대한 수출과 수입을 합한 비율 곧 대외의존율은 1960년의 16%에서 1979년의 64%로 급등하였다.

또한 경제구조면에서도 큰 변화를 보였다. 곧 산출액 비중에 있어서 1960년에 농수산업 37%, 광공업 16%, 서비스업 47%에서 1979년에 농수산업 19%, 광공업 29%, 서비스업 52%로 변화하여 산업구조가 농수산업 비중이 주는 대신 광공업과 서비스업의 비중이 늘었다. 고용 비중에 있어서는 이러한 변화가 한층 뚜렷하다. 곧 1960년에 농수산업이 63%나 차지한 반면 광공업은 9%, 서비스업은 28%에 지나지 않았으나 1979년에는 농수산업이 36%로 크게 감소한 반면 광공업은 24%, 서비스업은 41%로 각각 증가하였다. 그리고 제조업 내용에 있어서도 기간 중 경공업 비중보다 중화학 공업 비중이 더 커졌다. 그리하여 산업구조가 농업 중심의 전근대적 구조로부터 서비스업 중심의 근대적 구조로 변화하였다.

이렇게 박정희는 경제개발을 통하여 높은 경제성장률과 산업구조의 고도화를 이룩하였다. 그런데 그가 경제개발에 성공함에 있어서는 특별히 개발전략 측면에 있어서 두 가지 중요한 전략을 채택하였기 때문이다.

첫 번째로는 수출 주도형 공업화 전략이다. 당시 세계 개발경제학계에서는 예를 들어 농업과 공업을 함께 균형되게 성장시키자는 균형발전이론과 다른 산업에 대한 연관효과가 큰 전략산업을 집중적으로 성장시키자는 불균형발전이론이 대립하고 있었는데 박정희는 공업 부문을 집중적으로 성장시키는 불균형발전 전략을 택하였다. 동시에 규모가 작은 국내시장만 대상으로 하는 내수 중심의 공업화로는 경제성장에 한계가 있기 때문에 세계시장을 대상으로 하는 수출 주도형 공업화 전략을 택하였는데 이는 결과적으로 올바른 선택이었다.

두 번째로는 적극적인 외자도입 전략이었다. 공업화와 경제성장을 위하여는 자본이 필요한데 당시 가난한 한국 상황에서 자본 부족을 해결하기 위하여 박정희는 외국자본의 도입을 적극 추진하였다. 초기 대표적인 예가 한일국교정상화를 통한 대일청구권 자금의 도입 추진이었다. 그러나 한일 협상에 대한 국민들의 강한 반대에 부딪치면서 1964년 6월에 계엄령을 선포하면서까지 추진하여 결국에는 1965년 6월에 한일국교정상회 조약을 조인하고 일본으로부터 10년간 5억 달러에 달하는 대일청구권 자금을 받았다. 이 청구권 자금은 포항제철 건설에 1억 2천만 달러를 사용하는 등 경제개발에 유용하게 사용하였다.

당시에는 외국자본의 도입이 국내에 매판자본(買辦資本)을 형성한다는 이른바 매판자본론이 득세하고 있던 상황이라 대일청구권 자금만이 아니라 외국자본의 도입에 대하여 매우 비판적인 분위기였다. 그러나 박정희가 적극적인 외자도입을 추진하고 결과적으로 경제개발에 성공함으로써 그의 적극적인 외자도입 전략 역시 올바른 선택이었다고 하겠다.

물론 이러한 올바른 경제개발의 전략의 수립 또한 박정희 개인의 업적이라고 하기에는 무리가 있다. 곧 5.16쿠데타 직후 설립한 경제개발의 중심 기관인 경제기획원과 수출산업 담당기관인 상공부 등 관료조직과 내무부 등의 행정기관의 기여가 있었다. 그렇다고 하더라도 경제개발전략의 최종적인 결정권자는 박정희였으므로 그의 역할이 절대적이었다고 하겠다.

결국 당시 한국의 경제개발에 있어서 개발전략 및 계획의 결정과 이의 실천 및 집행 등 경제개발의 모든 부문에 있어서 박정희의 역할은 핵심적이고도 주도적인 역할을 하였다고 할 것이다.

이렇게 박정희 주도한 경제개발의 성공은 한국을 세계적으로 매우 가난한 나라에서 벗어나게 하였으며 한국 국민들로 하여금 처음으로 '우리도 잘살 수 있다.'는 희망과 자신감을 갖도록 하였다. 그리고 그 과정에서 한국사회의 성격을 전통적인 농업사회로부터 근대적인 산업사회로 변화시켰다. 이리하여 그는 입버릇처럼 강조하던 '조국 근대화'에 있어서 그 경제적인 토대는 마련한 셈이었다. 그리고 이는 박정희의 역사적인 업적이었다고 할 것이다.

그런데 여기에서 생각하여 볼 점은 이와 같은 박정희 시대에 있어서의 경제개발의 성공이 오직 박정희 한 사람의 업적인가 하는 문제이다.

이 문제에 대한 온당한 답변은 이러한 성공은 기본적으로는 경제성장을 최고의 목표로 삼고 있던 '성장지상주의 사고'를 지닌 한국 국민의 노력과 또 이러한 한국 국민의 노력을 조직하고 집중시킨 박정희의 지도력이 합쳐진 결과라고 할 것이다. 잘살고자 하는 한국 국민의 염원은 박정희 전부터 있었지만 이를 효과적으로 조직하고 집중시키면서 국가 조직과 역량을 경제개발에 동원한 것은 박정희였다. 그렇기 때문에 한국 국민은 상당 기간 동안 민주주의를 유보하여 박정희 독재를 허용하고 또 경제개발 기간 중 '선 성장-후 분배'를 감내하였던 것이다.

여기에 뒤따르는 쟁점은 유신체제가 경제개발에 미친 영향에 관한 문제이다. 유신체제가 시행된 1972년 이후는 박정희 정권이 중화학공업을 추진한 시기이기도 하다. 그리하여 사람에 따라서는 유신체제로 인해 한국의 산업구조가 중화학공업체제로 고도화되었다고 합리화하기도 한다. 그러나 절대독재체제인 유신체제 아래 박정희 정권의 절대 목표는 오직 박정희의 집권 유지에 치중되어 있음으로 인해 한국사회의 역량이 동맥경화증 상태에 머물면서 경제적 활력과 효율성이 전반적으로 떨어져 있었다는 점에서 이 같은 주장은 타당성이 없다고 할 것이다. 특히 당시 한국경제가 고도화됨에 따라 점차로 정부의 경제에 대한 전면적인 통제를 축소하고 기업과 민간 그리고 시장의 기능과 역할을 확대시키는 것이 필요한 때임에도 불구하고 이를 위한 적절한 정책 전환이 이루어지지 않았다고 할 것이다.

앞에서도 전반적으로 논의한 바 있지만 이제 여기에서 박정희 시대에 한국이 경제개발에 성공한 이유를 정리하도록 하자.

첫째, 한국 사회가 경제개발을 최고의 목표로 명확하게 설정하였다는 점이다. 해방 이후의 혼란과 6.25전쟁을 거치면서 한국 국민은 가난에서 벗어나 잘살고 싶다는 생각이 절실하였는데 박정희가 경제개발을 국가적 목표로 명확하게 제시하였다. 그리고 한국 국민들이 경제개발 추진에 있어서 적극적으로 동참하였다. 곧 국민들은 저임금의 장시간 노동과 이른바 '선 성장-후 분배' 정책에 대하여 저항하지 않고 이를 받아들인 것이다. 또한 노조탄압 등 노동운동에 대한 폭력적 억압에 대하여 1970년의 전태일의 분신 때까지 그리고 그 이후에도 전면적인 저항은 벌이지 않았던 것이다.

둘째, 경제개발 전략을 올바르게 선택하고 추진하였다는 점이다. 앞에서 논의하였듯이 경제개발을 실현할 전략으로서 수출 주도형 공업화를 채택하였다는 점이다. 국내시장이 좁은 한국으로서는 세계 시장을 대상으로 한 수출이 경제성장을 가능하게 할 전략 부문이었는데 당시 박정희 정부가 올바른 전략을 택하였다. 이와 동시에 적극적인 외자도입을 추진한 것도 적절한 전략이었다.

셋째, 경제개발을 추진할 효율적이고도 강력한 시행 체계를 구축하였다는 점이다. 곧 박정희는 경제개발을 주도할 기구로서 경제기획원을 신설한 것을 비롯해서 모든 정부조직을 경제개발의 효율적인 집행체제로 전환시켰다. 그리고 본인이 직접 진두 지휘 및 조정하였다. 그리하여 기업을 포함한 국가 전체를 아우르는 효율적인 경제개발 추진체제를 확립하였다. 예를 들어 1965년부터 1977년 기간에는 매월 열린 정부는 물론 민간 기업 대표도 참석하는 수출진흥확대회의에 박정희가 직접 참석하여 수출 실적 증대를 위한 정책 및 시행 사항들을 그 자리에서 결정하였다.

넷째, 경제개발에 필요한 모든 자원을 지속적으로 그리고 효율적으로 동원하였다는 점이다. 곧 경제개발을 위하여는 노동력과 자본 그리고 기획 및 행정력 등 국가의 모든 자원이 동원되어야 하는바 한국은 높은 교육열을 바탕으로 양질의 노동력과 유능한 관료 조직이 갖추어져 있었다. 또한 일사분란한 행정조직이 있었다. 자본이 부족하였는데 박정희는 한일 회담 추진의 예에서 보듯이 외자도입에 적극 노력하였다. 그리고 박정희는 이러한 국가적 자원과 역량들을 경제개발을 위해 집중 동원하였다.

전체적으로 볼 때 박정희 시대의 경제개발은 박정희 전반기 곧 1972년의 유신체제 이전 시기는 장면 정부의 혼란으로 실망했던 국민들이 박정희 독재를 용인하면서 박정희와 함께 경제개발에 매진하는 가운데 성공적으로 경제개발이 이루어졌다고 하겠다. 그러나 박정희 후반기 곧 유신 시대에는 국민들이 동의하지 않은 독재체제 아래 정부와 사회적 에너지가 오로지 박정희의 집권 유지에 집중되어 국가체제의 효율성이 떨어짐으로써 경제개발에 부정적인 영향을 주었다고 볼 것이다. 그렇다고 하더라도 박정희 시대는 경제개발을 통하여 한국의 선진화를 가능케 한 역사적으로 중요한 시기라고 할 것이다.

그런데 박정희가 주도한 경제개발이 한국사회의 진행에서 가지는 실증적 기여와 역사적 중요성을 인정하는 가운데서도 어두운 부분 또한 함께 기억하고 있어야 할 것이다.

그 하나가 여성의 성매매관광을 정부가 정책적으로 추진하였다는 점이다. 곧 정부는 1960년대에는 미군을 대상으로 하는 접대부를 통한 외화 획득을 추진하였다가 주한 미군이 감소한 1970년대와 1980년대에는 일본 관광객을 대상으로 하는 이른바 '기생관광'을 추진하여 외화 획득을 적극 추진하였다. 일본 관광객을 고객으로 하는 요정 등에는 관광유흥음식점으로 지정하여 지방세를 감면하여 주었으며 접객 여성들에게는 관광종사원등록증을 주어 호텔 출입을 자유롭게 하고 통금시간 적용을 면제해 주었다. 여행사에는 기생관광을 해외에 적극 선전하도록 하였다.

이렇게 정부는 여성들을 이용한 성매매관광을 통하여 외화 획득을 추진하였으며 여기에 종사한 여성들의 활동을 애국 행위로 고무하였다. 실제로 정부는 외국인 접대부들을 교육하면서 그들의 외국인 접대 행위가 외화를 벌어들이는 애국 행동이니 외국인 접대를 잘하라고 독려하였다. 이렇게 기생관광이라고 불리운 성매매관광 추진이 박정희와 그의 뒤를 이은 전두환 두 독재체제에 의한 경제개발의 한 부분이었던 것이다.

이렇게 박정희 시대는 독재와 경제개발의 두 가지 특징을 극명하게 보여 주고 있다.

그런데 여기에서 우리가 유의해야 할 사항은 이러한 박정희 시대의 두 가지 특징인 독재와 경제개발 곧 독재체제에 의한 경제개발은 결국에는 박정희 독재체제의 붕괴를 초래하였다는 사실이다. 이제 이 문제를 살펴보도록 한다.

첫째, 박정희의 독재체제는 한국 국민들에게 민주화에 대한 열망을 키움으로써 학생 및 시민 계층과 천주교 및 진보 개신교 그리고 야당 진영

내에 민주화 추진 세력을 형성케 하였다. 그리고 이러한 민주화 세력은 심한 탄압 가운데서도 독재체제에 대한 끈질긴 저항을 지속하였다. 그리고 이러한 독재에 대한 저항에 있어서는 그동안의 경제개발의 성과로 형성되기 시작한 중산층들이 심정적으로 동조하는 현상이 생기기 시작하였다는 점이다.

둘째, 독재체제에 의한 경제개발에 있어서 가장 희생한 계층은 말할 것도 없이 저임금과 장시간 노동 그리고 열악한 근로 환경으로 어려움을 겪은 노동자 계층이었다. 그런데 이들 노동자 계층은 여기에 대하여 정부에 의한 불법적인 탄압으로 인하여 더욱 커다란 어려움을 겪었다. 이러한 노동자 계층에 대한 정부의 억압은 독재를 통한 노동운동과 노동조합에 대한 철저한 탄압을 통하여 이루어졌다. 그러나 시간이 경과함에 따라 노동자 계층의 저항은 분출되었으며 이러한 저항이 민주화 진영과 결합하게 됨으로써 박정희 독재체제의 부담은 더욱 커지게 되었던 것이다.

그 효시가 된 것이 바로 1970년의 평화시장 재봉사이며 노동운동가인 전태일의 분신자살이었다. 전태일은 근로기준법 준수를 외치며 분신 자살하였는데 이로서 종전까지 민주화에만 집중하던 대학생과 지식인 및 종교계가 처음으로 노동자 계층 및 빈곤층의 비참한 현실에 주목하게 되었으며 노동운동에 참여하게 되었다. 그리고 노동자들도 각성하여 노동조합 결성에 나서게 되었다. 곧 전태일의 분신은 한국사회가 노동자 계층의 열악한 상황에 대한 경종과 노동운동에 대한 각성을 불러일으켰으며 한국 현대사에 있어서 새로운 흐름을 만들었던 것이다.

그럼에도 불구하고 박정희 독재체제는 여전히 노동자와 노동운동에 대한 억압을 계속하였으며 또 상당 기간 성공하는 것처럼 보였다. 그러나 1979년 8월에 가발업체인 YH무역의 200명 여공들이 회사의 불법적 해고와 폐쇄에 항의하여 야당인 신민당사에 가서 농성을 하는 사태가 벌어지자 사태는 경찰의 폭력적 해산, 김영삼 신민당 총재의 국회의원 제명, 부산·마산 민주항쟁의 발생으로 이어졌고 결국에는 10월 26일 박정희가 중앙정보부장 김재규에 의해 피살되는 상황이 벌어짐으로써 유신정권의 붕괴를 초래하였다.

그리고 이렇게 박정희 시대의 두 가지 특징인 독재와 경제개발은 결국에는 박정희 독재체제 자체의 붕괴를 초래하게 되었다.

〈주목할 사항〉

박정희에 대한 평가 문제

한국 국민들의 박정희에 대한 평가는 매우 좋다. 곧 한국 국민들의 역대 대통령에 대한 평가에 있어서 박정희는 적어도 2000년대까지는 부동의 1위를 차지하였다. 다만 2010년대 이후로는 젊은 층이 좋아하는 노무현이 1위를 차지하고 박정희가 2위를 하는 조사결과도 나오고 있다.

이렇게 박정희가 한국 국민들에게 좋은 평가를 받는 이유는 말할 것도 없이 그가 경제개발의 성공을 통하여 한국을 가난한 국가에서 벗어나서 중소득국가로 성장시키고 이후 한국경제의 발전과 한국사회의 선진화에 물적 토대를 마련하였다는 점에 있다. 이와 같이 박정희는 그의 경제적 업적으로 인하여 국민들에게 좋은 평가를 받아 온 것이다. 특히 어려서 가난을 경험한 바 있고 6.25에 대하여 알고 있는 장년층과 노년층 또는 연령에 관계없이 보수성향의 계층에게 박정희는 거의 숭배의 대상이 되고 있다.

그러나 경제 외에 정치 사회적으로는 군사독재를 행사한 이유로 인해 진보성향의 계층에게는 매우 좋지 않은 평가를 받고 있다. 박정희는 1969년에 3선개헌을 실시하고 1971년의 선거에서 3선된 이후부터는 중앙정보부를 시켜 반정권 및 민주화운동 인사들에 대한 불법 감금 고문 간첩사건 조작 등을 자행하는 등 공공연하게 그리고 무지막지하게 독재를 실시하였다. 심지어 1973년에는 해외에서 반유신투쟁을 하던 김대중을 일본에서 납치하여 국내에 끌고 왔으며 1979년 박정희 사망 직전에는 해외에서 박정희 비판활동을 하던 중앙정보부장 출신 김형욱을 프랑스에서 암살, 실종케 하는 일도 발생하였다. 유신 기간 중 박정의 정권의 절대적 목표는 박정희의 정권유지에 집중되었다. 사실 유신체제는 국민투표에서 절대다수의 찬성으로 통과되기는 하였지만 국회를 해산시키고 계엄령을 선포하고 반대의사 표시를 금지시키는 등 전국을 공포 분위기에 몰아넣고 투표를 실시한 것으로서 대다수 국민들은 처음부터 유신체제의 정당성을 인정하지 않은 것이었다. 결국 박정희는 온갖 강압과 불법 행위를 동원함으로써 유신체제를 유지할 수밖에 없었다.

이렇게 볼 경우 한국 국민들의 박정희에 대한 전체적인 평가가 긍정적이냐 또는 부정적이냐의 여부는 그의 경제개발의 공과 독재실행의 과의 두 가지 가운데 어느 쪽을 크게 보느냐에 따라 결정될 문제라고 할 것이다. 그런데 역대 대통령 호감도 조사에서 2000년대까지는 박정희가 절대적으로 1위를 차지하고 2010년대 이후부터는 노무현에 이어 2위를 차지하고 있다는 점을 보면 현재까지는 한국 국민들이 박정희의 경제개발의 공을 독재실시의 과보다 훨씬 크게 보고 있다는 것을 보여 주고 있다고 할 것이다. 그러나 한국사회의 민주화 진전에 따른 의식 변화를 반영하여 2000년대에 비해 2010년대에는 지지율이 반 이하로 감소하고 있는 상황이다.

경제개발 성공에 독재가 필요한가의 문제

박정희의 경제개발 업적을 높이 평가하는 한국 국민들 가운데는 박정희의 군사독재체제가 경제개발의 성공을 위하여 필요했다고 생각하는 사람들이 대다수이다. 이 문제에 대하여는 첫 번째로는 단기적이고 또 경제적인 관점에서 논의를 하고자 한다.

곧 1960년대에는 이러한 주장이 어느 정도 타당성이 있지만 1970년대에는 그렇지 않다고 하겠다.

곧 1960년대에는 그 이전 시기인 이승만 정권 말기의 무능과 부패와 바로 다음 장면 정권에서의 무질서와 혼란이 계속된 상황에서는 일차적으로 국민들의 의식을 경제개발에 집중시키는 한편 정부의 기능을 정상화하는 것이 절대적으로 필요한 비정상적인 상황이므로 당분간은 독재가 필요할 수가 있다고 할 수 있을 것이다. 그러나 이러한 초기 단계가 지나고 국가가 어느 정도 정상적인 상태가 이루어지면 다음 단계로 시장과 기업의 활동에 의존하게 되는 것이다. 앞에서도 지적한 바 있지만 시대착오적인 유신체제 아래서는 국가 및 정부의 실제적 목표를 박정희 독재정권의 유지에 두게 되어 경제개발은 우선순위가 처지게 되는 것이다.

두 번째로는 위에서 논의한 단기적인 관점에서 경제적 효율성이 발휘되어 시간이 경과함에 따라 경제성장이 실현되지만 이러한 경제개발 과정에서 희생을 부담한 반면 막상 경제성장의 성과의 배분에서는 소외된 노동자 계층의 억압된 불만이 폭발하게 되는 한편 경제성장의 열매를 통하여 생활의 윤택함을 경험하게 된 중산층은 다음 단계로 자유를 희망하게 되면서 독재에 대하여 비판적인 태도를 갖게 되어 전반적인 정치 사회면에서의 민주화를 요구하게 되는 것이다.

그리고 1970년대부터 한국사회는 이러한 단계에 들어가게 되어 한국 국민은 더 이상 박정희 독재체제를 받아들이지 않게 되었다고 하겠다. 더욱이 유신체제에서 갖는 대통령의 권력이 당시 젊은 세대는 물론 대부분의 기성세대도 이해하지 못할 정도로 절대적인 것이었다. 예를 들어 대통령이 국회의원의 1/3을 임명하게 되어 있었다. 그리하여 사람들은 대통령이 총통이 되었다고 말하였다. 그러니 초등학교 때부터 이미 민주주의 교육을 받은 젊은 세대로서는 박정희의 유신 독재는 도저히 받아들일 수 없었다. 그리하여 절망한 그들 가운데 유신에 대한 항의로 자신의 생명을 포기하는 젊은이가 있었다.

그러나 박정희는 한국사회의 이러한 민주화로의 역사적 흐름을 무시하고 독재자의 길을 온갖 무리를 행하면서 걸어갔다. 결과적으로 박정희는 1969년의 3선 개헌을 밀어붙이고 1972년 10월 유신까지 자행하는 바람에 국가적으로 그리 개인적으로 엄청난 비극을 초래하게 되었다.

2. 전두환 독재와 경제 성숙(1980-1987): '태어나선 안 될 정권', 그리고 경제 성숙

1979년 10월 26일 박정희가 생각지도 못하게 중앙정보부장 김재규에게 피살되자 대다수 한국 국민들은 한국이 드디어 유신 시대의 몰락과 함께 민주주의 시대로 이행하게 될 것을 믿어 의심치 않았다. 그러나 이러한 희망도 잠시 불과 두 달 후인 12월 12일에 박정희의 총애를 받고 군내 사조직 하나회를 만든 전두환 국군보안사령관이 계엄사령관인 정승화 육군참모총장을 체포하는 쿠데타를 일으키면서 민주화 기대가 무너지기 시작하였고 급기야는 전두환, 노태우, 허화평 등 군내 사조직인 하나회 회원들이 장악하고 있는 이른바 신군부가 자신들의 정권 탈취 움직임에 불안을 느낀 대학생들이 시위에 나서자 오히려 이를 구실로 5월 17일에 계엄을 선포하여 국회를 해산시키고 이에 항의하는 광주 시민들의 시위에 공수부대를 보내어 무자비하게 진압하고 이에 저항하는 시민들을 마치 전쟁 때 적군을 공격하듯이 무자비하게 살상하는 만행을 저질렀다. 이후 몇 달 지나지 않아 전두환은 최규하 대통령을 물러나게 하고 유신체제에서의 선거인단에 의한 간접선거로 대통령이 되고 이어서 헌법을 개정하여 1981년 3월 역시 선거인단에 의한 간접선거로 7년 단임의 5공화국의 초대 대통령이 되었고 1988년 초까지 재임하였다. 이로써 한국사회는 박정희의 군사독재체제에 이어서 전두환의 군사독재체제의 지배 아래 들어가게 되었다.

박정희의 유신체제가 이미 시대착오적인 독재체제였고 박정희의 사망 사건 자체가 이를 명백하게 보여 주었음에도 불구하고 전두환과 신군부는 국민들의 민주화 열망을 무시하고 무력으로 군사독재체를 연장한 것이다. 그런데 박정희 사망 직전의 부마항쟁이 말해 주듯이 그동안 박정희의 군사독재체제에서 억눌려 온 국민들의 민주화 열망은 엄청난 것으로서 이를 억압하려면 커다란 인명 희생이 불가피한 상황이었음에도 불구하고 아니나 다를까 신군부는 이에 아랑곳하지 아니하고 광주학살을 자행하며 정권을 탈취하였다.

그리하여 전두환이 12.12쿠데타로부터 대통령이 되기까지의 기간 중 전두환과 신군부의 모습은 광주학살에서 보듯이 그야말로 살기등등하였다. 그들은 자신들이 정권을 잡을 의도가 있다는 것을 보여 주고는 이에 불안을 느낀 학생들이 민주화 시위에 나서자 이를 사회불안으로 몰아 이를 구실로 집권하였다. 곧 이들은 자신들이 정치 사회적 불안을 야기하고는 이를 이용하여 정권을 찬탈한 것이다. 그리고 그들은 이러한 집권 과정이 표면적으로는 유신 헌법의 절차에 따르는 것처럼 보이도록 치밀하게 진행하였다. 이러한 집권 과정에서 국군보안사령부가 주동적인 역할을 하였다.

이 기간 중 박정희 사망에 따라 국무총리에서 대통령이 된 최규하는 대통령의 권한을 제대로 행사하지 못한 채 전두환의 집권 과정에서 들러리 역할을 해 주었다. 다만 그는 12.12쿠데타 때 전두환 일파의 정승화 체포에 대한 사전 승인 요청을 거부함으로써 이를 불법체포 행위로 만들었다. 이때 전방 9사단장인 노태우는 사단 병력 1개 연대를 서울로 출동시켜 중앙청과 청와대를 장악하는 공을 세움으로써 신군부 2인자로서의 위치를 확실하게 하였다.

한편 이 시기에 한국의 대표적인 개신교 지도자들이 모여 전두환을 축복하는 기도회를 열어 주는 어이없는 일이 있었다. 그리고 조선일보와 동아일보 및 KBS 방송 등 주요 언론기관들은 전두환의 집권 과정과 집권 이후에도 전두환의 집권을 열심히 지원하고 합리화하는 데 앞장섰다.

전두환의 5공화국은 유신정권과 마찬가지로 출발 때부터 정권의 정당성이 없는 시대착오적 독재정권이었다.[9] 더욱이 전두환 집단은 민주주의를 요구하는 광주 시민들에 대하여 광주 학살이라고도 불리우듯이 잔인한 살상을 거침없이 자행함으로써 그 성격에 있어서는 6.25동란을 뛰어넘는 비극성을 지닌 행위를 저질렀다. 박정희의 5.16군사쿠데타나 10월 유신의 경우에도 인명 살상은 없었는데 전두환은 많은 인명 살상을 저지르면서 정권을 장악하였다. 그러면서도 이에 대하여 조금의 자책감도 보이기는커녕 시종 의기양양한 태도를 보였다. 이러한 전두환의 집권은 집권 자체가 정통성이 전혀 없는 불법이었을 뿐 아니라 그 과정도 잔인한 인명 살상을 자행한 것으로 한국 근대사에 있어서 씻을 수 없는 오욕이었다. 한마디로 전두환 정권은 12대 국회 개원 때 당시 제1야당 총재가 말하였듯이 '태어나지 말았어야 할 정권'이라고 하겠다. 이와 같은 전두환의 집권으로 한국은 박정희 사망에 따른 유신체제의 몰락에도 불구하고 국민들의 기대화는 정반대로 전두환 신군부의 권력욕으로 인해 군사독재체제가 8년 더 연장되었다.

전두환은 막상 대통령이 되자 자신을 총애하여 군의 실력자가 되게 하

---

9) 전두환 집권의 토대가 된 1979년 12.12군사반란 및 이듬해의 5.18민주화운동 진압에 대하여 1997년 대법원은 유죄 판결하였다.

여 준 박정희와는 거리를 두며 차별화를 시도하면서 자신이 새로운 시대의 새로운 지도자임을 보여 주려고 하였다. 그리하여 자신의 집권의 명분으로 '새시대'를 내걸었는데 이는 궁색하고도 공허한 구호에 지나지 않았다. 결국 이 구호에 맞추어 시행한 정책이라고는 야간통행금지제도 폐지와 학생들 교복 및 두발 자유화, 영화에 대한 규제 완화, 컬러TV 보급, 프로 축구와 프로 야구 창설 등 민심을 달래기 위한 조치들이었다. 오히려 전두환 집권 기간 중에는 독재체제의 유지를 위하여 민주화운동에 대한 탄압, 언론자유 억압 및 조작, 용공 사건 조작, 고문 등 불법 행위와 형제복지회 사건 등 인권 침해, 전두환 개인의 우상화 등 헤아릴 수 없는 불법적이고도 조직적인 반민주적이고 비인도적인 행위들이 정부 주도로 자행되었다. 당시 전두환 정권의 군사독재체제적 성격을 여지없이 보여 주는 사건으로서 국회국방위원과 육군 수뇌부 장성들이 함께한 회식 자리에서 하나회원인 육군 장성이 국회의원을 구타하는 일도 있었다. 이러한 암울한 시대 상황에 절망한 젊은이들이 전두환 독재체제에 대한 저항의 표시로 자신들의 생명을 던지는 비극적인 일들이 거듭 발생하였다.

전두환 정권의 불법적인 행태는 전두환 독재체제의 유지를 위하여 동원된 것이었지만 결국에는 이에 대한 전국민적 반감이 전두환 집권 말기에 6월 민주항쟁으로 폭발함으로써 전두환 정권의 몰락을 가져왔다. 곧 1987년 5월에는 서울대생 박종철의 경찰에 의한 고문 치사 사건이 폭로되고 또 연세대생 이한열이 경찰의 최루탄을 맞은 사진이 보도되어 전국적으로 천주교와 진보 개신교를 포함하여 학생 노동자 일반 시민 등 각계 각층이 참여하는 반정부 시위가 전국적으로 확대되고 대통령 직선제 개헌을 요구하자 마지막까지 군 병력을 동원할 것처럼 국민을 협박하던 전두환은 결국 이에 굴복하여 국민의 민주화 요구를 수용하였고 전두환 정권은 무력화되었다. 이로써 1979년 12.12쿠데타와 5.18민주화운동의 잔인한 진압을 통하여 무력과 공포로 권력을 잡아 대통령이 되고 또 개헌을 실시하여 5공의 대통령이 되어서도 여전히 억압과 공포로 정권을 유지한 전두환의 군사독재체제는 한순간에 무너졌다. 한 가지 흥미로운 사실은 집권 기간 내내 전두환을 찬양하던 주류 언론의 보도 때문인지 전두환 자신은 집권기 간 동안 자신이 대통령직을 잘하고 있고 또 국민들이 자신을 지지하고 있다고 믿는 듯이 자신만만한 태도를 보이고 있었다.

그런데 전두환이 자신의 집권에 자신만만한 태도를 보인 데는 무엇보다도 그의 집권 기간 중 정부가 경제 운영에 탁월한 성과를 보인 데 있다. 그가 집권하던 1980년은 2차 석유파동과 쌀 흉작에 사회불안으로 인한 민간 경제활동 침체가 겹쳐서 경제성장률이 처음으로 -1.6%로 급격한 침체를 보였고 소비자물가상승률은 28.7%로 급등하였다. 그런데 이러한 경제위기를 맞아 전두환의 경제팀은 단기적인 경기진작보다는 장기적인 안정화 정책을 강력하게 실시함으로써 인플레이션율을 2년 만에 한 자릿수로 낮추었고 그 이후에는 2-3% 수준으로 안정화시켰다. 이리하여 한국경제는 이후 인플레이션율을 계속 한 자릿수를 보이게 되었다. 더욱이 세계경제의 회복에 따른 수출 호조로 경제성장률은 그의 재임 중 계속하여 10%를 넘는 일찍이 없었던 안정 속의 호황을 보였다. 더욱이 그의 임기 말기인 1986년과 1987년에는 처음으로 무역수지가 흑자를 보였다. 이렇게 전두환 말기에는 한국경제가 고성장 저인플레이션에 무역수지 흑자를 이루어 이른바 '세 마리 토끼'를 모두 잡는 일찍이 없었던 성과를 보였다. 이렇게 전두환 정권 때 한국경제는 박정희 정권 때의 성장경제체제가 한 단계 성숙하는 모습을 보였다.

이렇게 전두환의 군사독재체제는 군사쿠데타를 통하여 인명을 살상하며 정권을 잡은 정통성이 없는 정권이었다. 따라서 대다수 국민들은 정권이 처음 출발할 때부터 정권의 정당성을 인정하지 않았다. 그리하여 정권은 전두환이 집권 과정에서 보여 준 잔인성에 대한 국민들의 공포와 주류 언론의 정권에 대한 찬양과 미화 그리고 정권을 받치고 있는 군의 무력에 의하여 유지되고 있었다. 여기에 한국경제의 호조가 정권에게 자만심을 키워 주었다.

그러나 이러한 표면적인 양상과는 전혀 다르게 밑으로는 정권을 거부하는 큰 흐름이 형성되고 있었다. 곧 천주교와 진보 개신교 및 민주화 진영의 정권에 대한 공개적이고 끈질긴 반대 및 저항과 이에 대한 다수 국민들의 무언의 지지가 시대의 본류를 이루고 있었다. 물론 정치권에서는 김영삼과 김대중이 이끄는 야당의 존재가 잠재적인 대안으로 존재하고 있었으나 이들 양 김의 활동은 금지되어 있었다. 그리고 결과적으로 전두환 독재체제를 굴복시킨 것은 1997년의 6월 민주항쟁으로 불리우는 국민들의 민주화 요구의 폭발이었다. 결국 5공화국체제의 지속을 추진하던 전두환이 국민들의 대통령 직선제 개헌을 받아들임으로써 1997년 10월에 국민투표에 의한 대통령 직선제를 핵심 내용으로 하는 개헌이 이루어졌고 이에 따라 5공화국은 그의 임기 만료와 함께 1998년 2월에 종료되었다.

〈주목할 사항〉

전두환 정권의 등장이 가능했던 이유와 민주화 요구에 굴복한 이유

먼저 10.26사태 때 보안사령관이었던 전두환이 대통령까지 될 수 있었던 이유에 대하여 생각해 보도록 한다.

박정희가 생각지도 않게 김재규 중앙정보부장에 의해 살해당했을 때 거의 모든 한국 국민들은 박정희의 유신체제가 무너지고 고대하던 민주주의가 실현되리라고 생각하였다. 그러나 결과적으로는 일반 국민들이 알지도 못하던 국군보안사령관인 전두환 소장이 대통령이 될 수 있었던 이유는 무엇일까.

그 이유는 그가 군을 장악할 수 있었기 때문이었다. 그가 군을 장악함으로써 군의 무력을 이용하여 권력을 잡은 것이다. 그가 이렇게 군을 장악할 수 있었던 것은 그가 소령 때 만들어 매년 육사 후배들을 선발하여 가입시킨 군내 사조직인 하나회 회원들이 박정희의 비호 아래 육군의 요직을 독점하면서 군의 핵심 세력을 형성하였기 때문이다. 예를 들어 이들 하나회 회원들은 유신 후반 이후 전두환 노태우 대통령 시기 동안 군 내에서 특권을 행사하던 보안사령관직을 독점하였다. 그리고 박정희 사망 시 보안사령관이 전두환이었다.

한편 전두환, 노태우 등 하나회를 만든 군인들은 육사11기인데 이들은 처음으로 4년제 육군사관학교 과정을 마친 장교들로서 1년 미만의 과정을 거친 육사 선배 졸업생들에 대한 존경심이 별로 없었다. 그리하여 전두환 노태우와 후배 기수의 하나회원들이 육사5기 출신 정승화 육군참모총장을 체포하며 12.12쿠데타를 일으킨 이후 군의 실권은 육사11기 이후의 후배들인 이른바 신군부의 차지가 되었다.

곧 요약하면 전두환 정권의 등장이 가능했던 이유는 전두환이 군을 장악

하였기 때문이고, 그가 하나회와 보안사령부를 장악하였기 때문이며, 또 육사11기 이후의 군 간부들의 지지를 받았기 때문이라고 하겠다. 12.12 쿠데타 이후 전두환이 대통령이 되는 전체 진행 과정을 볼 때 전두환은 12.12 이후부터 자신이 대통령이 되기를 마음먹고 이를 진행시킨 것으로 생각된다. 실제로 당시 사람들 사이에는 전두환이 12.12쿠데타를 일으키는 것을 보고 이러다가 전두환이 대통령이 되려는 것 아닌가 하고 불안한 말들이 오갔는데 불행히도 이러한 불안이 현실화되고 말았다.

다음으로, 전두환이 그의 임기 말에 국민들의 민주화 요구에 굴복하여 그가 만든 5공화국체제를 포기하고 대통령 직선제 개헌을 받아들인 이유에 대하여 생각해 보도록 한다.

전두환과 신군부가 정권을 탈취한 과정에서 보듯이 그들의 의식 가운데는 국민이나 민주주의라는 개념은 물론 심지어는 군의 기본이자 생명인 지휘 및 명령계통조차도 찾아볼 수 없었다. 그냥 자신들의 패거리인 하나회가 똘똘 뭉쳐서 보안사령부를 중심으로 자기들이 움직일 수 있는 특전사령부 등의 병력으로 육군참모총장이자 계엄사령관을 체포하고 민주화를 요구하며 시위하는 광주 학생 및 시민들을 무자비하게 진압하고 자기 방어를 위해 무장한 시민들을 적군으로 보아 전투를 벌여 토벌을 하면 되는 것이다. 그렇기 때문에 광주 학살도 별 고민 없이 저지르는 것이다.

이러한 민주주의 국가에서는 있을 수 없는 무법적인 태도는 말할 것도 없이 박정희의 5.16군사쿠데타에서 배운 것이었다. 더구나 5.16 때는 인명살상이 없었지만 이들 신군부의 정권 탈취의 경우에는 살기 등등하여 인명 살상을 개의치 않았다.

이렇게 엄청난 무리를 통하여 정권을 탈취한 전두환이 어떻게 6월 민주항쟁 때에는 국민들의 민주화 요구에 굴복하였을까?

가장 큰 이유는 무엇보다도 5공에 대한 국민들의 거부 태도였다. 대다수 국민들은 전두환 정권에 대하여 정권 초기부터 정통성이 없는 정부라고 생각하였다. 더욱이 광주 학살로 인하여 정권에 대한 적대감이 상당하였다. 비록 전두환 본인은 자신만만한 태도로 대통령직을 수행하였고 KBS와 MBC 방송과 조선일보와 동아일보 같은 보수 신문들이 전두환 찬양에 계속 앞장을 섰지만 이러한 행태는 많은 국민들에게 반감을 더할 뿐이었다. 이러한 국민들의 전두환 정권에 대한 거부감은 국회의원 선거에서 김영삼 김대중이 합력하여 만든 야당이 의석 수에 있어서는 여당에 뒤졌지만 득표율에서는 여당에 앞서는 결과로 나타났다.

1987년에 이르러 박종철 고문치사 사건 등 정권의 부도덕성이 드러나고 국민들의 전국적인 항의 시위가 폭발하고 여기에 김수환 추기경을 비롯하여 천주교가 시위에 적극적인 동조를 표시하는 등 전두환 정권이 감당하기 어려운 정도로 반정권 시위가 확대되자 전두환은 국민의 민주화 요구를 받아들이거나 1980년 때처럼 군대를 동원하여 무력으로 진압하는 양자 택일의 입장에 몰리게 되었다. 이때 전두환은 군 동원 준비 지시까지 내렸으나 미국이 군 동원에 반대하고 군 내부에서조차 군 동원에 반대 의견이 많게 되자 결국 전두환은 국민의 민주화 요구를 받아들여 5공 체제의 유지를 포기하고 대통령 직선제를 핵심으로 하는 개헌을 받아들이게 되었다. 곧 전두환은 자신이 만든 제5공화국 체제를 계속 유지시키며 자신이 후계자로 지명한 노태우를 허수아비 역할을 하는 선거인단의 투표를 통하여 자신의 후임 대통령으로 당선시키어 자신의 정치적 유산을 계속 지켜 나가고자 하였지만 국민들은 당초부터 전두환의 5공화국을 정통성이 없는 불법 정권으로 생각하였고 선거인단을 통한 대통령 선거는 국민이 아니라 전두환이 대통령을 선택하는 독재체제라고 생각하였다. 그리하여 국민들은 국민들이 직접투표로 대통령을 선출하는 대통령 직선제를 민주화의 핵심이라고 생각하여 대통령 직선제 개헌을 요구하였던 것이다.

이리하여 전두환은 국민의 민주화 요구에 굴복하였는데 이와 같은 민주화를 요구하는 국민의 힘은 1961년 박정희의 군사쿠데타 이후 27년 동안 한국을 지배하였던 군사독재체제를 드디어 무너뜨리게 되었다. 그리고 이러한 성과는 박종철이 경찰의 고문에 의하여 사망하고 이한열의 경찰이 발사한 최루탄을 맞아 사망하는 등 몇 사람이 희생이 있었다. 이렇게 전두환은 1980년에 정권을 탈취할 때는 공수부대를 보내어 광주 학살을 통하여 수많은 인명을 희생시킨 바 있었는데 그렇게 하여 만든 5공체제를 포기하는 과정에서는 군을 동원하지 않아 결과적으로 인명 살상을 저지르지 않았다.

진보주의 운동권의 등장

1980년대 한국사회는 겉으로는 전두환의 득의만만한 모습이 다인것처럼 보였지만 한국사회의 본류는 민주화로의 나아가고 있었으며 이는 1987년 6월 항쟁과 제도적 민주화로 실현되었다. 이후 한국사회에 있어서 민주주의 체제는 그 누구도 침해할 없는 실제적 기본 틀로서 자리 잡게 되었다.

그러나 이와 동시에 한편으로 1980년대는 한국사회에 있어서 대학가를 중심으로 한 진보주의 운동권의 등장이라는 새로운 현상을 보이는 시기이기도 하였다. 그동안 한국사회에서 정권은 항상 보수정당이나 군사 정권이 담당하였다. 장면 정권 또한 보수정권이었다. 그리고 이승만 박정희 전두환 정권은 진보진영을 강력하게 탄압하였고 이에 따라 진보진영은 그 명맥조차 유지하지 못하였다. 또한 국민들도 반공의식이 강하여 진보주의에 대하여 거부감과 의구심을 가졌기 때문에 한국사회에서 진보진영은 자리를 잡을 수가 없었다.

그런데 1980년대에 들어와서는 민주화 추진의 중심 집단이라고 할 대학생 계층을 중심으로 진보주의가 퍼지기 시작하여 진보주의 운동권을 형성하기 시작하였는데 이는 한국사회로 보아 처음 보는 현상으로서 이후 한국의 정치 지형에 변화를 초래하였으며 오늘날까지 그 영향을 주고 있다. 이제 1980년대에 들어 진보주의 운동권이 형성되기 시작한 상황에 대하여 살펴보도록 하자.

1970년대에 박정희의 유신체제가 한국사회를 지배하고 이어서 1980년대에 전두환의 군사독재체제가 계속되자 대학가를 중심으로 종전까지 한국사회가 추구하였던 자유민주체제에 대한 회의가 깊어졌다. 동시에 1980년 5.18광주민주화운동에 대한 신군부의 유혈진압에 대하여 미국이 방관적인 태도를 취하면서 운동권의 반미감정이 폭발적으로 악화되었다. 그리고 고유한 민족주의적인 성향도 다시 등장하였다. 한편 한국사회의 현실에 대하여 경제개발 과정에서의 경제의 미국 예속화와 노동자 계층의 희생을 구조화한 사회 경제적 모순 그리고 민족 문제에 있어서의 주체성 결여 및 미국 의존 일변도와 같은 심각한 문제들이 생성되어 있었다는 인식이 확산되고 있었다.

이러한 상황에서 운동권에서는 모순된 한국사회를 변혁하기 위하여 종전의 자유민주주의와 미국에 대한 의존에서 벗어나 그 대안으로 사회주의를 학습하는 운동권이 대학가를 중심으로 형성됨으로써 한국사회에서 진보주의 진영이 20년 만에 다시 등장하게 되었다. 이렇게 군부독재체제에 대한 거부와 미국에 대한 반감이 대학가에서 진보주의 운동권의 형성을 초래한 것이다.

이렇게 하여 1980년대 초에는 민족해방민중민주주의혁명(NLPDR: National Liberation People's Democratic Revolution)이론이라는 마르크스주의 변증이론에 기초한 사회변혁이론이 한국 학생 운동권에 대두되어 주류를 이루다시피 하였다. NLPDR이론은 한국이 민족해방(NL)을 이룬 후 민중민주주의(PD)를 거쳐 혁명을 완수한다는 이론이었다.

그리고 NLPDR 추종 계열 가운데는 민족해방과 통일을 중시하고 친북반미 민족주의 성향이 강한 NL(National Liberation, 민족해방) 계열이 있었으며 이 가운데 북한의 주체사상까지 받아들인 계열을 주사파라고 불렀다. 그리고 마르크스주의 전통을 중시하여 노동계급에 의한 한국사회의 독점 자본주의 체제 타도를 주장하는 PD(People's Democracy, 민중민주) 계열이 있었다. 그런데 1980년대 중에 계급 문제보다는 민족 문제가 중요시되는 가운데 주사파가 학생 운동권의 주도권을 갖게 되었으며 전대협을 이끌었다. 이러한 진보주의 운동권 세력은 대학에서의 민주화운동을 주도하였으며 우파 민주화운동 세력과 연대하여 전두환 독재정권에 저항하였다.

한편 1988년 제도적 민주화 이후에도 한국사회의 진보주의 세력은 한동안 그 세를 확장하여 갔지만 북한의 실패가 분명해지고 세계적으로 공산권 국가들이 붕괴하는 가운데 한국사회의 진보주의는 종북 성향 주사파의 몰락과 사회주의 주장 계열의 약화가 진행되었다. 특히 북한의 이념을 따르는 것으로 보이는 조직에 대하여는 법원이 이적단체로 판결하여 처벌하였다. 그리하여 한국사회에서의 진보주의는 그 성격이 대체로 민주주의 체제를 인정하는 가운데 자본주의의 모순을 해소하고 민족주의적 성향을 계승하는 방향으로 진행되고 있다고 하겠다. 또한 386세대[10]가 1990년대 말 이후 정계와 학계에 대거 진출하게 됨에 따라 이 가운데 진보주의 운동권 출신의 다수의 인물들도 한국사회에 큰 영향을 주며 활동하게 되었다.

이와 같이 진보주의를 강경하게 탄압하였던 1980년대 전두환 군사독재 정권 아래에서 오히려 학생 운동권을 중심으로 진보주의가 세력을 형성하게 되었고 그 결과로 이후 한국사회의 정치 노동 교육 및 학계에 큰 영향을 주게 되는 역설적으로 보이는 상황이 전개되었다. 곧 박정희 전두환의 군사독재가 한국사회의 진보주의 세력의 형성과 영향력 발휘의 배경과 원인 제공의 역할을 담당하였던 것이다.

---

10) 이 말이 생긴 1990년대에 30대로서 1960년대에 출생하여 1980년대에 대학생으로 학생운동과 민주화 투쟁에 앞장선 세대를 말함.

• 박정희 전두환의 군사독재와 경제개발 기간의 성취와 실패

성취: 경제개발의 성공

군사독재는 박정희가 1961년에 5.16군사쿠데타를 일으켜 정권을 장악한 이후 1979년 10월 26일 부하인 김재규 중앙정보부장에게 죽은 때까지의 18년에 두 달 후 전두환이 12.12군사쿠데타로 실질적으로 정권을 잡은 이후 1987년의 6월 민주항쟁을 거쳐 1988년 2월의 임기 종료까지의 9년을 합한 27년의 기간 동안 한국을 지배하였다.

이 기간은 한국사회로서 군사독재 기간이었는데 박정희는 1960년대와 1970년대 기간 중 경제개발을 추진하고 또한 이에 성공함으로써 한국 근대화의 경제적 토대를 쌓도록 하였으며 오늘날의 한국 번영의 기초를 마련하도록 하였다. 물론 경제개발은 박정희 개인이 한 것이 아니라 관료조직과 근로자 등을 포함한 한국 국민 모두의 참여로 이룩한 것이지만, 박정희가 이러한 경제개발의 지도자이며 추진자로서 핵심적인 역할을 담당하였던 것이다. 이러한 면에서 박정희는 해방 이후 한국 현대사에 있어서 경제적 측면에 있어서는 결정적인 업적을 이룩하였으며 한국 경제사 전체로 보더라도 가장 중요한 역할을 담당하였다고 할 것이다. 이러한 경제개발을 통하여 한국 국민들은 드디어 우리도 잘살 수 있다는 희망을 가지게 되었다.

다음으로 1980년대 중 전두환은 그 이전 20년 동안 박정희가 주도했던 경제개발을 보다 발전시키고 안정화시키는 과정을 담당하였다고 할 것이다. 다만 박정희의 경우에는 박정희 자신이 경제개발의 전략 결정과 추진의 두 역할을 직접 담당한 데 비해 전두환의 경우 유능한 관료조직이 경제 전략을 작성하고 전두환은 이를 강력하게 지원하였다는 점에서 차이가 있다고 하겠다.

이러한 경제개발의 성공으로 인해 1980년대 중반 이후에 한국 국민들은 비로소 지난 20여 년 동안의 수고와 노력의 성과를 누리기 시작하게 되었다. 예를 들어 1인당 GDP(국내총생산)은 1970년에 253달러에서 1980년에 1,714달러, 그리고 1986년에는 2,835달러, 1988년에는 4,755달러로 매우 빠르게 증가하였다. 그러는 사이에 생활수준이 나아진 것을 느끼게 되었다. 상징적인 예로 자가용은 1970년에 5만 대, 1980년에 36만 대에 지나지 않았다가 1986년에는 105만 대로 100만 대를 넘었고 1988년에는 174만 대로 급격하게 늘어나서 한국사회는 이른바 '마이카' 시대로 들어서게 되었다.

이러한 한국 국민들의 생활수준 향상으로 인한 여유 있는 심리를 반영하여 한국 국민들 가운데 스스로를 중산층이라고 생각하는 사람들의 비율(중간 계층 귀속 비율)이 1979년에는 47%로 아직 50% 미만이었지만 1984년에는 75%로 크게 증가하였다.

중간 계층 귀속 비율

연도	귀속 비율(%)
1979	47.2
1984	74.9
1995	92.4
1998	77.0
2002	80.1

자료: 홍두승. 『한국의 중산층』(2005, 서울대학교 출판부)에서 축약.

실패: 27년의 군사독재

박정희 전두환의 군사독재체제 기간 중에 있어서의 실패는 27년 동안 지속되었던 군사독재 그 자체가 실패라고 할 것이다. 왜냐하면 헌법 제1조와 제2조는, '① 대한민국은 민주공화국이다. ② 대한민국 주권은 국민에게 있고 모든 권력은 국민으로부터 나온다.'라고 규정하고 있는데 박정희와 전두환의 군사독재는 이들이 군의 무력으로 정권을 탈취하고 군부의 지지를 기반으로 독재를 실시한 체제로서 모든 권력이 국민으로부터 나오는 민주주의 국가라고 할 수 없기 때문이다.

대한민국의 헌법은 제헌 헌법에서, 제1조에서 '대한민국은 민주공화국이다', 그리고 제2조에서, '대한민국 주권은 국민에게 있고 모든 권력은 국민으로부터 나온다'고 정하였고, 박정희의 5.16군사쿠데타 이후인 1962년 개정한 제6호 헌법에서 내용의 변경 없이 종전까지의 제1조와 제2조를 제1조 제1항과 제2항으로 조항만 변경하였다.

유일하게 내용이 변경된 것이 박정희의 1972년 개정의 이른바 '유신 헌법'인데 유신 헌법도 제1조 제1항은 그대로 두고 제2항을 '대한민국의 주권은 국민에게 있고, 국민은 그 대표자나 국민투표에 의하여 주권을 행사한다.'고 변경하였다. 그리고 변경된 제2항도 전두환의 5공 헌법에서는 다시 종전의 내용으로 되돌아간 것이다.

결국 헌법은 한국이 민주주의 국가이며 따라서 모든 권력이 국민으로부터 나온다는 것을 근본이념 및 기본원리로 하는 헌법질서를 유지해 오고 있는데 박정희와 전두환의 군사독재체제는 출발부터가 군사쿠데타로 집권하여 불법인 데다가 체제의 실행에 있어서도 국민의 생명과 자유를 억압하고 법치를 훼손하는 등 민주주의의 기본을 무시함으로써 헌법질서를 유린하였음으로 체제의 탄생과 유지에 있어서 민주주의라고 할 수 없는 체제라고 할 것이다. 따라서 이들에 의한 군사독재체제 자체가 국가의 실패라고 할 것이다.

이제 박정희 군사독재체제에 대한 이해를 위하여 1972년 말부터 박정희 사후 전두환 집권 과정인 1980년까지 유지된 이른바 유신헌법의 주요 내용을 보도록 한다. 첫째로, 대통령 직선제를 폐지하고 2천여 명의 통일주체국민회의 대의원이 대통령을 뽑도록 하였으며 대통령 임기도 4년에서 6년으로 연장하고 연임 제한을 철폐하였다. 이로써 박정희는 국민 의사와는 관계 없이 자신 마음대로 종신 집권을 할 수 있게 되었다. 둘째로, 국회의원 1/3을 대통령 추천, 통일주체국민회의 선출토록 하고 또 대통령에게 국회해산권을 주었다. 이로써 박정희는 국회의원의 1/3을 실제로는 임명할 수 있고 또 마음에 안 들면 국회를 해산할 수 있게 됨으로써 국회를 허수아비로 만들 수 있게 되었다. 셋째로, 대통령에게 헌법 효력을 일시 정지시킬 수 있는 권한을 주었다. 이렇게 유신체제는 도저히 민주주의 체제라고 말할 수 없는 독재체제였다. 당시 대부분의 국민들은 유신헌법의 내용을 알고는 어이없어하였다. 박정희 스스로도 이를 민주주의라고 바로 말하기 어색했던지 '한국적 민주주의'라고 불렀다. 그런데 이 유신헌법안은 국민투표에서 투표율 92%, 찬성율 92%의 절대 다수로 통과되었다.

당시 대다수 국민들이 상식적으로 도저히 이해할 수 없어 했던 유신헌법이 국민투표에서 절대다수의 찬성 표를 얻은 것은 말할 것도 없이 박정희 정권이 온갖 방법을 동원하여 공포 분위기를 조성하고 이를 추진하였기 때문이었다. 당시 박정희는 국회를 해산시켰으며 또 정당 및 정치활동을 중지시켰다. 전국에 비상계엄령을 선포하였으며 옥내외 집회 및 시위를 금지시켰고 신문 및 방송에 대하여 사전 검열을 실시하였다. 그리고 당연히 대학을 휴교시켰다.

그리고 유신헌법에 대한 일체의 찬반 토론을 금지시켰으면서도 모든 신문 방송과 직장 내 강연 등을 통하여 유신헌법의 타당성을 일방적으로 선전하였다. 또 모든 공무원 및 정부 관련 기관 직원 등에게 한 사람당 다섯 명의 투표권자에게 유신헌법에 찬성 투표하도록 권하는 편지 다섯 통씩을 써서 이를 지인들에게 발송하도록 하였다. 그리고 자신이 입원 등의 이유로 투표할 수 없는 경우가 예상될 때에는 사전에 보고토록 하였다. 한마디로 당시 청와대와 중앙정보부를 중심으로 대한민국의 모든 조직과 인원과 행정력은 유신헌법의 국민투표 통과에 동원되었으며 전국적으로 무시무시한 공포 분위기가 조성되었다. 이러한 상황에서 유신헌법이 절대다수로 국민투표에서 통과된 것이다.

이렇게 유신헌법은 그 내용이 국민주권과 3권분립의 대한민국 헌정을 파괴함으로써 '대한민국은 민주공화국이다'라는 유신 헌법 자체의 제1조 제1항을 부정하고 또한 국민투표 과정에 있어서도 국가체제 전체가 조직적인 불법을 자행함으로써 절차에서도 무효였다. 이렇게 유신헌법은 내용과 절차 면에서 원천 무효인 헌법이었다. 그리하여 유신체제는 초기부터 이미 국민들에게 도덕적인 권위를 결한 체제였다.

그런데 이러한 상식 이하의 유신체제를 억지로 시작은 하였지만 대다수 국민들이 이를 존중할 마음이 없었기 때문에 박정희는 중앙정보부를 체제 수호의 최전방 하수인으로 만들어 공포 정치를 자행하였고 또한 무려 아홉 개의 긴급조치를 남발하며 유신체제의 유지에 매달렸다. 제 1호 긴급조치의 내용을 보면 유신헌법에 반대하거나, 개정을 주장하는 일체의 행위를 금지하고 또 이러한 반대 행위를 보도하는 행위도 금지하며 이를 위반하는 사람들은 비상군법회의에서 15년 이하의 징역에 처하도록 하였다. 곧 유신에 반대하는 것과 이러한 반대가 있다는 것을 보도하는 것이 범죄가 되는 한마디로 말도 안 되는 내용이었다.

한편 당시 중앙정보부의 체제 수호 활동 가운데 알려진 것으로는 1973년에 서울대 법대 최종길 교수를 간첩으로 몰아 자백을 시키려고 고문하다가 최교수가 사망하자 중앙정보부는 최교수가 자신이 간첩이라고 자백하였고 양심의 가책을 느껴 투신 자살하였다고 허위로 조작 발표하였다. 그걸로 끝이었다.

이렇게 박정희는 불법과 공포로 유신체제를 유지하고는 있었지만 목숨을 걸고 유신체제에 반대하는 민주 인사들과 진보 개신교 목사 및 천주교 사제들의 저항이 유신 초기부터 계속되었고 유신 반대를 외치며 투신하여 자신들의 생명을 내려놓는 젊은이들의 희생이 간단없이 이어졌다. 그리하여 1970년대 말에 이르러서는 일반 국민들은 물론 공무원 간부들조차 유신체제를 조롱하는 언사를 드러내게 되었다.

전두환의 집권과 5공화국 체제 또한 유신체제와 마찬가지로 시대착오적인 군사독재체제였다. 무엇보다도 박정희 사망과 동시에 거의 모든 국민이 지난 19년의 군사독재체제를 끝내고 이제는 당연히 민주주의를 시작할 것으로 생각하던 차에 전혀 생각지도 않게 전두환 집단이 군사 쿠데타를 일으켜 계엄사령관인 육군 참모총장을 체포하고 군을 장악하더니 5.17내란을 일으켜 국회를 해산시키고는 민주주의 회복을 외치는 광주 시민들을 공수부대와 계엄군을 보내어 대규모 학살을 자행하는 천인공노할 역사적 만행을 저지르기에 이르렀다. 그 뒤 요식행위를 통하여 전두환이 대통령이 되고 개헌하여 제5공화국을 만들고 전두환이 5공의 대통령이 되었다.

전두환 집단은 거리낌 없이 광주학살을 자행함으로써 그들의 정권 장악을 반대하는 누구라도 처단해버리겠다는 살벌한 태도를 거침없이 보임으로써 전국민을 공포에 떨게 하였다. 이는 박정희의 유신체제 시행 때의 무리를 훨씬 뛰어넘는 잔인성을 보인 것이었다. 한마디로 전두환 집단이 세운 5공화국은 정통성이 없는 태어나서는 안 될 정권이었으며 대다수 국민들이 그렇게 생각하고 있었다. 그러나 조선일보, 동아일보, 중앙일보와 KBS, MBC 방송 등 주요 언론기관들은 5공의 성립과 유지 과정에서 전두환 정권의 충실한 하수인으로서의 역할을 경쟁적으로 수행하였다. 그리하여 언론이 전두환 정권을 찬양하며 완전히 허수아비 역할을 하는 가운데 한국사회는 겉으로 보기에는 태평성대를 누리고 있는 듯이 보였으며 전두환은 그의 대통령직 수행에 매우 만족하고 긍지를 느끼는 듯한 태도를 보였다. 이렇게 전두환 정권과 국민 사이에 메울 수 없는 인식의 단절이 있었음에도 불구하고 겉으로는 모든 것이 잘되고 있는 듯이 돌아가는 비극적이고도 희극적인 상황이 1987년의 6월 민주항쟁 때까지 지속되었다.

그리고 여기에서 한 가지 짚고 넘어가야 할 사항이 전두환 집단의 광주학살 이후 시기부터 민주화 진영을 중심으로 전두환 집단의 정권 장악을 방관 및 지지하고 있는 미국에 대한 반미 감정이 격화되었다는 점이다. 그리고 이러한 사정은 1980년 12월에 천주교 농민 운동가 및 대학생들에 의해 발생한 광주 미국문화원 방화 사건으로 분명하게 표면화되었으며 이후 여러 도시에서의 미국문화원 방화 사건 등으로 확대되었다. 이렇게 하여 반미주의는 한국사회에서 비록 소수이기는 하지만 무시할 수 없는 하나의 흐름으로 자리 잡게 되었다.

이렇게 군사독재기는 경제적 차원에서는 역사적으로 가장 중요한 경제개발이라는 성과를 이룩한 동시에 정치 사회적 차원에서는 민주주의를 부정하고 또한 그 과정에서 많은 인명을 희생시킨 군사독재라는 실패를 보이고 있다. 특히 군사독재는 박정희 초기의 약한 형태의 독재로부터 출발하여 시간이 지날수록 강한 형태로 진전되어 드디어는 유신체제라는 민주주의를 부정하고 파괴하는 강성 독재체제로 진행되었을 뿐아니라 전두환 집단의 정권 탈취에 이르러서는 민주화를 주장하는 광주시민의 집단 학살을 거침없이 자행하는 지경에 이르렀다. 그리고 이어지는 제5공화국에서는 전두환 정권과 국민의식이 완전히 따로 흐르고 있음에도 불구하고 집권자는 꼭두각시 노릇을 하는 언론의 왜곡 보도에 취해 흐뭇해하는 모습을 보이는 코미디 같은 상황이 지속되었다.

4장

제도적 민주화(1988-2017):
6공화국의 출발에서 박근혜 탄핵까지

1. 노태우 시기(1988-1992): 군사독재체제에서 민주체제로의 전환기

1987년의 6월 민주항쟁으로 한국은 박정희 전두환의 27년간의 군사독재체제에서 벗어났다. 무엇보다도 개헌을 통하여 국민들이 대통령 선거를 통하여 대통령을 직접 뽑게 된 것이 중요하였다. 이로써 한국사회는 이제 실질적이고 내용적으로는 몰라도 적어도 제도적으로는 민주화 시기에 들어서게 되었다.

그리하여 16년 만에 이루어진 1987년 12월의 대통령 직접선거에서 여당인 민정당 후보인 노태우가 후보 단일화를 이루지 못하고 각자 출마한 두 야당의 김영삼과 김대중과 그리고 김종필의 4파전에서 37%의 득표율로 임기 5년 단임의 6공화국 초대 대통령에 선출되었다. 이때 김영삼과 김대중의 득표율을 합하면 55%가 되어 노태우를 쉽게 이길 수 있었지만 양 김이 민주화 진영의 열망에도 불구하고 후보 단일화를 이루지 못한 탓에 전두환의 후계자인 노태우의 당선을 막지 못하였다. 이리하여 노태우는 1988년 2월에 13대 대통령에 취임하였다. 그리고 이후 6공화국이 진행되었다. 그런데 대통령 선거 결과에서도 지역별로 출신 지역 후보를 일방적으로 지지하는 강력한 지역감정 행태가 여전히 명확하게 드러났다.

노태우는 전두환과 육사11기 동기생이었으며 전두환에 이어 하나회의 2인자였다. 특히 12.12쿠데타 때에는 전방 사단장으로서 사단 병력 가운데 1개 여단을 서울로 이동시켜 쿠데타 성공에 큰 공을 세웠다. 그리고 전두환 집권 과정과 집권 이후에도 전두환의 비호 아래 제2인자의 자리를 계속 유지하였다. 이렇게 노태우는 육사 졸업 이후 30여 년을 전두환의 옆에서 충실하게 보조자 역할을 해 온 끝에 전두환에 의해 대통령 후보가 되고 또 전두환을 이어 대통령이 된 것이다.

노태우는 대통령에 당선되자 자신의 국가 운영의 내용과 방식을 군사독재적인 것으로부터 민주국가적인 것으로 전환시키고자 하였다. 이러한 전환은 한국사회가 6월 민주항쟁과 뒤를 이은 6공화국 헌법의 채택으로 이미 정해진 것으로서 이제 문제는 대통령에 당선된 노태우가 이러한 전환을 어떻게 실천해 나갈 것인가 하는 것이었다.

노태우는 전두환과 함께 12.12쿠데타의 핵심이었고 전두환의 결정에 따라 대통령 후보자가 되고 결국에는 전두환을 이어 대통령까지 되었기 때문에 전두환과 함께 그 자신이 군사독재체제의 핵심이자 기둥이었다. 그럼에도 불구하고 그는 김영삼 김대중의 분열에 따라 대통령 선거에서 이겨 대통령이 된 것이다. 그렇기 때문에 과연 그가 민주화의 실천이라는 한국사회의 시대적 요청에 적극적으로 나설 것인지, 또는 전두환 세력과 군의 세력이 그대로 있는 상황에서 그가 시대적 요청에 적극 나선다 할지라도 이에 성공할 수 있을 것인가 하는 의구심이 그를 둘러싸고 있었다.

여기에 더하여 이미 폭발하고 있는 노동자 파업이 보여 주듯이 지난 20여 년의 군사독재체제에서 억눌려 있던 사회적 욕구 불만이 폭발적으로 분출될 때 이러한 상황에 제대로 대응할 수 있을 것인가 하는 상황적인 문제가 있었다.

이 모든 상황적 여건이 대통령으로서의 노태우의 활동을 기다리고 있었다. 이러한 상황에서 노태우는 먼저 자신을 전두환과 차별화하였다. 곧 대통령 당선자 노태우는 먼저 대통령 취임 이후의 국정방향과 내용을 정하기 위하여 각계의 명망 있는 인사들로 구성된 '민주화합추진위원회'를 한시적으로 설치하였다. 이 위원회는 이름이 나타내는 바와 같이 새 정부의 국정방향이 민주회복과 지역감정 해소임을 분명히 하고 있다. 무엇보다도 위원회는 5.18 당시에는 '광주 폭동', 그리고 이후에는 '광주 사태'라고 불리우던 5.18광주 시민들의 저항을 '광주 민주화운동'으로 그 성격을 새롭게 규정하였다. 이렇게 하여 노태우는 자신의 정부가 민주 정부로서 전임 전두환의 군사독재 정부와는 다르다는 점을 분명히 함으로써 자신을 전두환과 차별화하였다.

다음으로는 전임 대통령 전두환의 영향력을 차단하였다. 전두환은 자신이 처음으로 평화적인 정권교체를 실현하였다고 생각하며 이에 대하여 큰 자부심을 갖고 있었고 노태우가 후임 대통령이 되었으므로 자신의 대통령 퇴임 이후에도 헌법기관인 국가원로자문회의 의장으로서의 국정에 영향력을 행사하고자 하였다. 그런데 노태우는 1987년 2월 자신이 대통령에 취임함에 따라 전두환이 전임 대통령으로서 국가원로자문회의 의장에 취임한 두 달 후 전두환이 의장직을 사퇴하도록 하였다. 그리고 전두환의 의장직 사퇴로 인하여 공적으로 전두환이 노태우에 대하여 영향력을 행사할 수 있는 통로가 제거되었다.

이렇게 하여 노태우는 대통령 초기에 전두환 정권의 반민주적 성격과 자신의 정부를 차별화시키고 또한 전두환의 영향력을 차단하였다. 이로써 함으로써 노태우는 5공화국과 전두환의 부담에서 어느 정도 벗어나서 6공화국 초대 대통령으로서의 독자적인 활동을 펼칠 수 있게 되었다. 그런데 전두환에 의해 대통령이 되다시피 한 노태우가 이렇게 자신을 전두환의 5공화국과 차별화할 수 있었던 것은 국민 여론이 전두환의 5공화국에 대하여 매우 부정적이었으므로 가능한 일이었다.

이제 노태우 정부의 실적에 대하여 몇 가지 살펴보고자 한다.

첫째, 전반적으로 보아 그의 시대적 사명이라고 할 군사독재체제에서 민주체제로의 전환을 큰 무리없이 상당한 정도까지 실행하였다.

곧, 노태우는 앞에서 보았듯이 광주사태의 성격을 민주화운동으로 규정하는 등 정부의 성격을 민주 정부로서 분명히 하고 또 전두환의 국정개입을 차단함으로써 자신의 정부를 전두환의 5공과 차별화하고 또 5공과의 관계를 단절하였다. 또한 재임 중 군의 정치에 대한 영향력 행사를 상당한 정도로 막았다.

한편 언론자유와 인권 등 기본 분야에 있어서는 종전에 비해 큰 개선이 이루어졌다. 국가안전기획부와 국군보안사령부와 경찰이 민주화운동을 하는 사람들을 불법 체포 감금하고 고문하는 일이 거의 사라졌다. 그리고 5공 때의 노조활동에 대한 철저한 탄압도 사라졌다. 그리하여 전국적으로 노동자 파업이 폭발적으로 발생하였다. 예를 들어 1986년에 300건 이하였던 노사분규는 6월 민주항쟁 이후 폭발적으로 증가하여 1987년에 3,700여 건, 1988년에 1,800여 건, 1989년에 1,600여 건이 각각 발생하였으며 1990년에 들어와서야 300여 건 그리고 1991년과 1992년에는 각각 200여 건 수준으로 떨어졌다. 그리고 야간 시위도 일상이 되다시피 하였다. 이렇게 혼란스러운 상황이 계속되고 있음에도 불구하고 노태우는 경찰 등 공권력의 투입을 자제하였다. 이로 인하여 '물태우'라는 비아냥도 들었지만 그는 끝까지 이러한 허용적인 태도를 견지하였다. 그리하여 한국사회 전체적으로 보아 별다른 불상사나 커다란 마찰 없이 민주 사회로의 전환이 진행되고 있었다고 평가할 수 있다.

그러나 노태우의 민주화 전환은 상당히 제한적인 것에 그치는 부분이 있었다. 무엇보다도 전두환과 함께 신군부의 핵심으로서 5공 탄생에 중요한 역할을 하였기 때문에 군부 쿠데타 및 5공 수립에 대한 심판 문제 곧 5공청산에 소극적이었다. 그리고 정치에 대한 군의 영향력을 실질적으로 감소시키거나 또는 반민주적 군사문화를 철폐하는 문제에 대한 성과는 미약한 편이었다.

예를 들어 1988년 8월에 육군정보사령부가 군에 대해 불리한 기사를 쓴다고 하여 중앙경제신문 오홍근 기자를 조직적으로 테러를 저지르는 일이 발생하였다. 그리고 1990년에는 국군보안사령부가 민간인을 사찰하는 것이 폭로되었다. 이러한 사례들은 6공에 들어와서도 5공 때의 군 우위의 사고나 반민주적 군사문화가 여전함을 보여 주었으며 노태우 정부의 민주화가 군사문화의 민주화에는 별다른 진전이 없었음을 보여 주고 있다.

둘째, 경제분야에 있어서는 노태우 정부가 처음으로 분배정의와 경제적 형평을 강조하였다.

곧 노태우는 대통령 취임사에서 형평의 실행을 중요한 정책 목표로 강조하였는데 이는 정부로서는 처음 있는 일이고 종전까지의 성장 일변도에서 벗어나서 공식적이고 실질적으로 형평을 경제 사회 정책의 목표로서 천명한 것이었다. 실제로 노태우 재임 중 경제성장률이 연평균 9.2%로 높고 노동운동이나 노조활동에 대한 탄압이 사라진 가운데 임금 수준도 빠르게 높아져서 소득분배 상황이 뚜렷하게 개선되는 가운데 중산층이 빠르게 형성되었고 자가용 소유가 급증하는 등 전반적으로 생활수준이 높아진 것을 국민들이 느끼게 되었다. 곧 그동안의 경제성장의 성과를 전체 국민이 나누어 가지게 되었다고 하겠다.

예를 들어 연평균 전 산업 실질임금 상승률을 보면 박정희 시대(1961-1979) 8.5%, 전두환 시대(1980-1987) 4.5%, 그리고 노태우 시대(1988-1992) 10.2%로 한국경제로 보아 가장 높은 수준을 보였다.

이렇게 노태우가 내정 분야에 있어서는 권위주의의 타파와 경제적 형평을 내세웠는데 전체적으로는 한국사회가 지난 30년 가까이 군사독재 체제에서 벗어나 민주화의 대세가 흐르는 가운데 실제적으로도 사회적 분위기는 종전에 비해 탈권위주의가 어느 정도 실현되고 경제적 형평은 상당한 정도로 실현되었다.

한편 노태우 정부 초기에는 '단군 이래의 호황'을 보인 한국경제의 호조 속에 1988년 서울올림픽이 개최되어 전세계에 한국의 번영을 과시하는 기회가 되었다.

셋째, 노태우 정부는 대북한 관계와 대공산권 외교에 있어서 가장 좋은 성과를 보였다.

곧 북한과의 관계는 종전의 적대적 관계에서 평화 공존으로 전환되었다. 1990년부터 남북고위급회담이 열렸고 1991년에는 남북간 화해 불가침 및 남북교류를 내용으로 하는 '남북기본합의서'가 체결되었으며 남북한 동시 UN 가입도 이루어졌다. 이리하여 남북한은 1948년 각각 정부를 수립하여 적대적인 관계로 출발하여 이후 동족상잔의 전쟁까지 치른 바 있었지만 분단 이후 40여 년이 지나 평화 공존을 지향하는 단계로 큰 변화를 보이게 되었다.

또한 공산권 국가와의 외교관계 수립에도 큰 성과가 있어서 1989년 헝가리와의 수교를 시작으로, 1990면에는 소련과 외교관계를 맺었고 이때 소련에 차관을 빌려주었다. 1992년에는 6.25 때 대적한 중국과 수교하였다. 이러한 소련 및 중국과의 수교는 한국으로서는 국가 안보 측면에서의 긴장 및 위험을 낮추는 효과가 있다고 하겠다. 전체적으로 보아 이러한 공산권 국가와의 수교는 국제사회에 있어서 한국의 위상과 역할을 증대시켰고 또한 이후 이들 국가들과의 교역을 늘리는 데 큰 도움이 되었다.

넷째, 3당 합당을 실행함으로써 보수 세력의 통합을 통한 정치 안정화를 도모하였다.

곧 민주정의당 총재를 겸하고 있던 노태우는 국회가 여소야대인 상황에서 국정수행에 어려움을 겪자 1991년 초에 제2야당인 김영삼의 통일민주당 및 제3야당인 김종필의 신민주공화당과 함께 3당 합당을 실현하여 거대 여당인 민주자유당을 만들었다. 결국 야당은 김대중이 이끄는 평화민주당만으로 고립되었다.

이러한 3당 통합은 이후 결과적으로 한국 정치에 큰 영향을 주게 된다. 곧 단기적으로는 한국의 정당을 이념 성향으로 보아 온건보수성향의 민주자유당과 진보성향의 평화민주당의 보수와 진보의 양당 체제로 개편하였다. 동시에 지역적으로도 노태우가 대표하는 TK(대구, 경북 지역)와 김영삼이 대표하는 PK(부산, 경남 지역) 및 김종필이 대표하는 충청 지역의 연합과 김대중이 대표하는 호남 지역으로 곧 비호남과 호남으로 분리하였다.

또한 김영삼이 민자당의 당권을 장악하고 노태우에 뒤를 이어 대통령이 되게 함으로써 한국 정치에 중요한 변화를 초래하게 하였다. 그리고 민자당은 이후 오늘에 이르기까지 온건보수성향의 정당으로서 진보 대 보수로 양분되는 한국 정당 구성에 있어서 보수를 대표하는 정당으로 맥을 잇고 있다.

전체적으로 보아 노태우 정부는 한국사회를 군사독재체제로부터 민주체제로 변화시키는 전환기적 사명을 탁월하게 실천하였다고 보기에는 미흡하지만, 비교적 잘 감당하였다고 평가할 수 있을 것이다. 더욱이 노태우가 전두환 다음으로 군사쿠데타와 5공 탄생의 주역으로서 실질적으로 전두환에 의하여 대통령이 될 수 있었다고 해도 무방한 존재임에도 불구하고 집권 초기에 용의주도하게 자신의 6공을 전두환의 5공과 차별화하고 또 전두환 및 군부 세력의 영향력을 상당 부분 막았다는 점과 집권 이후 공권력의 행사를 자제하면서 정치 사회적 격변기를 큰 무리나 불상사 없이 운영하였다는 점은 평가받아야 할 부분이라고 할 것이다.

그리고 북한 관계를 대화가 단절된 적대 관계에서 벗어나 대화가 있는 공존 관계로 전환시킨 점과 소련 및 중국을 비롯한 공산권 국가들과 외교관계를 수립한 것은 업적이라고 할 것이다.

〈주목할 사항〉

노태우의 전환기적 임무와 실천 문제

노태우 정부의 시대적 사명은 한국사회를 박정희 전두환의 군사독재체제로부터 민주체제로 무리 없이 전환시키는 것이었다. 물론 제도적으로는 개헌을 통해 16년 만에 국민들이 직접선거를 통하여 대통령을 직접 뽑도록 함으로써 국민의 대통령 선택권이 회복되는 것을 핵심으로 하는 제도적인 민주화가 이루어졌지만 과연 대통령의 권한 행사를 비롯하여 정치 행태 및 사회 질서가 법대로 이루어질 것인가 하는 것이 문제였다.

한편에서는 지난 30년 가까운 군사독재체제 아래에서 눌려 있던 국민들의 민주화 욕구가 폭발적으로 분출되고 있는 가운데 5공을 세운 군사쿠데타와 특히 광주민주화운동에 대한 진실 규명과 책임자 처벌에 대한 요구가 강력하였지만 또 한편에서는 전두환 전임 대통령이 있었고 노태우 자신은 5공 탄생의 주역 가운데 한 사람이었으며 하나회 집단은 전두환 정권하에서 12.12쿠데타 때보다 더욱 확실하게 군을 장악하고 있었다. 그리고 정보사령부의 언론인 테러에서 보듯이 반민주적 군사문화는 여전하였다.

이러한 상황에서 출발한 노태우 정부의 5년을 보면 결과적으로 전두환과 군의 정치에 대한 영향력은 나타나지 않은 가운데 정치는 군사독재 때와는 확연하게 다르게 국회를 중심으로 시끄러운 가운데서도 자유로운 정당활동이 국민의 여론을 반영하며 이루어졌다. 또한 노태우는 민주화 시대의 성격에 부응하면서 불법적이거나 권위주의적인 권한 행사를 자제하였다. 전임 전두환은 그와 5공에 대한 국민들의 강력한 적대감으로 인해 자진하여 부부가 백담사에 2년 동안 은둔하는 신세가 되는 등 정치적 영향력을 전혀 갖지 못하였다. 이러한 상황에서 노태우는 군의 정치에 대한 영향력을 상당 부분 막을 수 있었다.

민간 및 사회 분야에 있어서는 노사분규의 폭발을 비롯하여 5공 청산을 요구하는 과격한 시위 및 민간의 허가받지 않은 방북활동 등이 터져 나와 한국사회 전체가 상당한 혼란과 무질서를 보였지만 국가적 불안을 걱정할 정도는 아니었다.

이러한 혼란스러운 상황에서도 노태우는 공권력의 행사를 자제하는 태도를 보임으로써 보수 언론 등 보수진영으로부터 나약한 지도자라는 비아냥을 받았지만 결과적으로는 그의 의도적인 소극적 태도가 한편으로는 국민들의 다양하고도 강력한 의사 표시가 분출되도록 함으로써 불만을 해소토록 하고 동시에 이에 대한 정치 사회적 대응도 작동하게 한 것으로 평가된다. 어쨌든 이렇게 하여 한국사회의 군사독재체제로부터 민주체제로의 전환은 큰 위기 없이 진행되었다고 하겠다.

한편으로 그의 3당 합당은 한국의 정치 지형을 온건보수 대 온건진보의 양대 진영으로 정리함으로써 한국의 정치 사회적 안정에 기여하였으며 나아가서는 그의 후임인 김영삼을 통하여 보다 과감한 민주적 국가질서의 확립 및 군의 탈정치화가 가능하도록 길을 닦았다고 평가할 수 있겠다.

요약하여 노태우는 한국사회를 군사독재체제로부터 민주체제로 전환시키는 전환기적 임무를 크게 보아 성공적으로 수행하였다고 하겠다.

2. 김영삼 시기(1993-1997): 민주체제의 정통성 회복과 외환위기

김영삼은 김대중과 함께 박정희와 전두환의 군사독재체제에 대하여 강력하고 꾸준하게 목숨을 걸고 저항한 민주화 투쟁의 선봉장이었다. 그러나 그는 막상 민주화가 이루어지고 치른 대통령 선거에서 민주 진영의 열망에도 불구하고 김대중과의 후보 단일화를 이루지 못함으로써 노태우의 당선을 막지 못하였다. 그러고는 노태우의 당선을 부정선거에 의한 것이라고 비난하면서 노태우 군사정권의 타파에 나서겠다고 선언하였다.

그러나 그는 1990년 초에 노태우 및 김종필과 3당 깜짝 합당을 실행하여 거대 여당에 합류함으로써 모두를 놀라게 하였다. 그때 그는 '호랑이를 잡으려면 호랑이 굴에 들어가야 한다'는 말로 자신의 행동을 변호하였다. 이후 그는 민자당 주류의 강한 반발을 물리치며 대통령 후보가 되고, 대통령 선거에서는 김대중을 물리침으로써 노태우를 이어 14대 대통령이 되었다. 그리하여 결국 자신의 말대로 호랑이를 잡을 기회를 얻은 셈이 되었다. 이렇게 김영삼은 1993년 2월부터 1997년 2월까지 5년 동안 6공화국의 두 번째 대통령으로 재임하였다.

김영삼이 대통령에 취임할 때 한국사회는 '5공청산' 문제에 대한 확실한 처리가 필요한 상황이었다. 비록 노태우 정부가 군사독재체제로부터 민주체제로의 전환이라는 시대적 사명을 성공적으로 감당하였지만 가장 핵심적인 사업 곧 12.12군사쿠데타와 광주 민주화운동에 대한 무자비한 진압과 또 이로부터 성립된 5공 정권에 대한 공식적인 처리는 이루어지지 않은 것이다. 그리고 이 과제는 이제 김영삼 정부에게 넘겨진 것이다. 그리고 김영삼은 일반의 예상을 뛰어넘는 과단성을 가지고 이 과제를 해결하였다.

이제 김영삼 정부의 가장 큰 업적이라고 할 이 문제를 논의하도록 한다.

김영삼은 자신의 정부를 군 출신이 아니라 순수한 민간인이 이끄는 정부라는 뜻에서 문민(文民)정부'라 칭하였다. 곧 그는 자신이 군사정권이라고 비난하던 노태우 정권에 들어가서 대통령직을 이어받은 것에 대하여 큰 부담을 느끼고 있었고 따라서 가능한 한 자신의 정부를 노태우 정부와 차별화하려고 노력하였다. 그리하여 문민정부라는 말을 들고 나왔다.

그런데 그는 대통령이 되자마자 자신의 차별성을 강력하게 보여 주었다. 곧 그는 하나회 출신 장성들을 군에서 내쫓아 버린 것이다. 김영삼은 대통령 취임 후 보름도 되기 전에 하나회 출신인 육군참모총장과 기무사령관을 경질하는 것을 시작으로 하나회 출신에 대한 숙청을 빠르게 단행하여 취임 6개월 내에 하나회 출신인 합참의장 등 대장 5명, 중장 2명, 소장 2명을 전역 시키고 또 하나회 출신들의 장군 진급을 막아 버렸다. 이렇게 하나회 출신들을 철저하게 숙청함으로써 1979년 12.12군사쿠데타에서 시작하여 정권을 찬탈하고 전두환, 노태우 두 명의 대통령을 배출하였을 뿐만 아니라 김영삼의 대통령 취임 당시에도 군을 거의 완전하게 장악하고 있던 하나회는 사라졌다. 이러한 김영삼의 하나회 숙청으로 1961년 박정희의 5.16군사쿠데타 이후 30년 넘게 한국의 정치를 지배하였던 군의 탈정치화가 비로소 실현되었다.

그리고 이러한 하나회 숙청이 가지는 또 한 가지 중요한 의의는 군의 지휘체계를 제대로 확립하는 동시에 군의 사기를 높임으로써 군 전력향상에도 큰 도움을 주었다는 점이다. 곧 종전까지 사조직인 하나회가 대통령의 비호 아래 군의 요직과 실권을 독점하고 전횡을 일삼으므로 말미암아 군의 지휘체계를 문란시켰다는 점이다. 이에 따라 비하나회원인 상급자가 하나회원인 하급자의 눈치를 보게 되는 상황이 벌어졌었고 또 비하나회원들은 진급과 보직에서 불이익을 보게 됨으로 군 전체의 사기가 크게 떨어져 있는 상태가 지속되어 온 것이다. 이와 같은 상황은 군 전력을 심각하게 손상시키는 상황을 초래한 것이다.

이러한 하나회 숙청을 통한 군의 탈정치화를 실현한 다음으로 김영삼은 5공의 정통성 문제를 처리하였다. 곧 1995년에는 12. 12 및 5. 18 관련 신군부 인사 고발 사건에 대하여 검찰은 성공한 쿠데타는 처벌할 수 없다는 이유로 불기소 처분하였지만 그 뒤 전임 대통령이 거액의 비자금을 가졌다는 의혹이 폭로되어 전두환, 노태우 전임 대통령에 대한 여론이 악화하자 김영삼은 12. 12 및 5. 18사건에 대한 법적 처리를 위하여 5. 18 관련 특별법 제정을 추진하였고 검찰이 재수사에 들어가 1996년 1월에 두 전직 대통령 및 관련자들을 구속 기소하였다. 이에 따른 재판이 진행되고 결국에는 1997년 4월에 대법원이 12. 12와 5. 18사건을 군사반란 및 내란으로 규정하며 전두환에게는 무기징역 그리고 노태우에게는 징역 17년을 선고하였다. 이로써 5공화국을 탄생시킨 12. 12와 5. 18은 각각 군사반란과 내란으로 법적 판단을 받았고 전두환과 노태우를 비롯한 가담자들은 유죄 판결을 받고 복역하였다. 그리고 김영삼은 12월에 이들을 사면하였다.

이러한 12. 12와 5. 18에 대한 유죄 판결은 성공한 쿠데타를 불법으로 판결한 것으로 세계적으로 유례가 없는 민주체제의 정통성 확립의 예라고 할 수 있다. 곧 12.12군사반란과 5.18내란으로 정권을 잡은 이후 대법원 판결까지 17년이 경과하는 동안 두 번의 헌법 개정이 있었고 두 정부가 차례로 출범하였다. 동시에 두 주동자가 법 절차에 따라 대통령에 당선되고 대통령직을 수행하였다. 그럼에도 불구하고 12.12와 5.18사건은 불법으로 법적 판결을 받고 두 전직 대통령 또한 징역형을 이행한 것이다.

이러한 법적 판결은 김영삼이 내세우듯이 '역사 바로 세우기'이며 한국역사에 있어서 정부의 민주적 정통성을 회복시킨 것이라고 할 수 있다.

결과적으로 김영삼은 하나회 장성들을 군에서 내보냄으로써 이들에 의한 군사쿠데타의 가능성을 없애는 동시에 군을 탈정치화를 이룩하였을 뿐만 아니라 12.12 및 5.18을 불법화하고 쿠데타에 성공하여 대통령이 된 가담자도 감옥에 보냄으로써 한국은 군사쿠데타의 가능성에서 벗어나게 되었다. 그리고 앞에서 논의한 것처럼 하나회 숙청은 군의 지휘체계를 바로잡는 한편 사기를 높임으로써 군을 정상화하고 또 전력을 향상했다고 하겠다.

한편 군사반란 및 내란에 대한 판결은 광주 민주화운동에 대하여 사태 당시에는 '광주 폭동' 그리고 이후에는 '광주 사태'로 부르다가 노태우 때 '광주 민주화운동'으로 그 성격을 규정한 바 있었고 이제는 국민의 정당한 저항권 발동에 의한 '광주 민주항쟁'으로 재규명된 것 또한 광주 사태의 성격을 제대로 규정한 것으로서 그 의미가 적지 않다고 할 것이다.

이렇게 김영삼이 실천한 하나회 숙청과 12.12 및 5.18의 불법화는 그의 최대 업적일 뿐만 아니라 한국 현대사에 있어서 중요한 민주화 이정표라고 할 것이다.

이제 김영삼 정부의 실적에 대하여 몇 가지 살펴보고자 한다.

첫째, 위에서 논의한 바와 같이 김영삼은 하나회 세력을 군으로부터 숙청하고 또 그들이 저지른 12. 12군사반란과 5. 18내란을 불법화 함으로써 군의 탈정치화를 실현하는 한편 한국을 군사쿠데타의 위험으로부터 벗어나게 함으로써 민주체제의 실현에 크게 기여하였다고 하겠다. 그리고 이것은 김영삼의 가장 큰 업적이라고 할 것이다.

둘째, 김영삼은 금융실명제와 고위공직자 재산공개를 시행함으로써 사회 경제적 개혁에 상당한 성과를 거두었다.

김영삼은 1993년 8월에 대통령 긴급명령을 통하여 '금융실명제'를 실시하였다. 금융실명제란 모든 금융거래를 거래자 본인의 이름으로 실행하는 것이다. 종전에는 금융거래에 있어서 본인 명의 외에 가명이나 무기명으로도 거래가 가능하였다. 그렇기 때문에 탈세나 부정한 자금 거래 등이 용이하였다. 그러나 금융실명제의 실시로 모든 금융거래가 실명으로 이루어지고 또 자금출처 조사가 가능해짐으로 말미암아 금융 비리와 탈세 및 뇌물 수수 등 부정 부패의 실행이 한층 어려워지는 동시에 이에 대한 적발도 크게 쉬워지게 되었다. 그리하여 실명제 실시 이후 뇌물수수나 불법 정치자금 수수로 인하여 관리들이나 정치인들이 처벌받는 일이 종종 발생하게 되어 금융실명제 이전과는 확실히 달라지게 되었다. 동시에 금융자산 소득의 파악이 가능해져서 종합소득세제 실시가 가능해지게 되었다.

그 밖에도 김영삼은 금융실명제 실시 다음 달에 국회 행정부 법원 등의 1급 이상 고위공직자와 국영기업체 임원 천여 명의 재산공개를 실시하였다. 그리고 1995년에는 부동산 실명제를 실시하고 1996년에는 금융소득 종합과세를 실시하였다. 이러한 개혁 조치들은 이후 한국사회에 지속적으로 영향을 미치게 된다. 특히 금융실명제와 공직자 재산공개제도는 공공 부문의 부패 감소에 크게 기여하였다.

셋째, 그러나 임기 말에 불어 닥친 외환위기로 인해 민주체제의 정통성 회복과 발전의 업적에도 불구하고 김영삼 정부는 국민들로부터 실패한 정부라는 평가를 받게 되었다.

곧 김영삼은 경제 정책 면에서 자유화와 세계화를 서둘렀고 그리하여 1996년에는 이른바 선진국 클럽이라는 OECD에 29번째 회원국으로 가입하였다. 그러나 그다음 해인 1997년 말에 외환위기를 맞게 되었다. 당시 한국의 채무이행 능력을 의심한 외국의 은행과 투자자들이 한국으로부터 갑작스레 자금을 회수함에 따라 한국은 국가적으로 외국의 채무를 갚을 달러가 부족하게 되어 국가부도 위험을 겪는 외환위기를 맞았다. 이에 정부가 급히 IMF 차관 210억 달러, IBRD 차관 100억 달러 등 모두 550억 달러를 차입하는 계약을 맺어 외환 부족을 피하게 되었다.

이때 IMF와 미국 등은 은행과 대기업의 자기자본 증대와 차입금 감소를 주요 내용으로 하는 이른바 구조조정을 요구하였다. 이러한 구조조정의 실행 및 이로 인한 경제에 대한 타격은 다음 정부의 몫이 되게 되었다.

그런데 이러한 경제위기는 종전까지 한국의 은행과 기업들이 해외자본과 외부 차입에 지나치게 의존해 온 취약한 경제체질에 기인한 것으로서 이를 김영삼 정부에만 책임을 묻기는 어려운 일이라고 할 것이다. 그러나 국민들은 물론 정부 또한 전혀 예상하지 못한 갑작스런 외환위기로 국민들의 고통과 불만은 엄청났고 더욱이 종전까지 한국경제의 발전에 자부심을 가져왔던 국민들은 외환위기를 국가적인 수치로 받아들였으며 이에 따라 국민들은 김영삼 정부를 실패한 정부로 평가하였다.

한편 전임 노태우 정부 때 크게 개선되었던 북한관계는 김일성의 사망, 북한의 핵확산조약 탈퇴, 미국의 북한 핵시설 폭격 준비, 황장엽 북한 노동당 총서기의 남한 망명 등이 이어지면서 악화되었다. 그런데 이가운데서 미국의 북한 핵시설 폭격 준비에 대하여는 김영삼 정부가 이에 적극 반대하는 가운데 실행이 중단되었다.

이렇게 김영삼은 역사적으로 중요한 의의를 갖는 민주적 사회적 개혁의 성과에도 불구하고 경제실패로 인해 실패한 정부라는 평가를 받으며 임기를 마치게 되었다.

〈주목할 사항〉

노태우의 전환기적 사명과 김영삼의 민주체제 발전의 관계

김영삼의 업적 가운데 가장 중요한 것은 역시 군으로부터 하나회 군인들을 숙청한 것과 12.12군사쿠데타와 5.18내란의 책임을 물어 전직 대통령인 전두환과 노태우 및 관련자들을 감옥에 보낸 것이라고 할 것이다. 이 가운데 하나회의 숙청은 김영삼이 대통령의 권한으로 실행한 것이다. 그리고 전두환 노태우 및 관련자에 대한 유죄 판결의 경우는 최종적으로는 법원이 한 것이지만 김영삼이 추진한 것이다. 곧 검찰이 당초 이들에 대하여 불기소 처분을 한 바 있지만 이후 김영삼은 5.18 특별법의 입법을 주도하고 검찰이 이들을 다시 기소하게 함으로써 헌법재판소 판결과 대법원 판결을 통하여 이들에 대한 유죄 판결을 이끌어 내었다. 이러한 과정은 김영삼의 주도에 의하여 가능했던 것이다.

이러한 하나회 숙청과 12.12 및 5.18 행위자에 대한 처벌은 앞에서 논의하였듯이 군의 쿠데타 세력을 제거하고 또 성공한 쿠데타에 대하여도 심판함으로써 첫째로는 한국 민주체제의 정통성을 회복하였으며, 둘째로는 차후 쿠데타 발생의 가능성을 없이함으로써 민주체제를 튼튼하게 하였다고 할 것이다. 곧 김영삼은 한국 민주체제의 발전에 크게 기여한 것이다.

이제 여기에서는 이러한 김영삼의 민주체제 발전 실천이 노태우의 전환기적 사명 실행과 어떤 관계가 있는지에 대하여 논의해 보도록 하자.

앞에서 보았듯이 노태우는 그의 대통령 재임 기간 중 한국 정치체제의 성격을 전임 전두환의 군사독재체제로부터 민주체제로의 전환을 큰 무리 없이 실천하였다고 하겠다. 첫째로, 그는 전두환과 군부의 영향력이 정치에 미치는 것을 대체로 차단하였다. 물론 여기에는 6월 민주항쟁을 통하여 한국 국민들이 쟁취한 민주화 환경이 그를 뒷받침하였기에 가능한 일이었다. 둘째로, 그는 광주 사태의 성격을 폭동으로부터 민주화운동으로 변경했다. 셋째로, 그는 폭발적인 노사분규의 발생 등 종전에 군사독재체제에서 오랫동안 억눌려왔던 사회적 불만의 표출을 공권력의 개입을 자제하며 이를 허용함으로써 한국사회의 갈등을 자연스럽게 진정시키는 데 기여하였다. 넷째로, 그러나 한편으로는 국민들과 야당의 강력한 요구에도 불구하고 12.12와 5.18사태의 진상규명과 관련자 처벌을 회피함으로써 이들 사태와 관련된 자신의 책임을 회피하는 동시에 전두환 및 군부 세력의 저항을 피하도록 하였다. 이러한 것들이 노태우에 의한 전환기적 사명의 실천이라고 볼 수 있다. 곧 이러한 노태우의 대통령직 수행으로 말미암아 한국사회는 민주체제 안에서 비교적 안정성을 유지할 수 있었던 것이다.

요약하여 우리는 두 가지 사항을 지적할 수 있을 것이다.

첫째로, 노태우는 12.12와 5.18에 대하여 사법처리를 추진할 수 없었다는 점이다.

왜냐하면 전두환과 함께 그가 이들 사태의 주동자였기 때문이다. 그리고 전두환과 그의 군에 대한 인사권 행사를 통하여 당시 하나회가 군부를 완전히 장악하고 있었기 때문이다. 따라서 12.12 및 5.18에 대한 사법처리가 진행되었다면 이는 노태우의 자기 부정일 뿐 아니라 군부의 강력한 저항도 예상되는 상황이었기 때문이다.

둘째로, 김영삼의 12.12 및 5.18에 대한 사법처리는 노태우의 전환기적 사명 실행에 의하여 가능하였다는 점이다.

먼저 김영삼은 취임 직후 군내의 하나회 장성들을 전면적으로 단호하게 숙청하였는데 이들은 숙청에 대하여 조직적으로 저항하지 않고 순순히 받아들였다. 따라서 우려하였던 쿠데타나 집단적인 반발 움직임이 없었다. 이러한 현상은 그 이전 30여 년 동안 군사독재체제 아래 군 세력이 한국을 지배해 왔고 또 당시 하나회 출신들이 육군을 거의 완전하게 장악하고 있었던 상황에 비추어 볼 때 다소 의외였다고도 볼 수 있다. 그러나 이는 기본적으로 노태우 정권 동안 한국사회의 민주적 질서가 상당히 든든하게 자리 잡고 있었고 또 전두환을 비롯한 군 세력의 영향력이 매우 약해지고 동시에 군의 정치 개입이 상당한 정도까지 차단되어 왔기 때문이다. 이러한 상황에서 하나회 출신들조차 이러한 민주화 진전을 받아들였기 때문이라고 하겠다. 그리고 여기에는 노태우가 그의 집권 기간 중 민주적 질서가 허용하는 범위 안에서 사회적 욕구불만의 표출을 감내하였기 때문이라고 할 수 있다. 그리고 이는 노태우가 그의 전환기적 사명을 실행하였기 때문이라고 할 것이다. 그리고 이러한 노태우가 생성한 안정적인 분위기 전환의 도움을 받아 김영삼의 담대한 개혁이 실천된 것이라 하겠다.

3. 김대중 시기(1998-2002): 최초의 평화적 정권교체와 경제위기 극복 그리고 남북한 관계 진전

　김대중은 1997년 12월의 대통령 선거에서 야당인 새정치국민회의의 후보로서 여당 후보를 39만 표의 아주 적은 차이로 꺾고 6공화국 세 번째 대통령에 당선되어 1998년 2월부터 2002년 2월까지 재임하였다. 이는 그가 1971년 대통령 선거에서 박정희에게 패배한 것으로부터 시작하여 16년 동안 네 번째의 도전에서 당선된 것이었다. 이렇게 야당인 김대중이 당선된 이유는 무엇보다도 대통령 선거 직전에 발생한 외환위기로 국민들이 정부 여당에 대하여 크게 실망하여 야당인 김대중을 선택하였기 때문이다.

　그의 대통령 당선은 한국의 정치 사회에 있어서 여러 가지 측면에서 의미를 갖는 사건이었다.

　첫째, 김대중의 대통령 당선은 한국 정치사에 있어서 첫 번째 여야 간의 평화적인 정권교체라는 점이다.

　한국사회는 1948년의 정부 수립 이후 김대중의 대통령 당선에 이르는 50년 동안 모두 네 번의 비정상적인 정권교체를 경험하였다. 그 첫 번째가 1960년 4.19학생혁명에 의한 이승만 독재정권의 몰락이고 두 번째가 1961년 박정희의 5.16군사쿠데타에 의한 장면 내각책임제의 폐지이고 세 번째가 1979년 박정희 피살에 의한 유신체제의 몰락이고 네 번째가 1987년 6월 민주항쟁에 의한 전두환 군사독재체제의 종식이다.

　그리하여 1998년 김대중의 대통령 당선은 한국사회로서는 처음 있는 여야 간의 평화적인 정권교체이다. 당시 김대중은 여당 진영이 이회창과 이인제로 분열함에 따라 근소한 차이로 당선되었다. 이와 같이 김대중에 의하여 평화적인 정권교체가 이루어진 것은 한국의 민주주의가 한 단계 성숙하였음을 나타내는 현상이라고 할 것이다.

둘째, 김대중의 대통령 당선은 첫 번째 호남 출신 대통령 당선이라는 점이다. 정부 수립 이후 대통령(내각제 총리)의 출신 지역을 보면 이승만은 이북 황해도, 장면은 서울, 박정희는 경북, 전두환은 경남, 노태우는 경북, 그리고 김영삼은 경남으로 영남이 네 명인 데 반해 호남은 한 사람도 없었다

그런데 한국사회에서 호남 출신들은 해방 이후 지역적 편견으로 인하여 소외감을 많이 느껴 왔으며 피해의식을 갖게 되었다. 특히 박정희에 의한 경제개발 과정에서 공업화가 주로 영남지방에서 진행되면서 호남지역이 푸대접을 받고 있다는 느낌은 더욱 강해졌다. 또한 행정부와 군 그리고 민간 직장에서도 호남인들은 부당한 차별을 받고 있다는 생각이 넓게 퍼져 있었다. 더욱이 광주 민주화운동에서 광주, 전남 지역 사람들이 무자비하고도 억울하게 희생되는 비극을 맞이하게 되면서 호남인들의 피해의식은 거의 한(恨)에 이르게 되었다. 그리하여 호남인들은 호남 출신 대통령의 실현을 열망하였다. 그리하여 그들은 전남 출신 김대중에게 대통령의 꿈을 의탁하였고 김대중이 대통령에 나올 때마다 절대적으로 김대중에게 몰표를 던졌다.

이와 같은 호남인들의 깊은 좌절감과 불만은 한국사회로 보아 심각한 정치적 사회적 부담이며 문제라고 할 것이며 이의 해결이 시급한 상황이었다. 그리고 이에 대한 현실적 해결 방안은 바로 김대중의 대통령 당선이라고 할 것인바 드디어 15대 대통령 선거를 통하여 호남인의 숙원

이 이루어진 것이다. 이와 같은 뜻에서 김대중의 대통령 당선은 한국사회로 보아 매우 뜻깊고 다행스러운 일이라고 할 것이다.

셋째, 김대중의 대통령 당선은 정부 수립 이후 첫 진보성향 정부의 탄생을 의미한다는 점이다.

한국사회에서 진보라는 용어는 두 가지 의미로 쓰이고 있다. 그 하나는 진보 대 보수(liberal vs conservative)라고 할 때의 진보이며 미국에서 사용하는 의미와 같으며 대부분의 경우 이러한 의미로 쓰이고 있다. 진보적이라든지 진보정부 등이 그러한 예이다. 이러한 뜻의 진보는 보수에 비해 상대적으로 사회 변화, 약자에 대한 배려, 정부 역할의 확대를 주장하는 반면 사회 안정, 개인의 자유 보장, 정부 역할의 축소에 대하여는 상대적으로 소극적이다. 다음으로는 진보정당 또는 진보당의 경우처럼 진보를 유독 정당과 연관시킬 때에는 통상적으로 사회주의 성향의 정당을 의미하고 있다. 이는 유럽에서 보는 사회주의 정당의 경우와 비슷한 뜻으로 쓰이고 있다.

그런데 한국에서는 진보정당의 출현이 거의 불가능하였다. 이북의 공산주의 체제와 대치하고 있는 상황에서 반공이 바로 흔들림 없는 국시(國是)인 관계로 역대 정권이나 일반 국민이나 진보정당의 존재에 대하여는 신경과민한 태도를 보여왔다. 그리하여 진보정당의 출현은 지극히 어려웠고 혹 출현한다고 해도 정부가 공산주의와 엮어 탄압하고 어떻게 해서라도 해산시켜 왔다. 예를 들어 1952년과 1956년의 두 차례 대통령 선거에서 이승만에 대항하여 출마한 진보당의 조봉암에 대하여 이승만 정권은 북한과 내통했다는 혐의를 뒤집어 씌워 1959년에 사형시켰다. 조봉암은 사후 52년되는 2011년에 대법원의 재심 선고 공판에서 무죄 판결을 받았다.

그런데 김대중과 그가 창당했던 정당들은 그 성격이 종전의 보수여당에 비해 상대적으로 진보성향이라는 것이지 실제에 있어서는 사회주의와는 전혀 다른 온건한 보수성향의 정당인 것이다. 현실적으로 김대중은 한국의 경제개발의 외형적인 성공보다는 노동자 계층의 희생을 강조한 편으로 노동조합 및 노동자 계층 및 빈곤층과 긴밀한 관계를 유지하고 있으며 재벌에 대하여 상당히 비판적인 태도를 보이고 있다.

이러한 김대중 정부의 등장은 종전의 정부들에 비하여 상대적으로 진보적인 성격의 정부의 등장이라는 측면에서 한국사회로 보아 새로운 전개라고 볼 수 있다.

이렇게 김대중 정부의 등장은 한국사회로 보아 여러모로 의미 있는 현상이었다.

이제 김대중 정부의 실적에 대하여 몇 가지 살펴보고자 한다.

첫째, 무엇보다도 먼저 김대중 정부는 당면 경제위기 곧 외환위기 극복에 성공하였다.

김영삼 정부로부터 외환위기의 극복이라는 과제를 물려받은 김대중 정부는 집권하자마자 IMF가 자금지원의 조건으로 제시한 은행과 재벌의 자기자본 증대와 차입 감소를 주 내용으로 하는 이른바 구조조정 요구를 이행하게 되었다. 부실 은행과 종합금융회사들이 문을 닫았고 급격한 금리인상과 환율 상승으로 인해 많은 기업들이 도산하였다. 이 과정에서 실업자는 1997년의 56만 명에서 1998년의 146만 명으로 세 배 가까이로 급증하였고 경제성장률은 6%에서 -5%로 곤두박질하는 등 나라 경제와 국민생활은 말할 수 없이 곤란을 겪게 되었다. 국민들은 국가부도의 위기와 대규모 국제기구로부터의 차입을 국가적인 수치로 받아들이며 정부의 구조조정에 희생과 협조를 감당하였다. 특히 달러를 벌기 위하여 전 국민이 '금 모으기 운동'을 벌여 18억 달러를 만들어 국제사회로부터 감탄을 자아내기도 하였다. 이후 1999년부터 경제성장률이 회복되고 국제수지도 호전되는 가운데 결국 2001년에는 IMF로부터의 차관을 계약보다 3년 조기 상환하며 결국 3년 만에 외환위기 극복에 성공하였다. 이러한 빠른 외환위기 극복 또한 세계적으로 유례가 드문 일이었다.

둘째, 김대중 정부는 이른바 '햇볕정책'이라 하여 대북화해정책을 적극 시행하여 김영삼 정부 때 악화되었던 북한과의 관계를 크게 개선하였다.

이에 따라 1998년에는 금강산관광이 시작되었다. 2000년 6월에는 평양에서 김정일 국방위원장과 제1차 남북정상회담이 열려 남북간의 평화적이고 점진적인 통일에 합의한 6.15남북공동선언을 발표하였다. 그리고 그해 8월 개성공단 합의 등이 이루어졌다. 이러한 북한과의 화해 노력과 한국 및 동아시아의 민주주의 및 인권을 위한 노력을 인정받아 김대중은 2000년 노벨 평화상을 받았다. 그러나 이러한 김대중 정부의 대북화해정책은 남북 관계에 있어서 장기적으로 내실 있고 안정적인 변화를 초래하지는 못하였다. 또한 남쪽이 남북정상회담의 성사를 위하여 북한에 비밀리에 불법 송금을 하였다는 사실이 밝혀졌다.

셋째, 이 밖에도 김대중 정부는 사회 복지와 인권 분야 등에서 상당한 업적을 남겼다.

곧 2000년부터 한국 복지제도의 기본이라고 할 국민기초생활 보장제도를 실시하였다. 국가인권위원회의 설치와 여성가족부의 신설 등 인권과 평등을 위한 정책도 시행하였고 영화검열 폐지 일본 대중문화 수입 허용 등 규제철폐 등으로 사회 각 분야에서 권위주의 잔재를 없애기 위해 노력하였다.

넷째, 김대중 정부에 있어서 호남 출신 인사들의 진출이 정관계를 중심으로 활발하였다는 점이다.

정부 수립 이후 역대 정부에서 호남 출신 인사들의 정관계, 군 등 정부 부문 진출이 미약한 편이었다. 특히 박정희 전두환의 영남 출신 대통령 시기에 특히 그러하였고 이러한 사정은 민주화 시대에 들어서 노태우 김영삼 시기에도 별 변화가 없었다. 그리하여 호남 사람들에게는 이러한 인사 편중 현상의 장기간 지속이 깊은 좌절감을 주는 요인으로 작용하였다. 그런데 김대중 집권 이후에는 정부 분문을 비롯하여 한국사회 각 분야에서 호남 출신 인사들의 고위직 진출이 종전에 비해 크게 활발해졌다. 그리하여 이번에는 타 지역 출신 들의 불만이 부분적으로 표출되기도 하였다. 그러나 이러한 호남 출신 인사들의 진출 현상은 종전의 불균형을 조정하는 성격을 지닌 현상으로서 한국사회 전반으로 보아서는 유익한 진행이라고 볼 수 있을 것이다.

전반적으로 보아 김대중은 대통령 재임 중 최대 현안이었던 IMF외환위기 극복을 비롯하여 국내의 경제 사회 문화 면은 물론 북한 관계나 미국과 일본 관계 등에서도 좋은 성과를 거두어 여러모로 성공적인 대통령이 되었다. 다만 임기 후반기에는 경제불안과 아들들의 비리, 제2연평해전 등으로 국민들의 평가가 좋지 않아졌으며 그는 여당에서 탈당하였다.

김대중의 대통령직 수행에 있어서 주의를 끄는 점은 첫째로는 박정희와 전두환으로부터 생명의 위험을 받는 탄압을 받았다가 미국 등 외국의 개입으로 살아난 바 있으면서도 대통령 취임 이후에 정치 보복을 하지 않았다는 점과 다음으로는 대통령이 되기 이전에 그의 정치활동과 관련하여 여러 차례에 걸친 번의 등으로 평판이 좋지 않은 면이 있지만 국제적으로는 민주주의와 인권을 위한 오랜 활동과 탁월한 경륜으로 존경을 받았다는 점이다.

〈주목할 사항〉

노태우-김영삼-김대중의 시대적 사명과 한국 민주주의의 발전

1987년 6월 민주항쟁으로 한국은 박정희 전두환으로 이어지는 30년 가까운 군사독재체제가 무너지고, 장면 내각책임제에서 중단되었던 민주체제가 다시 시작되었다.

이리하여 6공화국이 노태우를 그 첫 번째 대통령으로 하여 출발할 때, 비록 제도적으로는 민주체제라고 할 수 있겠으나 실직적으로도 민주화가 이루어진 정부라고는 할 수 없을 것이다. 왜냐하면 12.12와 5.18에 대한 법적 처리가 전혀 이루어지지 않았고 정권 찬탈의 주역인 하나회 회원들이 군을 완전히 장악하고 있었기 때문이다. 한 가지 예로, 노태우 대통령 첫해인 1988년 8월에 육군 정보사령부의 장성 등이 의논하여 군에 비판적인 기사를 썼다고 신문기자를 낮에 큰길에서 칼로 테러하는 일이 벌어졌다. 그럼에도 불구하고 이에 가담한 군인들 가운데 아무도 감옥에 가지 않았던 것이다.

이제 여기에서는 노태우가 대통령에 취임할 당시에 비록 제도적으로는 군사독재체제로부터 민주체제로 전환이 되었지만 실질적으로는 상당 부분 여전히 군사독재체제적 속성에 머물러 있던 6공화국이 노태우-김영삼-김대중으로 대통령이 이어지는 가운데 실질적 민주화가 어떻게 진전되었는가 하는 문제를 논의해 보도록 한다.

노태우는 하나회의 정권찬탈에 있어서 전두환에 이어 두 번째 주역이었다. 그렇기 때문에 그는 전두환에 의해 만들어진 당의 대통령 후보가 될 수 있었고 또 대통령에 당선될 수 있었다. 그런데 한국사회의 상황은 이미 1997년의 6월 민주항쟁에 의하여 민주화의 실천으로 변화되어 있었고 이러한 변화로 6공화국이 출범하게 된 것이다.

이러한 상황에서 노태우는 대통령 당선되자 곧바로 민주화 시대의 첫 번째 대통령으로서의 자신의 역할에 대비한 준비를 시작하였다. 곧 그는 민주화합추진위원회를 설치하여 광주사태의 성격을 민주화운동이라고 규정하였다. 이로써 그는 자신을 전두환의 5공화국체제와 차별화하였다.

그리고 나서 대통령에 취임한 이후에는 이러한 상황에서 노태우는 전두환의 영향력을 차단하고 또 전두환의 군 인사권 행사로 군을 완전하게 장악하고 있는 그의 하나회 후배들의 정치적 영향력을 상당한 정도까지 막았다. 다음으로 그는 폭발하고 있는 불법적인 노동자 파업과 서울에서의 야간 시위 등에 대하여 이를 공권력을 동원하여 억제하기보다는 방관하는 듯이 허용하는 태도를 견지하였다. 이리하여 보수진영으로부터는 물론 다수의 국민들로부터도 '물태우'라는 비아냥을 들었다. 또한 분배 정의와 경제적 형평을 강조하는 한편 대북한 관계의 방향 전환과 소련 중국 등 공산권 국가들과의 수교를 통하여 국가 안보의 안정화와 대외 관계의 현실화를 실행하였다.

이렇게 노태우가 국민들의 민주화 바람을 기초로 하여 군사독재체제로부터 민주체제로의 전환이라는 시대적 사명을 큰 무리없이 실행하는 가운데 한국사회는 이제 실질적으로도 민주화 대세를 실현하는 쪽으로 흘러가고 있었다.

다음으로 김영삼이 노태우의 뒤를 이어 대통령이 되었을 때 비록 노태우가 민주체제로의 전환이라는 시대적 사명을 상당부분 감당하였지만 그 핵심적인 내용은 아직 미해결 상태로 남겨져 있었다. 그것은 12.12와 5.18에 대한 법적 처리와 군의 탈정치화라는 두 가지 과제였다.

그런데 이 두 가지 과제에 대하여는 진보진영과 상당수 국민들의 강력한 요구에도 불구하고 다수 국민들은 비록 김영삼 대통령이 그 누구보다도 군사독재에 대항하여 강력하게 투쟁한 인물이지만 김영삼 대통령 시기에도 그 실행이 불가능하다고 생각하고 있었다. 첫 번째 과제인 12.12와 5.18에 대한 법적 처리 문제의 경우에는 이 쿠데타가 성공한 쿠데타로서 쿠데타 이후 두번의 헌법 개정과 이에 따른 두번의 공화국 출범이 이루어졌으며 그 주동자인 전두환과 노태우가 대를 이어 대통령으로 직무를 수행하였기 때문이다. 곧 쿠데타는 이미 역사적으로나 실증적으로 기존 질서로 인정되었다는 점이다. 그리고 시간적으로도 이미 13년이 경과하였기 때문이었다. 두 번째 과제인 군의 탈정치화 문제는 그 핵심이 하나회 군인들을 군에서 축출하는 것이었는데 이는 법적인 문제가 아니라 대통령이 이를 실행할 수 있을 것인가 하는 문제였다. 왜냐하면 전두환은 물론 노태우도 자신들의 집권 중에 하나회 후배들을 군의 요직에 배치함으로써 하나회는 군을 거의 완전하게 장악하고 있었다. 이러한 상황에서 대통령이 하나회를 군에서 쫓아내는 것은 하나회의 쿠데타를 불러올 가능성이 있었다.

그러나 앞에서 보았듯이 김영삼은 그의 대통령 임기 중에 노태우가 미해결로 남겨 둔 두 가지 과제인 12.12 및 5.18에 대한 법적 처리와 군의 탈정치화를 과감하게 해결하였다. 이렇게 성공한 쿠데타에 대하여도 분명하게 이를 불법으로 규정하고 또 그 가담자들을 비록 대통령이 된 사람이라고 하더라도 감옥에 보내고 더하여 쿠데타와 관련 있는 군 조직을 철저하게 군으로부터 숙청함으로써 이후 군이 쿠데타를 시도할 생각을 갖지 못하도록 하였다. 이로써 한국의 민주주의는 그 정통성을 회복하는 동시에 군사쿠데타의 위험으로부터 벗어나게 되었다. 그리고 한국의 민주체제는 한 단계 발전을 이룩하였다.

김영삼이 이 두 가지 과제를 실행할 수 있었던 것은 무엇보다도 대통령인 김영삼의 주체적 역할이 가장 중요한 요인이라고 할 수 있지만 여기에 더하여 한국사회의 민주화 대세라는 배경적 요인과 하나회의 조직적인 저항이 없었다는 사실이 중요한 요인이었는데 이러한 요인이 작용한데에는 노태우의 전환기적 사명 실행이 있었기 때문이라고 할 것이다.

곧 노태우가 폭발하는 민주화 욕구를 해소시킬 공간을 제공하면서 한국사회의 민주화 대세가 시대 정신으로 형성되어 작동하고 있었고 또한 노태우가 전두환과 하나회의 정치적 영향력을 차단해 옴으로써 하나회 군인들도 이러한 시대 정신을 받아들이는 가운데 군의 정치 개입에 대하여 반대하는 생각을 가지고 있었던 것이다. 그리하여 대통령의 통치권 행사 차원에서의 하나회 회원에 대한 숙청에 대하여도 조직적으로 저항하려는 태도가 없었던 것이다. 그리고 이러한 상황의 진행에는 노태우의 시대적 역할이 크게 영향을 미친 것이라고 평가할 수 있을 것이다. 요약하면 여기에서 논의한 김영삼의 개혁은 노태우가 마련한 토대 위에서 이루어졌으며 또한 한국 민주주의의 정통성을 회복하는 동시에 앞으로의 군사쿠데타의 가능성을 실질적으로 없애 버렸다.

다음으로 김대중의 대통령 당선에 대하여 김영삼의 대통령직 수행이 갖는 관계에 대하여 생각하여 보자.

앞에서 논의하였듯이 김대중의 대통령 당선은 정부 수립 이후 첫 번째

보는 여야간의 평화로운 정권교체이며, 동시에 첫 호남 출신 대통령의 등장이며, 더하여 첫 진보정권의 등장이라는 여러 가지 의미를 가지고 있음을 생각해 보았다. 그리고 이러한 의미들은 한국의 민주주의 발전에도 유익한 내용이라고 할 것이다.

그런데 이렇게 김대중이 대통령이 될 수 있은 것에는 군이 김대중의 대통령 출마와 대통령직 수행에 대하여 반대하지 않고 또한 대통령 취임 후 쿠데타를 일으키지 않았기 때문이다. 그리고 이렇게 군이 김대중의 대통령 출마와 대통령직 수행에 반대하지 않은 것은 김대중의 전임인 김영삼이 앞에서 보았듯이 군을 탈정치화하고 또 12.12와 5.18반란에 대하여 불법이란 대법원 판결을 이끌어 냄으로써 군사쿠데타의 가능성을 막았기 때문이라고 할 것이다. 김대중에 대하여는 그가 해방 후 1년 정도 기간 중 좌익 단체인 건국준비위원회와 공산주의 정당인 조선신민당에 참여하였다가 탈퇴하고 이후 우익 정치활동에 투신해 왔는데 이러한 전력으로 인해 이른바 '군 비토(veto, 거부)설'이라 하여 군이 김대중의 대통령 되는 것을 거부한다는 말이 돌기도 하였다.

그러나 김대중이 5공화국의 세 번째 대통령 선거에 출마하고 또 대통령이 되고 거기에 더하여 '햇볕 정책'이라 하여 북한과의 평화 공전을 적극적으로 추진할 수 있었고 이에 대하여 군의 조직적인 반대나 저항도 발생하지 않았다. 그리고 이렇게 김대중이 대통령으로서 활동을 펼칠 수 있었던 것은 김영삼에 의하여 군이 탈정치화되고 또 군사쿠데타의 가능성이 없어진 데 따른 것이라고 말할 수 있겠다.

결국 5공이 출발하고 노태우-김영삼-김대중으로 이어지는 대통령 승계 과정에서 한국사회의 민주화 대세를 배경으로 하여 이들 대통령들이 각각 자신에게 주어진 시대적 사명을 감당하는 가운데 한국의 민주주의가 단계적으로 발전해 나갈 수 있었다고 할 것이다. 그리고 이러한 전개는 한국으로서는 매우 다행한 진행이라고 할 것이다. 그리고 이러한 진행은 결국 대통령 결정권이 국민에게 돌아온 가운데 한국 국민들이 현명하게 차례로 노태우-김영삼-김대중의 순서로 대통령을 선택하였기 때문이라고 할 것이다. 다시 말해 그 순서가 절묘하였다.

곧 6공화국 첫 번째 대통령으로는 비록 전두환에 이어 5공의 핵심이지만 정치적 행태가 현실적이고 냉정한 편인 노태우가 이를 맡은 것이 합당했던 것으로 생각된다. 그리하여 노태우가 5공 세력의 존재와 민주화 대세의 국민들 양쪽을 함께 고려하면서 군사독재체제에서 민주체제로의 전환기적 사명을 감당할 수 있었다고 생각된다.

다음으로 6공화국 두 번째 대통령으로는 핵심에 대한 명확한 직관력을 바탕으로 과감한 돌파력을 행사하는 김영삼이 이를 맡은 것이 합당했던 것으로 생각된다. 그리하여 김영삼이 노태우에 의해 민주화 대세가 정치체제 면에서도 어느 정도 토대를 갖춘 상황에서 5공화국체제에 대한 법률적 처리와 군의 탈정치화라는 역사적인 개혁 사명을 감당할 수 있었다고 생각된다.

그다음으로 6공화국의 세 번째 대통령으로는 첫 평화적인 정권교체, 호남 출신, 진보정권의 실현자인 김대중이 이를 맡은 것이 그 자체로 의미가 크다고 생각된다. 이렇게 그가 대통령에 당선되고 또 대통령직을 안정적이고 자신감을 갖고 수행할 수 있은 것은 전임 노태우의 전환기적 역할 수행과 김영삼의 과감한 개혁 달성의 토대 위에서 가능한 것이었다. 그리하여 그는 경제위기를 훌륭하게 극복하고 또 대북한 관계를 남북한 공존체제로 획기적으로 변화시켰으며 복지와 문화 면에서의 진보적 정책을 수행할 수 있었다고 생각된다.

이렇게 6공화국은 차례로 노태우-김영삼-김대중이 대통령직을 이어서 수행함으로써 한국사회는 군사독재체제로부터 민주체제로 큰 혼란이나 위기 없이 단계적으로 진화해 나감으로써 한국의 민주주의는 발전적 진행을 보였다고 할 것이다.

그런데 이러한 대통령 선택은 말할 것도 없이 한국 국민들이 결정한 것이다. 그리고 앞의 논의에서 볼 때 이러한 한국 국민들의 선택은 그 결과를 놓고 볼 때 매우 현명한 선택이었으며 한국사회로 보아 다행한 일이었다고 할 것이다.

4. 노무현 시기(2003-2007): 탈권위주의와 법치의 시도 그리고 진보 대 보수의 대립 시대의 시작

노무현은 2002년 12월의 대통령 선거에서 여당 후보로서 야당 후보를 57만 표의 적은 차이로 꺾고 6공화국 네 번째 대통령에 당선되어 2003년 2월부터 2008년 2월까지 재임하였다. 이로써 6공화국은 처음 10년은 보수진영의 노태우와 김영삼이 집권한 데 이어 다음 10년은 진보진영의 김대중 노무현이 집권하는 안정된 모습을 보이게 되었다.

노무현이 대통령이 된 것은 한국사회로 보아 여러모로 고정관념을 깨뜨린 일종의 사건이라 할 수 있었다. 그는 종전에 대통령이 된 사람들과는 전혀 다른 모습을 보였다.

첫째로, 그는 한국사회에서 비주류 출신이라는 점이다. 무엇보다도 그는 대학을 나오지 않았다. 그의 이전에 김대중이 대학을 가지 않았지만 당시는 일제 말이었다. 한국 같은 학력 사회에서 해방 이후 출생한 노무현이 대학을 안 가고도 대통령이 되었다는 것은 일반의 상식을 뛰어넘는 사례였다. 노무현은 경상남도 시골의 가난한 집안 출신으로 1960년대에 상업고등학교를 나왔다. 이후 독학으로 사법시험에 합격하여 부산 지역에서 인권 변호사로 활동하였다가 정치에 투신하여 국회의원이 되었다. 그리고 국회의원 초기에 열린 '5공청문회'에서 뛰어난 활약을 보여 '청문회 스타'가 되었고 이것이 그의 중요한 정치적 자산이 되었다.

정치 생활 중에도 그는 기성 정치인과는 달리 권력자나 계파를 추종하지 않았으며 특히 정치적인 유불리에 개의치 않고 독자적으로 개인적인 소신에 따라 행동하였다. 김대중 당 소속으로 종로구 국회의원이던 그가 지역주의 타파를 위한다며 낙선이 확실한 부산에 출마한 일이 대표적인 예이다. 당 내 대통령 후보전에서도 아무런 기반 없이 나서서 가망이 없어 보였지만 독자적인 노력으로 후보가 되는 데 성공하였다. 결국에는 국회의원이 되고 15년 후에 대통령이 되었다.

둘째로, 그는 젊은 세대의 지원을 받아 대통령이 되었으며 여기에는 그의 개인적인 능력과 매력이 큰 역할을 하였다는 점이다. 곧 종전까지의 대통령 선거에서는 무엇보다도 후보자들의 출신 지역이 절대적인 영향력을 미쳤지만 16대 선거에서는 이러한 지역성보다는 세대 간 대결이라는 성격이 더욱 강하여 투표자 연령이 큰 영향을 주었다. 여기에서 노무현은 젊은 세대의 지원을 받았는데 20대와 30대의 경우에 그는 상대 후보의 두 배에 이르는 득표를 하였다.

노무현은 기본적으로 정치성향에 있어서 이상주의적 진보성향을 가졌으며 이것이 젊은 세대로부터 공감을 얻었다. 그리고 토론과 연설 능력이 탁월하였는데 논리적 사고와 순발력, 솔직하고 진정성 있는 태도와 자연스러운 감정 표현, 정확하고도 쉬운 언어의 사용이 그의 강점이었다. 더하여 그는 평소 생활과 정치 활동에 있어서 겸손하고도 소박한 서민적인 풍모를 보여 주었다. 이렇게 그의 이상주의적 진보성향과 사람 됨됨이를 좋아하는 사람들이 자발적으로 이른바 '노사모(노무현을 사랑하는 사람들의 모임)'를 만들어 그가 대통령 되는 데 큰 도움을 주었다. 노사모 이후 이러한 정치인 팬클럽은 한국 정치에서 흔히 보는 현상이 되었다.

이제 노무현 정부의 실적에 대하여 특징적인 것 몇 가지를 살펴보고자 한다.

첫째, 노무현 정부의 가장 큰 특징이며 업적이라고 할 것은 탈권위주의와 법치의 실행이라고 할 것이다.

한국은 정치만이 아니라 사회 모든 분야에서 권위주의적인 성향이 강한 편이다. 그리고 한국사회에서 가장 강력한 권위를 행사하는 사람이 대통령이었고 또 역대 대통령들이 권위주의를 마음껏 행사함으로써 권위주의를 공고히 하여 왔다.

그러나 노무현은 한국사회의 비주류 출신 대통령으로서 권위주의 타파에 앞장섰다. 그는 무엇보다도 첫 법률가 출신 대통령답게 법치를 강조하여 특권 없는 사회를 내세웠으며 대통령부터 이를 실천하고자 노력하였다. 그는 대통령직을 행사함에 있어서 법률이 허용하는 대통령 권한을 넘는 행위는 자제하였으며 종종 자신이 법이 정하는 대통령 권한을 넘는 일은 할 수 없다고 말하곤 하였다. 그렇기 때문에 그의 이러한 언행은 정치인들과 국민들의 인식을 바꾸는 데 적지 않은 기여를 하였으며 나아가 탈권위주의와 법치주의를 실현하는 데 상당한 도움이 되었다.

노무현 이전에 노태우가 탈권위주의를 강조하는 모습을 보였지만 다분히 형식적인 것에 그쳤다. 그러나 노무현의 경우에는 자신이 한국사회의 비주류 출신이었고 그의 언행과 사고방식 그리고 정치행태에 있어서 보통 사람임이 자연스럽고도 분명하게 드러났다. 그래서 그의 대통령 재직 중에는 그를 정치적으로 싫어하고 학력과 재력이 있는 보수성향의 사람들이 그를 업신여기는 태도들을 보이기도 하였다.

그런데 노무현의 경우는 대통령으로서 탈권위주의적 행태를 보였을 뿐만 아니라 법치주의라고 하는 탈권위주의의 핵심적인 내용을 함께 강조하고 또 이를 실행함으로써 그는 한국사회에 있어서 탈권위주의의 진전에 중요한 역할을 하였다고 할 것이다. 곧 그는 대통령의 권한 행사에 있어서 법이 정한 범위를 넘지 않도록 하고 검찰과 국가정보원의 독립성을 보장하였으며 재벌기업으로부터의 정치자금 조달과 권력형 부정도 없이 하였다. 이러한 그의 노력을 통하여 권위주의적인 정치문화가 많이 사라지고 사회의 공정성과 투명성이 높아졌다. 그의 이러한 권위주의 타파와 법치의 실현 성과는 한국 민주주의 진전에 기여하였다.

둘째, 그의 정책 실현에 있어서 가장 강조하고 또 실천이 따른 것이 지역균형발전과 지방분권이었다.

지역균형발전과 지방분권에 힘을 써 행정신도시인 세종시와 지방혁신도시들을 건설하였고 지방의 권한과 재정을 확대하였으며 공공기관의 지방이전도 추진하였다. 당초 그는 세종시를 서울을 대신할 새로운 수도로 만들 것을 추진하였으나 헌법재판소가 서울이 수도라는 관습 헌법이 존재하므로 수도를 서울로부터 이전하는 것은 위헌이라는 결정을 내림에 따라 세종시에는 행정부 부서들만 이전하도록 하였다. 그럼에도 불구하고 세종시와 지방혁신도시의 건설은 국민 생활과 지방 발전에 어느 정도 영향을 주고 있다.

그리고 지방분권과 이에 따른 지방 재정의 확충은 지방자치의 실천에 상당한 도움이 되었다.

그런데 이러한 지역 및 지방 육성 정책은 노무현의 이상주의적인 성향을 반영한 정치적 성격의 정책으로서 경제적 효율성 측면에서는 부정적인 영향을 주는 정책이라고 할 것이다. 곧 막대한 자원이 한국경제의 생명이라고 할 국제경쟁력 증진에 사용되기보다는 국내적 균형에 사용된다는 점에서 그러하다고 할 것이다.

셋째, 노무현 정부 기간 동안 경제가 저조하였다는 점이다.

무엇보다도 가장 중요한 경제성장률이 낮아졌다. 노무현 정부 시기에 연평균 경제성장률은 4.7%로 역대 가장 낮았다. 그리하여 이때부터 정부는 물론 일반 국민들도 한국경제의 저성장 문제를 심각하게 받아들이기 시작하였다. 전임 김대중 시기에는 취임 첫해 경제위기로 성장률이 -5%를 기록하면서도 5년 평균 성장률은 5.6%를 보였었다.

여기에 더하여 소득분배 상황도 더욱 나빠졌다. 곧, 소득불평등 정도를 나타내는 지니계수를 보면 집권 첫해인 2003년의 0.270에서 이후 매년 불평등이 심해져서 2007년에는 0.292까지 커졌다. 여기에 더하여 집권 기간 중 전국 집값이 크게 올라 국민들의 원성을 샀다. 집값을 안정시키기 위하여 강력한 정책들을 연달아 시행하였지만 집값을 잡는 데 실패하였다. 특히 부동산 대책의 일환으로 종합부동산세 제도를 만들어 부유층으로부터 큰 반감을 샀다.

결국 이러한 경제 면에서의 실적 저조로 인한 국민의 불만이 다음 대통령 선거에서 진보에서 보수로의 정권교체가 일어나는 가장 큰 요인이 되었다.

넷째, 이상주의적 정치 행태와 정치적 지도력의 부족으로 대통령직 수행에 큰 어려움을 겪었다는 점이다.

곧, 그의 탈권위주의와 서민적 태도는 국민들에게 친근감을 준 면이 있지만 정책이 옳다고 생각되면 정치적 고려에 별로 개의치 않는 그의 이상주의적인 접근과 정치적 지도력의 부족이 국회와의 관계 및 정당정치 면에서 빈번하게 마찰을 일으키는 가운데 당을 여러 번 바꿨으며 당권을 갖지도 못하였다. 전체적으로 국민들의 지지도도 낮아 어려움을 겪었다. 특히 2004년에는 그리 중대하지 않은 일로 국회로부터 탄핵소추를 당하여 두 달 동안 대통령 업무를 내려놓게 되는 초유의 일이 발생하기도 하였다.

한편 언행에 있어서 일반적인 대통령들과는 달리 신중하지 않고 직설적이어서 구설에 자주 올랐고 미국 정부 인사들로부터 좋지 않은 평가를 받기도 했다. 또한 본인의 근절 노력에도 불구하고 친인척 비리가 발생하였다.

다섯째, 정책 전반적으로 일관성보다는 다양성을 보였으며 의외로 실용성을 보이기도 하였다.

대북정책에서는 김대중의 대북유화정책을 계속하여 2007년에 김정일과 평양에서 김대중에 이어 두 번째 남북정상회담을 가졌다. 미국과의 자유뮤역협정(FTA)을 체결하였다. 대통령 되기 전부터 지역감정 해소를 위하여도 계속 노력하였다. 그의 재임중 한국사회는 보수와 진보 간의 대결과 갈등이 격화되었는데 그는 보수진영으로부터는 대북유화정책 및 종합부동산세제 시행 등으로 인해 좌파라고 비난을 받고 진보진영으로부터는 미국과의 FTA체결 등 우파의 신자유주의 정책을 시행한다고 비난을 받아 양쪽 모두로부터 비판을 받았다. 곧 그는 대통령 초기에는 반미 반기업 반자유주의적 성향을 나타낸 바 있지만 이후 친미 친기업 친자유주의의 실용 노선을 걸었다. 그러나 노무현 정부 전반에 걸쳐서 친노동적인 태도와 정책을 꾸준히 보임으로써 이 점에서는 진보정부라는 성격이 분명하게 느껴졌다고 하겠다.

여섯째, 노무현 시기 중 한국의 정치 지형에 있어서 진보 대 보수의 대립 시대가 본격적으로 시작되었다는 점이다.

앞서 김대중 정부가 첫 진보정부라고 불리지만 실제에 있어서는 유럽에서 보듯이 노동자의 경영참여를 보장하는 등의 사회주의적인 요소는 없고 상대적으로 보아 기존의 정부와 비교하여 노동자 계층과 빈곤층에 대한 정책적 배려에 보다 적극적인 자세를 취하고 있는 편으로 성격상으로는 온건한 보수라고 할 것이었다. 그리고 김대중 정부 출범 때부터 절대적인 목표가 경제위기의 극복이었으므로 다른 정책 목표를 세울 수도 없는 형편이었다. 그리고 경제위기 극복 이후에는 경기부양에 힘씀으로써 달리 정책적인 면에서 별도로 진보적 정책을 추진하지 않았다.

그러나 진보와 보수 문제에 있어서 가장 중요한 문제가 대북한 문제였다. 그런데 김대중 정부가 북한과의 관계에 있어서 강력하게 평화 공존 정책을 추진하고 또 상당한 성과를 보이는 바람에 보수야당도 이를 정면으로 반대하지 않았다. 다만 보수 개신교가 김대중 정부의 대북 유화정책에 강하게 반대하고 나섰지만 이러한 보수 개신교의 태도가 정치적으로 보수진영의 입장으로 연결되지는 않았다. 그리하여 김대중 시기에는 진보 대 보수의 대결 상황이 제대로 형성되지는 않았다.

이와 비교하여 노무현 정부의 경우에는 정치 지형에 있어서 분명하게 진보 대 보수가 대결하는 양상을 처음으로 보이게 되었다. 그리고 그 단초는 종합부동산세의 도입과 국가보안법 개정 문제였다. 그리고 여기에 더하여 대북한 유화정책도 문제와 과거사 청산 문제가 포함되어 정치 사회 전반에 걸쳐 진보 대 보수의 대결 현상이 본격적으로 생성되었다.

곧 노무현 정부와 여당이 폭등하는 집값 안정을 위하여 일정액 이상의 주택과 토지 보유에 대하여 세금을 부과하는 제도를 시행하자 이로 인해 세금을 많이 물게 된 부유층들이 노무현에 대하여 아주 강한 거부감을 갖게 되었고 이것이 노무현의 정책과 정치 성향에 대한 반대를 촉진하면서 현실적으로 보수진영을 단결하게 하였다. 그리고 노무현 정부의 대북 유화정책과 국가보안법 폐지 움직임에 대하여 보다 강하게 반대하게 되었고 여기에는 반공을 무엇보다 중시하는 보수 개신교 세력이 중요한 구성원이 되었다. 이러한 보수진영의 형성에 따라 김대중 정부 이후 진보정권과 편안한 관계를 맺어 온 진보진영과 보수진영의 대립과 대결 상황이 분명하게 형성되었다.

그리고 이러한 대결 양상은 과거사 청산 문제에 있어서도 종전에 비해 더욱 분명하게 드러나게 되었다. 곧 김대중 시대에는 종전 권위주의 정부 기간 동안에 일어난 의문사 사건들의 진상규명을 위하여 의문사진상규명위원회가 설치되는 등 개별 사안에 대한 조사 활동은 진행된 바 있는데 노무현은 이러한 과거사 청산 문제에 한층 적극적인 태도를 보여 포괄적인 과거사 청산을 위하여 '진실화해를위한과거사정리위원회'를 설치하였다. 그런데 보수진영과 보수 언론은 한국 사회가 미래보다 과거에 집착하는 활동을 하는 것에 대하여 강하게 반대하는 태도를 견지하였다. 특히 노무현 정부에 와서 경제성장률이 역대 가장 낮은 4%대로 떨어진 것이 보수진영이 노무현 정부를 비판하는 데 편리한 대상이 되었고 국민들에게 설득력이 있었다.

이렇게 노무현 시대에는 진보진영과 보수진영이 뚜렷하게 형성되고 또 이에 따라 모든 정치 사회적 문제에 대하여 진보진영과 보수진영이 그 해석과 처리 방안을 놓고 격렬하게 대결하는 현상이 명확하게 형성되었다. 그리고 이후 이러한 현상은 지속되게 되었다. 곧 노무현 시대부터 한국의 정치 지형에 있어서 진보 대 보수의 대립 시대가 본격적으로 시작되었다고 할 것이다. 그러나 여기에서 한 가지 유념할 사항은 노무현의 진보성향은 앞에서 논의한 1980년대의 진보주의 운동권이 표방했던 사회주의 및 북한의 주체사상 요소와는 다른 민주주의 기본으로 하는 보수적 진보주의라는 점이다.

전반적으로 보아 노무현의 대통령직 수행은 단기적이고 업적면에서는 성공하였다고 평가하기 어렵지만 장기적이고 정권의 성격면에서는 성공적이었다고 할 것이다. 곧 노무현은 권위주의의 타파와 법치주의의 실천 노력으로 한국의 민주주의 발전에 기여하였다. 그러나 이상주의적 성향이 강한 데다가 정치적 지도력이 약하여 국내 정치상황은 불안정성을 보였고 국민 전체로는 지지도가 낮았다. 그리하여 그는 대통령으로서 여러 번 좌절을 겪었다. 그러나 젊은 세대를 중심으로 일부 국민들은 그에게 강한 충성도를 보였다. 그리고 노무현 시대에 이르러 한국의 정치 사회 지형에 있어서 진보 대 보수의 대립이 본격화되었다는 것이 시대적 특징이 되었다.

노무현은 2008년 대통령직에서 퇴임한 후 고향 김해로 낙향하여 서민적 삶을 계속하면서 국민들에게 친밀감을 주었다. 많은 국민들이 그가 사는 곳을 찾았다. 그러나 친인척들이 뇌물 수수 혐의로 수사를 받는 와중에 자살하였다. 퇴임 후 1년 남짓한 시기였다. 전 국민적 추모 열기가 뒤를 이었고 이후 국민들의 역대 대통령 선호도에서 박정희와 선두를 다투고 있다. 이렇게 노무현은 한국사회에서 비주류 출신으로서 독특하고도 매력 있는 대통령으로 국민들이 기억하고 있다.

〈주목할 사항〉

한국 민주주의에 있어서의 노무현의 역할

앞의 김대중 논의에서의 주목할 사항들 항목에서 살펴본 노태우-김영삼-김대중의 시대적 사명과 한국 민주주의의 발전 논의에서 우리는 6공화국의 첫 번째 대통령으로서 노태우가 군사독재체제에서 민주체제로의 전환이라는 시대적 사명을 수행하였다는 점과, 두 번째 대통령인 김영삼이 12.12 및 5.18반란에 대한 처벌과 하나회 숙청을 통한 민주주의 체제의 정당성 회복과 군의 탈정치화라는 시대적 사명을 수행하였다는 점과, 세 번째 대통령인 김대중이 평화로운 정권교체 및 진보정부의 등장과 호남인들의 피해의식 해소 그리고 획기적인 남북 관계의 개선이라는 시대적 사명을 감당함으로써 세 사람이 각각 단계적으로 한국 민주주의의 발전에 기여하였음을 살펴보았다. 그리고 이들의 개혁 순서가 역사적 맥락에서 볼 때 논리적으로 적합성을 지니고 있음을 보았다.

이렇게 6공화국의 초기 세 대통령이 각기 자신에게 향하는 시대적 요청에 맞는 순서로 대통령을 맡고 또 각자에게 부여된 역할을 감당하였음은 한국 민주주의로 보아 다행한 진행이었으며 또한 이는 한국 국민들의 현명한 선택으로 가능해진 것이었다.

그렇다면 노무현의 경우에도 위의 세 사람의 뒤를 이어서 자신에게 주어진 시대적 역할을 제대로 감당하였다고 할 수 있을 것인가? 하는 문제에 대하여 생각하여 보자.

이 문제와 관련하여서는 두 가지 사항을 살펴보아야 할 것이다. 첫 번째로는 탈권위주의와 법치주의의 실행이 당시 한국사회로 보아 시대적 요청인가 하는 문제이다. 이 문제에 대하여는 '그렇다'라고 할 것이다. 곧 김대중에 의해 처음으로 평화로운 정권교체와 그리고 처음으로 진보정부의 출현이 실현된 다음으로는 한국사회는 민주체제의 성립과 유지에 대한 기초가 이루어진 다음 단계로는 실질적인 민주주의의 실현이 요청된다고 할 것이며 이를 위하여는 한국사회에 뿌리 깊게 자리 잡고 있는 권위주의의 타파와 그리고 법치주의의 실현이 필요하다고 할 것이다. 그렇기 때문에 노무현이 탈권위주의와 법치주의의 실현을 제시한 것은 시대적으로 적절했다고 할 것이다.

그런데 이 문제와 관련하여 한 가지 기억해야 할 것은 이러한 탈권위주의와 법치주의가 서로 밀접한 관계를 가진 것으로서 그 내용이 상당 부분 중복되는 것이라는 점이다. 곧 권위주의라고 하는 것이 법 이외에 사회적 지위나 권력 같은 요소가 영향력을 행사하는 것을 말하는 것이고 또한 법치가 엄격하게 실행된다면 권위주의의 영향력이 크게 제약될 것이다.

두 번째로는 노무현이 이러한 시대적 요청에 대하여 과제를 제시하는데 그치지 않고 실제로 이를 제대로 실천하였느냐 하는 문제이다. 이 문제에 대하여도 '그렇다'라고 할 것이다. 먼저 우리가 주목해야 할 점은 노무현 탈권위주의와 법치주의를 진정으로 실행하고자 한 첫 번째 대통령이라는 점이다. 앞에서 보았듯이 노무현 이전에 노태우가 탈권위주의를 강조하였지만 형식에 지나지 않았다고 할 것이다. 그리고 그는 법치주의에 대하여는 별 관심을 두지 않았다. 그러나 노무현은 한국사회의 비주류 출신으로서 생태적으로 그리고 성격적으로 권위주의를 싫어하였다. 그리고 이러한 태도가 그의 공적 사적 생활에서 그대로 드러났다. 그리고 법치주의 문제에 있어서도 그는 말로만 법치주의를 강조하는 데 그치지 않고 실제에 있어서도 종전까지 대통령의 권력 행사에 중요한 도구였던 검찰과 국가정보원을 실질적으로 독립시켰으며 대기업으로부터 정치자금을 받지도 않았다. 또한 노무현은 권력형 비리를 금하였다.

이렇게 노무현은 그의 시대적 사명이라고 할 탈권위주의와 법치주의의 실천을 감당하였다고 할 것이다. 그리하여 노태우-김영삼-김대중을 이어 노무현도 한국 민주주의의 단계적 발전에 기여하였다고 볼 것이다.

그리고 노무현 시대에 이르러 한국의 정치 지형은 진보 대 보수의 대립이 본격적으로 시작되었다고 할 것이다. 그리고 이러한 정치적 지형의 형성은 한국의 민주주의 발전에 필요하고도 긍정적인 현상이라고 할 것이다.

한편 이러한 노무현의 탈권위주의와 법치주의의 실천이 후임 대통령들에게 계승되어 확실한 질서로 자리를 잡았는가 하는 문제인데 안타깝게도 그러지 못하여 퇴행을 거듭하여 이명박 대통령을 거쳐 박근혜에 이르러서는 현직 대통령이 권력 남용으로 탄핵당하는 사태가 벌어졌다.

5. 이명박 시기(2008-2012): 보수정권의 복귀와 기업가적 국가 운영의 한계

이명박은 역대 대통령 선거 가운데 가장 낮은 투표율을 보인 2007년 12월 대통령 선거에 야당 후보로 나서 여당 후보를 득표율에서 20% 포인트 이상 큰 차이로 물리치며 5공화국 다섯 번째 대통령이 되어 2008년 2월부터 2013년 2월까지 재임하였다.

그는 낮은 투표율과 큰 득표율 차이가 보여 주듯이 쉽게 선거에서 이겼는데 이는 무엇보다도 노무현 정부의 저조한 경제 실적에 실망한 국민들이 성공한 기업가인 이명박이 국가 경제를 회복해 주기를 기대하였기 때문이다. 더하여 노무현 정치가 보인 혼란에 대하여도 국민들이 부정적 평가를 내렸다. 그리고 이명박의 대통령 당선에는 개신교인인 그의 당선을 위하여 보수 개신교의 적극적인 지원이 도움이 되었다.

이명박은 현대건설에 입사한 지 12년 만에 사장이 된 입지전적인 인물로서 그의 회사생활이 인기 TV드라마에 나와 그는 봉급 생활자의 신화가 되었고 국민들에게 잘 알려졌다. 그 뒤 정치에 투신하여 국회의원이 되었는데 부정선거 활동으로 유죄 판결을 받고 의원직을 잃었다. 그러나 사면을 받은 이후 서울 시장이 되고 그의 별명인 불도저 시장에 걸맞게 청계천 복원사업을 임기 내에 마쳐서 국민들에게 인정을 받게 되었고 드디어는 대통령까지 되기에 이르렀다. 그리하여 국민들은 경제를 알고 추진력이 있는 이명박이 활기를 잃은 한국경제를 회복시켜 주기를 기대하였던 것이다. 그리고 이명박은 이에 대하여 자신만만한 태도를 보였다. 곧 그는 이른바 7·4·7공약을 내세워 임기 중에 연평균 경제성장률 7%, 10년 이내 1인당 국민소득 4만 불 그리고 세계 7위의 경제대국을 달성하겠다고 약속하였고 이것이 국민들에게 먹혔다. 그런데 이명박은 당 내 후보 경선 과정이나 대통령 선거 과정에서 개인적인 비리 문제가 논란이 되었지만 사람들은 그에 대한 경제회복 기대감으로 이를 문제 삼지 않았던 것이다.

한국의 연평균 경제성장률은 전두환 때가 8%대, 노태우 때가 9%대 그리고 김영삼 때가 다시 8%대였는데 진보정권으로 바뀐 다음에 김대중 때에는 경제위기로 인해 5%대로 크게 떨어졌고 노무현 때는 그보다도 더 낮은 4%대로 떨어져서 역대 가장 낮은 수준을 보였다. 그리하여 당시 보수진영에서는 '진보정권에서 반토막 난 경제성장률'이란 말을 자주 하였다.

한편 이명박의 당선은 김대중 다음으로 두 번째의 평화로운 정권교체이다. 곧 이명박의 대통령 당선으로 6공화국은 노태우-김영삼의 보수정권 10년 다음으로 김대중-노무현의 진보정권 10년을 이제 다시 보수정권으로 교체를 보인 것이다. 이렇게 하여 한국의 민주주의는 진일보하고 안정화되어 가는 모습을 보이고 있었다.

이명박은 대통령직을 시작할 때 자신만만하였다. 비단 '7·4·7공약'과 '작은 정부, 큰 시장'으로 대표되는 '경제 살리기'만이 아니라 정치 및 사회 문화 할 것 없이 그는 진보적 정책이 한국을 후퇴시킬 뿐만 아니라 이념적으로도 그릇된 것이라고 확신하였고 따라서 보수주의 정책이 한국을 발전시키고 또 이념적으로도 옳은 것이라는 점을 확신하고 있었다. 곧 그와 그를 지지한 보수진영은 전임 노무현 정부의 진보성향의 정책 방향이 완전히 틀렸으며 또 정책 시행이 매우 서툴렀기 때문에 경제 실적이 아주 나빴을 뿐 아니라 다른 모든 분야에서도 잘못되어갔다고 확신하였다. 그리하여 노무현 정부 반대방향으로만 하면 한국은 나아질 것이라 점에 대하여 조금의 의심도 없었다.

그리하여 이명박은 대통령 취임 이후 보수주의 정책 또는 신자유주의 정책을 거침없이 추진하였다. 곧 규제완화 등 친 기업 정책 및 시장경제의 강조. 감세 정책, 노동시장 유연화 정책, 노조에 대한 엄정한 법 집행, 자립형 사립고등학교 확대 등 교육에 있어서의 경쟁요소 도입 등이 그러하다. 특히 그의 친 기업 성향을 여지없이 보여 주는 사례로 그는 롯데월드타워 건설에 반대하던 공군참모총장을 경질하면서까지 이를 성사시키도록 했다. 대외관계에 있어서는 친미 정책을 강하게 실천하여 미국과의 관계가 매우 좋았다. 이에 따라 전반적인 정부 정책의 방향이 전임 진보정부와는 확연히 달랐다.

그러나 이명박 정부는 취임 초기인 2008년 4월에 미국과의 협상에서 미국산 소고기 수입을 대폭 자유화가 시킨 것에 대하여 국민들은 정부가 졸속으로 협상을 진행하면서 광우병 위험을 무시하고 또 국가 이익을 포기하였다고 강하게 반발하며 대규모 시위까지 벌이자 이명박 정부는 크게 당황하여 미국과의 재협상에 나서게 되었다. 이렇게 임기 초반부터 이명박 정부는 좌절을 경험하게 되었다. 그리고 다음 해 1월에는 용산4구역 철거민들과 전국철거민연합회 회원들이 상가 건물 옥상을 점거하였을 때 경찰이 이를 진압하는 과정에서 화재가 발생하여 7명이 사망하는 사건이 발생하였다. 이 사건에 대하여 진보진영에서는 사회적 약자에 대한 공권력의 무리한 행사라고 이를 규탄하는 입장을 보인 반면 보수진영에서는 철거민들의 불법 행위에 대하여 공권력 행사는 불가피하다는 입장을 보였다. 이 사건은 이명박 정부의 보수적 성격을 확실하게 보여 주었다.

이명박 정부 초기의 이러한 사건들은 이명박 정부의 보수적 정책들의 실천이 당초에 생각하였듯이 그리 간단치 않다는 점을 보여 주었다고 하겠다. 그리고 시간이 경과함에 따라 국민들 사이에 이명박 정부가 부유층의 이해를 대변한다는 인식이 퍼지면서 중산층 및 저소득층이 반발하여 지지율이 하락하자 이명박 정부는 정책방향을 중도 및 친 서민 정책으로 급하게 수정하였다. 또한 대미 외교에 신경을 써 한미 관계가 좋아졌지만 대 북한 관계에서는 불편을 경험하였다. 그리고 적극적으로 추진한 한반도 대운하 사업은 반대가 심하여 포기하였다.

이제 이명박 정부의 실적에 대하여 특징적인 것 몇 가지를 살펴보고자 한다.

첫째, 이명박 정부의 경제 실적은 이명박이 자신 있게 내세우고 국민들이 크게 기대했던 '7·4·7 공약'에 많이 못 미쳤다.

곧 이명박은 연평균 경제성장률을 7%대로 높이겠다고 했지만 실적은 3.3%에 지나지 않아 자신이 공약한 수준의 절반에도 미치지 못하였을 뿐 아니라 노무현 때의 4.7%에 비해서도 상당히 낮았다. 그리고 1인당 국민소득은 노무현 마지막 해인 2007년의 2만 4천 달러에서 이명박 마지막 해인 2012년에는 2만 5천 달러로 조금 증가했을 뿐이며 세계경제 순위는 국내총생산(GDP) 기준으로 2007년의 13위에서 2012년의 14위로 오히려 낮아졌다. 이렇게 이명박은 그가 가장 자신 있게 약속하고 국민들이 크게 기대했던 한국경제의 활력 회복에 실패하였다.

그러나 그가 대통령에 취임하던 2008년 말에 예상치 못하게 세계금융위기가 갑자기 닥쳤는데 재정지출의 확대 등으로 즉각 대응하여 OECD 국가 가운데 가장 빠르게 경제를 회복시켰다. 이렇게 보면 이명박 정부가 경제운영을 잘못하였다고 말하기는 어렵다고 할 것이다. 그러나 결과적으로 볼 때 이명박의 '7·4·7공약' 자체가 애초에 실현 불가능한 것이었음에도 불구하고 선거에 유리하다고 이를 무책임하게 이용한 것이 문제라고 할 것이다.

둘째, 비록 이명박 정부가 당초 구상보다는 보주주의적 정책의 실천에 장애를 만났지만 전반적으로는 보수주의적 정책을 광범하게 실천하였다. 기본적으로 정부의 전반적인 분위기와 정책적 태도가 확고한 보수주의였으므로 한국사회의 진로는 보수주의로 나아가고 있었다.

무엇보다도 정부는 물론 사회 각 분야에 있어서 문화 예술계에 이르기까지 인적 구성이 보수 중심으로 전면적으로 바뀌었다. 예를 들어 임기가 남은 문화 예술계 기관장이나 단체장에 대하여 노골적으로 그만두라는 압력이 가해졌다. 그 결과 각 부문 고위직에 대한 대대적인 물갈이가 이루어졌다.

이렇게 하여 전통적 기득권 계층의 이해가 공고하여 지는 등 한국사회의 진로와 분위기가 보수 쪽으로 확연하게 변화하였다. 그리하여 한국사회는 정권교체의 영향을 경험하게 되었으며 국민들도 생활을 통하여 이를 확실하게 느낄 수 있었다. 노동조합 등에 의한 불법적인 집단행동에 대하여 강경한 공권력 행사를 자제하지 않는 것이 그 한 예이다.

셋째, 이명박 정부의 보수주의 정책 실천이 한국사회의 공정성 체계를 훼손하는 결과를 초래하였다는 점이다.

이명박 정부의 보수주의 정책은 기본적으로 시장과 경쟁을 중시하고 정부의 역할을 줄이자는 것이므로 결과적으로 기득권 계층의 이해를 대변한다고 할 것이다. 왜냐하면 정부 수립 이후 한국사회가 경제개발 과정과 군사독재 과정에서 보수진영의 주축인 대기업 소유자 계층과 권력층의 정치적 경제적 지배력이 커진 반면 진보진영의 주축인 노동자 계층과 민주화 추진 계층은 그 반대였기 때문이다. 그리고 이러한 추세는 진보정부 10년 동안에도 의미 있는 변화는 없었다. 그런데 이명박 정부에 들어와서 보수주의 정책을 본격적으로 추진하면서 한국사회의 공정성 체계는 심각한 손상을 입게 된 것이다.

그 대표적인 예가 교육분야에 있어서의 수월성 교육의 도입이었다. 이 가운데 가장 눈에 띄는 것이 자율형 사립 고등학교(자사고)제도의 도입이다. 이 제도는 학생들에게서 교육비를 더 많이 받는 대신 정부의 간섭을 덜 받도록 한다는 것인데 곧 부잣집 아이들을 입학시켜 이들에게 좋은 교육을 시킨다는 것이다. 그리고 그 결과는 예상대로 이들 학교 출신들이 이른바 좋은 대학에 더 많이 들어가게 되었고 이리하여 부의 대물림이 지속되어 사회적 계층의 고정화 현상이 나타나게 된 것이다. 다시 말하여 부잣집 아이들이 더 좋은 대학에 들어가게 된 것이다. 한국사회의 경우 교육 부문은 평등성이 강조되는 분야인데 여기에서 평등이 훼손되게 된 것이다.

다른 면에서 보수주의 정책은 정부 역할을 줄이는 것인데 이것이 결국 저소득 계층에 대한 복지 지출의 감소를 의미하는 것이며 이는 바로 한국사회의 공정성을 낮추게 되는 것이다. 이렇게 이명박 정부의 보수주의 정책은 한국사회의 공정성 체계를 훼손하는 결과를 초래하였으며 이후 한국사회의 진로에 있어서 심각한 문제를 제공하였다고 하겠다.

다만 한국사회로 보아 불행인지 다행인지는 보는 사람에 따라 다르겠지만 이명박 정부의 보수주의 정책 실천이 여러 가지 요인으로 인해 당초 구상보다는 약화되었다는 점을 보게 된다. 이를 추려 보도록 하자.

첫째로, 취임 초의 이른바 '광우병 파동'으로 인한 국민들의 이명박 정부에 반감이 발생함으로써 정부가 정책 시행에 조심스러워졌다는 점.

둘째로, 취임 첫해 말 예상하지 못한 세계금융위기가 발생함으로써 정부가 이 문제의 극복에 매달리게 되어 당초 구상했던 보수주의 정책들을 본격적으로 시행할 수 없었다는 점.

셋째로, 취임 첫해에 종전 노무현 정부가 도입하여 부유층의 원성을 샀던 종합부동산세를 유명무실하게 만든 예를 비롯하여 이명박 정부가 가난한 계층보다는 부유한 계층의 이해를 도모한다는 인식이 시간이 경과함에 따라 국민들에게 퍼져서 정치적으로 부담을 느끼게 되었다는 점.

넷째로, 이명박 정부가 전임 노무현 정부의 정책을 모두 부정하고 이를 보수주의적 정책으로 변경하려고 국정 전반에 걸쳐서 워낙 많은 정책을 실시 하려다 보니 실효성 있는 성과를 내지 못하였고 또한 이명박 정부의 실용성 중시 성향에 따라 정책을 상황에 따라 자주 변경함으로써 국민들의 신뢰성이 낮아졌다는 점.

다섯째로, 이명박의 개인적 성향이 개입형이라 정부가 시장에 자주 개입하게 되어 당초 구호인 '작은 정부, 큰 시장'과 자가당착을 보였다는 점.

여섯째로, 이명박 대통령 본인과 관련된 것을 포함하여 사회 일반에 도덕성 관련 논란이 수그러들지 않음으로써 이 역시 이명박 정부에 정치적으로 부담이 되었다는 점.

이렇게 이명박의 대통령직 수행을 간추려 보았는데 결국 우리는 제대로 된 철학과 인식보다는 단순하고 실용적인 사고에 기반을 둔 이명박의 기업가적 국가 운영의 한계를 보게 된다고 하겠다.

이렇게 한국사회가 김대중 시대에 이어 이명박 시대로 두 번째 정상적인 정권교체를 경험하면서 드디어 한국 국민은 정권교체가 국가 사회에 미치는 영향을 체득하기에 이르렀고 그런 면에서 한국의 민주주의는 진일보하게 되었고 볼 수 있다. 동시에 전임 노무현 때 시작된 한국사회의 진보 대 보수의 대립 시대가 이명박 정부를 거치면서 더욱 분명하고 실제적으로 자리 잡게 되었다는 점이다.

전체적으로 보아 이명박 대통령직은 무난한 것으로 평가할 수 있을 것이다. 그러나 그의 깊이 없는 보수화 정책의 실시는 한국사회의 공정성 체계를 훼손하는 부작용을 초래하였고 더욱이 그 자신을 둘러싼 비리 의혹이 계속하여 그에게 부담이 되었다. 결국에는 퇴임 5년 후인 2018년에 종전부터 의혹이 있던 기업인으로 있을 때의 비리혐의에 더하여 재직 중의 부패혐의로 구속 수감되었고 2020년에 대법원에서 유죄 확정 판결을 받아 복역 중에 있다. 이로 인해 국민들이 그의 대통령직을 성공이라고 보기 어렵게 되었다고 하겠다.

> **〈주목할 사항〉**
>
> 이명박이 보여 준 한국경제 역동성 회복의 어려움-경제성장률의 장기 하락 추세

이명박은 한국경제의 역동성 회복을 위하여 힘써 노력하였다. 이를 위하여 그는 경제의 주역인 기업의 활동을 촉진하기 위하여 법인세를 25%에서 20%로 대폭 낮춘 것을 비롯하여 전반적인 정부 정책을 친기업적 방향으로 시행하였다. 그럼에도 불구하고 세계금융위기 요인을 감안하더라도 그의 재임 동안 한국 경제의 성과는 기대에 못 미쳤다.

그러는 가운데 한국경제에서 한 가지 매우 중요한 현상이 뚜렷해졌다. 곧 경제성장률의 장기 하락 추세이다.

연대별 연평균 경제성장률(%)

연대	경제성장률
1954-1959	5.9
1960-1969	8.8
1970-1979	10.5
1980-1989	8.9
1990-1999	7.3
2000-2009	4.9
2010-2020	3.3
2021-2022	1.7

자료: 한국은행 통계를 가공함

한국의 연평균 경제성장률[국내총생산(GDP) 기준] 추세를 보면 장기적으로 감소를 보이고 있음이 뚜렷하다. 곧 한국이 6.25전쟁을 치른 후인 1950년대 중·후반 기간에는 5%대에 머물렀지만 경제개발을 추진한 1960년대에는 8%대로 높아지고 이후 계속하여 1970년대에는 10%대로 더욱 높아졌다가 1980년대에는 다시 8%대로 낮아졌다. 이렇게 경제개발기인 1960년대에서 1980년대에 이르는 30년의 경제개발기 동안 평균 9%

대의 높은 경제성장률을 기록한 것은 세계적으로도 거의 유례가 없는 경제개발의 성공 사례였다.

그러나 그 이후 1990년대부터는 장기 하락추세로 바뀌었다. 곧 연평균 경제성장률은 1990년대에 7%대로 낮아진 다음부터 2000년대에는 4%대로 2010년대에는 다시 3%대로 낮아진 것이다. 곧 경제개발기 30년 동안 세계적으로 매우 높은 경제성장률을 보인 한국경제는 경제개발기를 지나 1990년 이후 30여 년 넘게 경제성장률이 하락 추세를 보이고 있는 것이다.

역대 정부 연평균 경제성장률(%)[11]

정부	기간	경제성장률
이승만[12]	1954-1960[13]	5.1
박정희	1961-1979	10.0
전두환	1980-1987	8.7
노태우	1988-1992	9.2
김영삼	1993-1997	8.0
김대중	1998-2002	5.6
노무현	2003-2007	4.7
이명박	2008-2012	3.3

자료: 한국은행 통계를 가공함

이러한 상승 추세 30년 이후 하락 추세 30년은 한국경제의 추세적인 행태를 보이는 것으로서 이를 역대 정부 별로 살펴보아도 뚜렷이 나타나고

---

11) 국내총생산(GDP, Gross Domestic Product) 기준.

12) 장면 정부(1960) 포함.

13) 통계가 1954년부터 있음.

있다. 그런데 한국경제는 세계경제의 흐름에 크게 영향을 받으므로 각 정부의 경제성장률로 그 정부의 경제적 성과를 평가하는 데는 곤란한 점이 있다. 곧 한국경제는 수출과 수입의 비중이 매우 크기 때문에 세계경제의 호황과 불황에 큰 영향을 받게 된다. 예를 들어 세계경제가 호황을 보이게 되면 각 나라의 소득이 커져서 수입을 많이 하게 되어 한국의 수출이 늘게 되어 경제성장률이 높아지게 된다. 반대로 세계경제가 불황을 보이게 되면 한국의 수출이 줄게 되어 경제성장률이 낮아지게 되는 것이다.

이런 이유로 한국경제는 여러 차례 세계경제의 파동에 따라 어려움을 겪었다. 곧 1974년의 1차 석유파동 때에는 그다음 해인 1975년의 경제성장률이 전년의 9%대에서 7%대로 낮아졌고 1979년의 2차 석유파동 때에는 그다음 해인 1980년(전두환 첫해)의 경제성장률이 전년의 8%대에서 -1%대로 크게 낮아졌다.

그리고 1997년 외환위기 때에는 그다음 해인 1998년(김대중 첫해)의 경제성장률이 전년의 6%대에서 -5%대로 역시 크게 낮아졌다. 한편 2008년 미국발 세계금융위기 때(이명박 첫해)에는 그다음 해인 2009년의 경제성장률이 전년의 3%대에서 1% 미만 수준으로 낮아진 것이다.

이러한 한국경제의 특성을 감안하더라도 한국경제의 장기 추세는 분명하게 나타나고 있음을 이해할 필요가 있다고 하겠다. 그러나 한국경제가 1990년데 이후 30여 년 동안 경제성장률이 장기 하락 추세를 보이고 있는 현상은 한국사회가 이를 심각하게 받아들이고 이에 대하여 어떻게 대처해 나가야 할 것인가를 연구하여야 할 것이다. 곧 한국경제가 1960년대에서 1980년대에 이르는 경제개발기에는 인력을 비롯한 국내 자원과 외국자본의 동원을 통하여 높은 성장률을 이룩할 수 있었지만 이러한 단순한 자원 동원 단계를 지나 경제가 성숙기에 들어선 이후에는 경제성장이 기술 및 학문의 발전 또는 인적 자본의 성장 그리고 사회체제의 효율성 등 광범위한 요소들에 의하여 결정되기 때문에 보다 깊고 넓은 분석과 이해를 바탕으로 이에 대한 대처가 필요하다고 할 것이다. 그리고 이것이 현 단계 한국 사회의 중요한 과제인 것이다.[14)]

---

14) 한국경제의 장기 고성장과 장기 성장률 감소 추세 문제에 대한 이해를 위하여는 김세직, 『모방과 창조: 서울대 김세직 교수의 새로운 한국 경제학 강의』(다산북스, 2021)를 참고 할 것.

6. 박근혜 시기(2013-2016): 박근혜 탄핵, 실질적 민주화 시대로 들어서다

박근혜는 2012년 12월 대통령 선거에서 야당 후보인 문재인을 득표율에서 4% 포인트 차로 이기면서 5공화국 여섯 번째 대통령이 되어 2013년 2월부터 탄핵으로 파면당한 2017년 3월까지 4년 남짓 재임하였다.

박근혜가 이명박에 이어서 대통령이 됨으로써 6공화국 출범 이후 노태우-김영삼의 보수정권 10년 시대, 다음으로 김대중-노무현의 진보정권 10년 시대를 거쳐 이제 다시 이명박-박근혜의 보수정권 10년 시대를 기약할 수 있게 되었다. 이렇게 한국은 6공화국에 들어와서 10년 주기로 보수정권과 진보정권이 교대로 집권하는 규칙적인 변화 행태를 보이고 있다.

박근혜는 박정희의 딸로서 그의 대통령 취임은 한국 최초의 여성 대통령 및 부녀 대통령의 탄생을 의미하였다. 그는 부친 사망 후 20년 가까이 은둔 생활을 하다가 정치인으로 등장하여 네 번의 국회의원 생활을 통하여 소속 정당의 위기 때에 당을 회생시키고 선거를 승리로 이끌었다. 그의 정치 인생에는 박정희의 딸이라는 점이 큰 도움이 되었으며 대구, 경북 지역이 박정희 때와 마찬가지로 그의 강력한 지지 세력이 되었다. 그는 정치인 생활을 통하여 국민들로 하여금 원칙을 중시하며 신뢰감을 주는 정치인이라는 인식을 갖도록 하였으며 이것 또한 그의 정치적 자산이 되었다. 특히 전임 대통령 이명박에 대하여 가볍다는 인상을 가져서 불만이었던 사람들에게 박근혜는 신중하다는 인상을 주었다. 이렇게 박근혜는 박정희의 딸이라는 배경에 자신의 안정감 있어 보이는 태도를 통하여 예상보다는 많은 50%를 넘는 득표율로 상대적으로 쉽게 대통령에 당선되었던 것이다.

그러나 그가 대통령이 된 이후에는 국민들과 유리된 채 국정에도 소극적이라는 인상을 주었다. 특히 2014년에 발생한 세월호 사건은 한국사회의 부패와 정부의 무능을 여지없이 드러내었다. 더하여 이러한 국가적 참사가 대통령에게 제대로 보고되었는지 또 대통령은 어떻게 대응하였는지가 불명한 상황이 연출되었다. 결국 이 사고는 박근혜 정부와 한국사회에 어두운 그림자를 드리었다. 그러다가 최순실 게이트가 터지면서 이는 결국 촛불집회와 대통령 탄핵으로 이어졌다.

박근혜 정부의 정책수행은 이명박에 이어 보수정권으로서의 행태를 보였다. 예를 들어 2014년에는 종북주의 혐의를 이유로 통합진보당의 해산을 헌법재판소에 청구하여 해산시켰으며 2016년에는 남북간의 마찰로 개성공단을 폐쇄시켰다. 박근혜 정부의 역점사업으로는 '창조경제'를 통한 경제활력 및 일자리 창출과 문화융성을 내걸었는데 창조경제가 무엇을 의미하는지에 대하여 계속 혼란을 겪었고 문화융성에 있어서는 정부가 기피하는 문화계 인사들 명단인 블랙 리스트를 작성한 문제로 큰 오점을 남겼다.

그리고 앞의 세월호 침몰사고에서는 대부분이 고등학생인 300여 명이 희생되었다. 2015년에는 세계적 전염병 메르스가 유행하여 38명이 사망하였다. 대북한 관계에 있어서는 전체적으로 이명박 정부에 이어서 마찰과 긴장이 강화되는 양상을 보였으며 개성공단도 가동이 전면 중단되었다. 전반적으로 박근혜 정부는 행정이 미숙하고 내세울 성과가 거의 없었다. 특히 박근혜의 경우에는 그가 대통령으로서 국정을 제대로 파악하고 있는지 그리고 과연 국정을 이끌어 가고 있는지에 대하여 국민들이 의구심을 품게 되었다. 그렇다고 하더라도 그가 대통령직을 유지해 가는 데 있어서 커다란 장애가 발생한 정도는 아니었다.

그런데 박근혜의 대통령직 수행과 관련하여서는 두 가지 사항을 기억할 필요가 있다고 하겠다.

첫째로는 그가 대단한 권위의식을 가지고 있으며 또한 이를 거침없이 행사하였다는 점이다. 정부는 물론이고 여당에 대하여도 절대적인 지배력을 휘둘렀다. 대표적인 예로 그는 여당 의원들이 선출한 유승민 원내대표가 자신의 의도대로 호락호락 움직이지 않자 이를 배신의 정치라고 공개적으로 비판하여 결국 친박근혜계를 통해 압박하여 원내총무직을 사퇴케 하였다. 이렇게 박근혜는 국정을 대하는 태도와 능력은 의문시되면서도 권위의식만은 대단한 모습을 보였다고 하겠다.

둘째로는 장관들이나 여당의원들은 물론 상당수의 국민들까지도 박근혜에게 특별한 경외심과 충성심을 보여 줬다는 점이다. 여기에는 무엇보다도 그가 박정희의 딸이라는 점이 크게 작용하였고 또한 이와 관련된 사실로서 TK라고 해서 대구, 경북 지역 사람들로부터 절대적인 지지를 받고 있었다는 점이 작용하였기 때문이다. 박근혜가 이러한 기반이 있었기 때문에 그의 권위의식이 한국사회에서 통했다고 하겠다.

그런데 박근혜 개인으로나 한국사회로 보아 전혀 예상하지 못했던 이른바 최순실 게이트가 터져 나옴으로 인해 결국에는 박근혜 대통령이 탄핵되어 대통령직에서 파면당하는 헌정 사상 초유의 일이 발생하였다. 곧 2016년 10월에 그동안 박 대통령이 민간인 측근인 최순실의 국정개입을 초래하였을 뿐 아니라 그의 사익추구를 도왔으며 또 이러한 사실을 숨겨 왔다는 사실이 밝혀졌다. 다시 말하여 박근혜 대통령이 국정수행에 있어서 최순실이라는 한 민간인에게 전적으로 의지하여 왔으며 이에 따라 실제에 있어서는 최순실이 박 대통령의 국정수행을 좌지우지하여 왔다는 것이다. 더욱이 이러한 과정에서 최순실은 사익을 추구하였다는 것이다.

이러한 최순실의 국정농단 사건은 거의 모든 국민과 국회의원 및 정부 이사들에게 큰 충격과 실망을 주었다. 이리하여 수많은 국민들이 주말마다 광화문에서 촛불집회를 열어 박 대통령의 퇴진을 요구하였고 이러한 여론을 반영하여 국회는 박 대통령의 탄핵소추를 결의하였으며 여기에는 종전까지 박근혜에게 절대적으로 충성하던 여당 의원들도 상당수가 탄핵소추에 찬성하였다. 결국에는 국회의 탄핵소추에 대하여 2017년 3월 10일에 헌법재판소가 박근혜 대통령이 최순실의 국정개입 사실을 은폐하고, 최순실의 사익추구를 지원하는 등 위헌 및 위법 행위를 하였으며 또 검찰과 특검의 수사에 불응하여 헌법 수호의 의지가 없으므로 파면한다고 결정함으로써 박근혜 탄핵이 파면으로 결말을 보았다. 이리하여 그는 임기를 1년 남기고 대통령직에서 물러나게 되었다.

이제 박근혜의 대통령직 수행에 대하여 몇 가지 특징적인 사항을 살펴보도록 한다.

첫째, 박근혜 정부는 국정에 있어서 실질적인 성과를 찾기 어려운 정부였다.

국내 정책이나 대외관계 또는 대북관계 등 모든 분야에 있어서 별다는 실적을 찾기가 어렵다. 국내적으로는 창조경제와 문화융성을 내세웠지만 그 내용부터 이해하기 곤란하였으며 문화계 블랙리스트 사건만 일으켰다. 대외적으로는 여성 대통령으로서 눈길을 끄는 몇 번의 해외 방문이 있었지만 실질적인 진전이 없었다. 대북 관계에서는 느닷없는 '통일대박'을 외쳤지만 대북 관계는 이명박 이후 오히려 악화되었다.

더욱이 세월호 사건 경우처럼 국가적인 상황이 발생하는 경우에 정부가 제대로 대응하지 못하고 대통령은 사태에 대하여 정확히 인식하지 못하는 모습을 보였다. 그리하여 전체적으로 보아 박근혜 정부에서는 이렇다 할 성과를 찾기가 어렵다고 하겠다.

둘째, 박근혜 개인의 대통령 자질 문제에 대하여 살펴볼 필요성이 있다고 하겠다.

박근혜는 아버지 박정희의 후광과 본인이 국민에게 주는 신뢰감을 정치적 자산으로 하여 대통령이 될 수 있었다. 이 두 가지 요소 가운데 신뢰감 요소는 첫째로는 본인의 신중하고 안정감 있는 언행과 다음으로는 소속 보수정당이 몇 차례 위기를 당했을 때마다 당 재건 책임을 맡아 국회의원 선거에서 이기도록 한 능력을 발휘하였기 때문이다. 그런데 이렇게 정당인으로서 탁월한 성과를 이룬 그가 대통령으로서는 실패하였던 것이다.

이러한 사실은 정당을 이끌어 가는 것과 국정을 이끌어 가는 것은 전혀 다른 일이며 따라서 전혀 다른 자질을 필요로 한다는 것을 의미하고 있는 것이다. 그리고 박근혜는 자신의 아버지와는 달리 국정에 대한 이해력과 통찰력 그리고 지도력이 부족하였던 것이다. 특히 국정을 이끄는 데 있어서 공적인 기관보다는 최순실에게 의지한 것이 자신과 국가에게 불행한 일이었다.

그런데 박근혜의 대통령 자질과 관련된 이러한 중요한 문제점이 최순실 사태가 터진 다음에야 비로소 드러난 이유는 무엇일까? 그것은 그가 대통령으로서 권위의식을 행사하고 있었고 또 언론을 비롯하여 한국사회의 거의 모든 구성원이 그의 이러한 권위의식 행사를 무비판적으로 받아들였기 때문이다. 곧 최순실 사태 이전에는 그의 권위의식이 한국사회에 그대로 통했던 것이다.

셋째, 최순실 사태의 원인 및 진행과 관련하여 살펴보도록 한다.

첫 번째로는 최순실 사태의 원인으로는 당연히 국정운영에 있어서 박근혜의 최순실에 대한 과도한 의존이다. 대통령직 수행에 요구되는 능력을 제대로 갖추지 못한 박근혜는 종전까지 그의 공적, 사적 생활에 크게 유익을 주었던 최순실에게 계속하여 의지하였던 것이다. 그리고 이것이 최순실 사태의 자명한 요인인 것이다.

두 번째로는 어찌하여 최순실 사태가 미연에 방지될 수 없었던가 하는 문제이다.

최순실 사태에 있어서 의아스러운 일들 가운데 하나는 사태가 터지기 전에는 한국사회가 박근혜 대통령이 국정운영에 있어서 최순실에게 절대적으로 의존하고 있다는 사실에 대하여 전혀 모르고 있었느냐는 문제이다. 대표적인 예가 박근혜 탄핵으로 대통령직을 대리한 황교안 총리도 최순실의 존재를 몰랐다고 하였다. 이렇게 한국사회가 최순실 사태의 장본인의 존재에 대하여 모르고 있었으니 최순실 사태가 미리 방지될 수 없었던 것이다. 여기에는 무엇보다도 언론의 책임이 크다고 할 것이다. 선진국의 경우에는 언론이 사회적 관심 사항만이 아니라 보도하고자 하는 사항에 대하여 실명으로 보도하고 있지만 한국의 언론은 실명 보도를 회피하고 있고 또 권력자 관련 사항은 보도를 회피하고 있는 상황이다. 그러니 최순실에 대하여도 사태 전까지는 전혀 보도가 없었던 것이다.

세 번째로는 최순실 사태가 발생한 이후에야 비로소 박근혜의 진면목이 드러났다는 점이다.

막상 최순실 사태가 발생하고 나서부터는 박근혜가 최순실의 도움 없이 자신의 책임하에 사태 처리를 하게 되었는데 그의 언행과 사태 처리 태도는 매우 단순하고 고식적일 뿐 아니라 이해하기 곤란한 점이 많아서 본인에게 오히려 불리하게 작용하였다. 또한 헌법재판소의 탄핵 심판에서 그의 변호인단도 헌법재판소를 공개적으로 모욕하거나 태극기를 흔드는 등 비상식적인 변호 태도를 보였다. 이 모두가 한국사회가 박근혜에 대하여 새롭게 인식하는 시간이 되었다.

이러한 박 대통령의 탄핵은 본인 및 한국 정치로 보아서는 불행한 일이었지만 한편으로는 한국 민주주의의 성숙을 보여 주는 일이기도 하였다. 곧 현직 대통령이라 할지라도 법을 위배할 경우에는 파면된다는 법치의 원칙을 확실히 하였으며 또한 의혹보도에서 국회의 탄핵소추 헌법재판소의 파면 결정에 이르는 모든 절차가 철저하게 법에 따라 이루어졌고 또한 파면이 결정되자 이후 모든 과정이 별다른 혼란없이 이행되었으며 정부 체제와 기능이 정상적으로 작동하였다. 더욱이 5개월간 수십 차례 천만을 넘는 촛불집회에서 단 한 건의 사건 사고 없이 완전한 평화적 시위가 이루어진 점은 특기할 만한 사항이었다.

전체적으로 보아 박근혜 대통령직은 '박정희 딸 첫 여성 대통령'이라는 외향적 화려함 외에는 세월호와 최순실 국정농단이 대표하듯이 어둡고 내실 없는 시대였다고 하겠다. 다만 역설적으로 그의 탄핵은 한국 민주주의의 성숙을 보여 주었으며 한국사회로서는 실질적 민주화 시대로의 길을 열었다고 할 것이다. 곧 6공화국의 출범과 함께 한국사회는 30년 가까운 군사독재체제를 뒤로하고 국민의 대통령 선택권 회복을 핵심으로 하는 제도적 민주화 시대에 들어갔는데 이후 30년 가까이 지나 법을 위반한 대통령을 탄핵 파면함으로써 이제는 제도적인 측면뿐만 아니라 한 단계 높은 실질적 민주화 시대로 들어섰다고 하겠다.

한편 박근혜는 파면되면서 대기업 관련 비리 문화예술계 블랙 리스트 관련 등 여러 가지 혐의로 구속 수감되어 전두환 노태우에 이어 세 번째로 구속된 전직 대통령이 되었으며 직권남용 등으로 유죄 판결을 받아 복역하다가 2021년 12월 후임자인 문재인 대통령에 의하여 사면 복권되었다.

〈주목할 사항〉

박근혜 탄핵과 실질적 민주화

박근혜 탄핵은 6공화국 이후 제도적 민주화 시기에 들어선 한국사회가 한 단계 더 나아가 실질적 민주화로 들어섰음을 보여 주는 사건이라고 하겠다.

6공화국의 출범은 1987년의 6월 민주항쟁에 의하여 이루어진 것으로서 이로써 1961년 박정희의 군사쿠데타 이후 전두환에 이르는 27년 동안 군사독재체제 아래서 빼앗겼던 국민의 대통령 선택권을 다시 찾았음을 의미하는 것이다. 따라서 한국사회는 제도적으로는 민주화 시대에 들어섰다고 하겠다. 그러나 이러한 제도적 민주화 실현이 자동적으로 실질적 민주화를 의미하는 것은 아닌 것이다. 실질적 민주화의 실현은 사회 전반적으로 법치가 이루어질 때 비로소 이루어지는 것이라고 할 것이다. 특히 한국과 같이 역사적으로 왕조 시대 일제 식민 시대 는 물론 정부 수립 이후에도 봉건 시대적인 권위주의가 지배해 왔으며 군사독재 시대는 더욱 그러하였다. 이에 따라 한국사회에서 법치가 제대로 이루어진 시대는 없었다고 할 것이다.

그런데 한국사회에서 법치가 이루어진다는 것의 핵심은 대통령의 법치 곧 대통령이 자신의 권한 행사를 법이 정하는 한도 내에서 실행하는 것에 있다고 할 것이다. 그 이유는 한국사회에서는 대통령의 권위가 그 누구보다도 월등하게 크고 또 그에게 권력이 집중되어 있기 때문이다. 이러한 상황에서는 대통령이 법을 지키면 법치가 실질적으로 실행된다고 볼 수 있다고 하겠다.

그런데 한국사회에서 대통령의 법치 실현에 있어서 두 가지 중요한 진전이 있었다. 그 하나는 전두환과 노태우 두 전직 대통령에 대하여 12.12 및 5.18내란에 대한 책임을 물어서 유죄 판결을 한 것이 그것이다. 이로써 성공한 쿠데타에 대하여도 사후적으로는 법치가 이루어진 세계적으로도 거의 전례가 없는 사례였다.

다음으로는 노무현의 경우이다. 노무현은 대통령 스스로가 대통령의 법치 실행을 강조한 첫 예였다. 그는 '대통령도 법이 정하는 범위를 넘어서는 권한을 행사할 수 없다'고 강조하고 또 스스로 이를 실천하려고 노력하였다는 것을 우리는 앞에서 본 바가 있다. 그러나 노무현의 경우에도 자신이 법치를 위해 노력하였지만 그의 청와대와 정부가 제대로 대통령의 의도를 충실하게 실행하였는지에 대하여는 의문이 있다. 그의 측근이 비리를 행하였기 때문이다.

그런데 노무현이 이렇게 대통령의 법치 실행에 대하여 이를 강조하고 또 그 실행을 위하여 특별히 노력하였음에도 불구하고 그의 후임인 이명박과 박근혜가 이러한 노무현의 노력을 이어받지 못하고 종전까지의 권위주의 대통령의 타성을 답습하였다. 그리고 결국에는 박근혜 탄핵과 복역에 이르게 된 것이다.

　이 같은 상황에서 박근혜의 탄핵이 가지는 의미는 이제는 현직 대통령이라고 하더라도 법을 중요하게 어길 경우에는 법이 정하는 절차에 따라 탄핵 및 나아가서는 파면을 받게 된다는 점이 한국사회에서 실현되기 시작하였다는 점이다. 이로 인하여 이제 한국사회는 법치 실현에 있어서 핵심적인 내용이 되는 대통령의 법치가 실현되는 시기에 들어섰으며 이는 공공 부문은 물론 민간 부문을 포함한 한국사회 전체의 법치 실현을 촉진할 것이다. 그리고 이러한 한국사회 전체의 법치 실현은 한국사회의 실질적 민주화를 실현하게 될 것이다. 이렇게 박근혜의 탄핵은 한국사회가 제도적 민주화 시기를 지나 실질적 민주화 시기로 들어섰음을 의미한다고 할 것이다.

• 6공화국 출범에서 박근혜 탄핵까지 기간 중의 성취와 실패

성취: 제도적 민주화의 순차적 진행

1988년 제6공화국이 출범하고 여섯 명의 대통령이 취임한 29년의 기간 동안 한국사회는 대통령 직선제를 실행하고 또한 법을 위반한 현직 대통령을 탄핵 파면하는 제도적 민주화를 달성하는 성취를 이룩하였다.

먼저 1988년 2월에 출범한 제6공화국은 1972년 유신 이후 5공화국까지 16년 동안 박정희와 전두환의 군사독재체제를 가능하게 한 대통령 간접선거제도를 폐기하고 국민들이 직접 대통령을 뽑는 직접선거제도를 회복하는 체제였다. 이러한 대통령 직선제는 1961년 박정희의 5.16 쿠데타에서 시작되어 전두환 집단의 광주 학살로 세워진 제5공화국의 말기인 1987년까지 30년 가까운 군사독재체제를 무너뜨린 1987년의 6월 민주항쟁에 있어서 국민들의 핵심적인 요구 사항이었다. 곧 대통령 선택권을 국민들에게 돌려주는 것이었다.

앞에서 논의한 대로 박정희가 전혀 예상하지 못하게도 유신체제 수호의 선봉장인 중앙정보부장에 의해 피살되자 한국 국민 대다수는 이제 군사독재체제가 무너지고 드디어 오랫동안 소망하던 민주주의가 회복되리라고 기대하였다. 그러나 이 또한 예상하지 못하게도 전두환 집단이 갑자기 등장하여 12.12쿠데타로 계엄사령관을 체포하는 것에서 시작하여 국회 해산까지 자행하자 광주 시민들이 민주주의 회복을 외치며 나섰다. 그러나 그 결과는 전두환 집단에 의한 광주 학살이었다. 이러한 전두환 집단의 잔인성은 국민들을 경악과 공포에 떨게 하였고 민주화를 위한 집단적인 시위는 중단될 수밖에 없었다.

그러나 국민들의 민주화 소망은 전두환 정부의 폭력에 의해 억눌려 있었을 뿐이었고 전두환 집단이 노태우를 후계자로 정하고 5공체제를 계속 유지하려고 하자 그동안 소수의 민주화 인사와 천주교 사제 및 개신교 목사 등을 중심으로 한 끈질긴 저항을 제외하고는 행동으로 표면화되지 못했던 국민들의 민주화 열망이 대규모 시위로 폭발하기에 이르렀다. 결국 이번에는 전두환 집단이 이러한 국민들의 민주화 요구에 굴복할 수밖에 없었다. 그리하여 대통령 직선제를 핵심 내용으로 하는 제6공화국이 탄생하게 되었다. 그리하여 한국사회는 일차로 제도적으로는 민주화를 달성하게 되는 성취를 이룩하게 되었다.

그런데 이러한 제도적 민주화가 법치가 실현되는 실질적 민주화를 의미하는 것은 아니었다. 역사적으로 볼 때 한국사회는 오랫동안 권위주의적 질서가 지배해 온 사회이다. 곧 봉건주의 왕조 시대가 유교적 전통 위에 유지되어 왔고 근세에 이르러 이씨 조선이 멸망한 이후에 일제에 의한 식민지 시대가 뒤를 이었으며 해방 후 정부 수립 이후에는 이승만 독재와 박정희 전두환의 군사독재체제가 한국사회를 지배해 온 것이다. 이렇게 권위주의적 전통이 오래된 한국사회에서 제6공화국의 출범과 함께 제도적 민주주의가 시작되었지만 대통령들과 공직자들과 민간 기관과 기업 그리고 국민들의 일상 생활에는 권위주의적 질서가 강력하게 작동하고 있었던 것이다. 더욱이 거의 모든 남성들이 20대 초반에는 권위주의에 의해 유지되는 군 생활을 경험하게 되는 것이다. 이러한 이유로 인해 한국사회는 비록 민주주의가 제도적으로는 자리 잡았다고 하더라도 법 이외에 권위주의적 질서 또한 자리 잡고 있는 것이다. 이러한 상황에서 한국사회는 법 질서가 사회 전체의 지배적인 질서로서의 역할을 행사하기가 어려운 것이다.

이와 같은 이유로 비록 한국사회가 제5공화국의 출발과 함께 제도적 민주화는 이룩하였지만 법이 온전히 지배하는 실질적 민주화는 아직 이루어지지 않은 상황이었고 앞으로 상당한 시간이 지나면서 그 달성을 기대해야 할 단계였다. 그리고 이러한 실질적 민주화를 위하여는 기본적으로 법치 또는 법의 지배가 이루어져야 하는 것이고 그 가운데서도 가장 큰 권력을 갖고 있는 대통령 직무에 있어서의 법치 실현이 가장 중요한 것이다.

그런데 5공의 출범 이후 대통령에 의한 법치의 실행에 있어서 의미 있는 움직임이 있었는데 바로 노무현 대통령의 법치 강조였다. 그는 최초의 법조인 출신 대통령이었는데 그는 이러한 경험을 반영하여 대통령 직무 수행에 있어서 법치를 강조하였다. 예를 들어 그는 '대통령도 법이 허락하는 범위를 넘는 일은 할 수 없다'고 자주 말하였다. 비록 그의 이러한 생각이 정부 안에서만이라도 제대로 실현되었다고 볼 수는 없겠지만 이러한 노무현의 태도는 한국사회의 법치 실현에 있어서 매우 의미가 크다고 할 것이다.

그런데 한국사회의 실질적인 민주화를 진전시키는 상황이 발생되었다. 곧 2017년 3월에 현직 대통령인 박근혜가 헌법과 법률을 위반한 이유로 대통령직에서 탄핵 파면된 일이다. 곧 박근혜가 개인적으로 가까운 최순실에게 국정 수행을 의지하고 더하여 최순실의 사익추구를 도와준 것이 알려지자 국민들이 촛불집회를 통하여 박근혜의 퇴진을 요구하고 이러한 국민의 의사를 반영하여 국회가 박근혜 탄핵을 결의함으로써 박근혜는 직무정지를 당하였다. 이어서 헌법재판소가 박근혜가 최순실의 국정개입을 통한 사익추구를 도운 것이 대의민주주의 원리와 법치주의 정신을 훼손한 중대한 위헌·위법 행위로 판단하여 그의 대통령직 파면을 결정한 것이다.

이와 같은 박근혜의 대통령직 파면은 정부 수립 이후 처음 있는 일로서 비록 현직 대통령이라고 할지라도 중요한 위법 행위를 한 경우에는 대통령직에서 파면된다는 사실을 보여 주는 것으로서 한국사회에서 법치를 세우는 데 있어서 지극히 중요한 사건인 것이다. 이에 따라 한국사회의 법치는 큰 진전을 이루었으며 또한 이는 한국사회가 이제 제도적 민주화 단계에서 한 걸음 더 나아가서 실질적 민주화 단계로 들어갔다는 것을 의미하는 것이다. 되풀이 말하여 한국사회는 1988년의 제6공화국 출범으로 제도적 민주화 시기에 들어선 이후 29년 만에 실질적 민주화 시기로 들어선 것이다.

이렇게 한국사회를 제도적 민주화 단계로부터 실질적 민주화 단계로 진전시킨 것은 기본적으로 한국 국민들의 높아진 민주주의 의식이라고 하겠다. 곧 박근혜 탄핵 과정이 시작된 것은 2016년 10월 이후 광화문 광장에서의 박근혜 퇴진을 촉구하는 촛불집회가 계속되고 그 규모도 점점 커졌기 때문이었다. 이러한 촛불집회에 대하여 대다수 국민이 찬성하고 또 참여하는 상황이 계속되자 2016년 12월에 국회에서 이를 받아서 탄핵 발의를 하게 된 것이다. 탄핵안 국회 표결에서 여당 의원의 반 이상을 포함하여 의결 정족수인 국회의원 총원 300명의 2/3인 200명을 여유 있게 넘는 수가 이에 찬성하였다. 그리고 2017년 3월에 헌법재판소는 재판관 8명의 전원 일치로 박근혜 대통령의 파면을 결정하였다.

이렇게 최초의 촛불집회에서 시작한 탄핵 과정은 5개월 후 대통령 파면으로 종결되었는데 이 기간 동안 어떤 때는 100만을 넘는 국민들이 촛불집회에 참여하고 또 한쪽에선 탄핵에 절대 반대하는 집회도 함께 열리는 등 많은 집회에 대규모의 인원이 참여하였음에도 불구하고 별다른 사고 없었고 또 모든 진행 사항이 철저하게 법 절차에 따라 질서 있게 진행되었다.

정부 수립 이후 이승만 대통령은 4.19학생혁명으로 많은 인명 희생을 치르며 하야하였고, 장면 총리는 5.16군사쿠데타로 물러났고, 윤보선 대통령은 군사독재체제에 항의하는 뜻에서 물러났으며, 박정희 대통령은 부하에 의하여 살해당하며 대통령직을 마쳤으며, 최규하 대통령은 전두환의 신군부의 집권 계획에 따라 물러났으며, 전두환 대통령은 6월 민주항쟁으로 5공체제를 포기하며 임기를 마쳤는데 비해 박근혜 대통령은 이러한 전례와는 달리 국민들의 뜻에 따라 정상적인 법 절차에 의해 평화롭게 대통령직에서 물러난 것이다.

이렇게 박근혜의 탄핵이 질서 있게 별다른 사고 없이 이루어진 것은 기본적으로 한국 국민의 높아진 민주주의식과 한국 민주주의 체제의 안정성 때문이라고 할 것이다. 그리고 이는 6공화국 출범 이후의 한국사회의 성취라고 할 것이다.

실패: 소득분배의 악화 추세

제도적 민주화가 이루어진 1988년 이후 한국 경제가 성장하는 가운데 한국 경제규모의 세계 순위는 계속 높아졌다. 그러나 한국의 소득분배는 계속적으로 악화되는 추세를 보였다. 아래 표는 한국의 GDP 규모로 분 세계 순위와 소득의 상위 10%와 하위 50%가 차지하는 소득 비중을 보여 주고 있다.

한국의 경제규모 세계 순위와 소득 계층별 소득 비중

	1980	1998	1990	2000	2010	2020
한국경제규모 세계 순위(GDP 기준)	28	18	16	12	14	10
상위 10% 소득 계층 소득 비중(%)	32.8	34.1	34.1	38.6	46.6	46.5
하위 50% 소득 계층 소득 비중(%)	23.1	21.5	21.4	18.2	15.7	16.0

자료: 소득 자료는 World Inequality Database

먼저 한국경제 규모의 세계 순위를 보면 GDP(국내총생산) 기준으로 1980년에 28위에서 1988년에는 18위로 높아졌으며 이후 1990년에 16위, 2000년에 12위, 그리고 2018년에 10위로 높아진 이후, 2019년에 12위, 2020년과 2021년에 10위를 유지하고 있음으로써 이제 세계 10위 자리를 굳히고 있는 것으로 보인다.

이렇게 한국 경제가 성장 면에서는 좋은 실적을 보여 온 반면에 분배 면에서는 소득 불평등 현상이 장기간 진행되는 실정이다. 곧, 상위 10%에 속하는 소득 계층의 소득이 전체 소득에서 차지하고 있는 비중을 보면 1980년에 32.8%, 1988년에 34.1%, 1990년에 34.1%, 2000년에 38.6%를 거쳐 2010년에는 46.6%로 급증함으로써 30년 동안 증가 추세를 계속하였다. 다만 2010년대 이후에는 증가 추세가 그쳐서 안정적인 상황을 보이고 있다.

반면 하위 50%에 속하는 소득 계층에 소득이 전체 소득에서 차지하고 있는 비중을 보면 1980년에 23.1%, 1988년에 21.5%, 1990년에 21.4%, 2000년에 18.2%를 거쳐 2010년에는 15.7%로 감소함으로써 30년 동안 감소 추세를 계속하였다. 다만 상위 10% 소득 계층의 경우에서와 같이 2010년대 이후에는 감소 추세가 그쳐서 안정적인 상황을 보이고 있다.

이렇게 1980년 이후 30년 동안 한국의 소득 배분은 소득 상위 계층의 소득 비중이 커지는 반면 소득 하위 계층의 소득 비중은 작아지고 있는 현상을 보임으로써 소득 배분이 악화되는 추세를 보여 온 것이다. 다만 2010년대 이후에는 소득 배분이 더 이상 악화되지 않고 안정되는 상황을 보이고 있다.

이상에서 본 바와 같이 1980년 이후 2010년까지에 이르는 30년 동안 한국 경제는 성장 면에 있어서는 세계적으로 빠른 성장을 보여 온 반면 소득분배 면에서는 불평등이 심해지는 바람직하지 않은 현상을 보여 주었다. 다만 2010년 이후에는 분배 상황이 더 이상 악화되지 않고 안정화되는 현상을 보여 주고 있다. 그러나 이러한 소득 불평등 상황은 서유럽 국가들에 비하여 상당히 큰 것이다.

이와 같은 소득분배의 악화 현상은 정치 경제 사회 등 한국사회의 전반적인 면에서 갈등 확대 및 불안정성 증가로 심각하고도 복잡한 문제를 발생시켜 온 것으로서 앞으로 한국사회가 이를 개선해 나가야 할 과제라고 할 것이다.

실질적 민주화(2017-)

1. 문재인 시기(2017-2021): 실질적 민주화 시대로의 전환기적 혼란

문재인은 전임 대통령 박근혜의 파면으로 2017년 5월에 치른 대통령 선거에 야당 후보로 나서서 큰 표 차로 당선되어 다음 날 6공의 일곱 번째 대통령에 취임하였다.

이로써 6공 출범 이후 노태우-김영삼의 보수정권, 김대중-노무현의 진보정권, 이명박-박근혜의 보수정권에 이어 세 번째 진보정권으로의 교체가 이루어졌다. 곧 한국사회는 6공화국에 들어서 10년 주기로 보수와 진보진영이 차례로 집권하는 규칙성을 보이며 민주주의 체제가 안정화를 보이고 있는 가운데 이렇게 문재인은 김대중 노무현에 이어 3기 진보정부 대통령이다.

문재인은 인권변호사 출신으로서 노무현의 변호사 사무실 동료였고 노무현 대통령의 비서실장을 맡았었다. 노무현 사망 후 국회의원이 되었고 지난 선거에서 야당의 대통령 후보가 되었으나 박근혜에게 패배한 바 있다. 문재인 정부는 정책방향과 인사에 있어서 노무현 정부의 뒤를 잇는 성격이 매우 강한 편이다.

1988년 제6공화국이 시작되어 30년이 되면서 한국사회는 10년 단위로 보수와 진보가 교대하는 행태가 세 번을 거듭함에 따라 이제 보수와 진보의 이념적 순환이 자리를 잡게 되는 모습을 보이게 되었다. 그리고 이 과정에서 시간이 갈수록 보수정권과 진보정권은 국정을 담당하는 태도와 그 방향성에 있어서 차별성이 보다 뚜렷해지는 경향을 보이고 있다. 곧 대체로 보아 보수정권은 경제성장과 경쟁체제 유지, 자유로운 기업활동 보장 그리고 과거사 정리보다는 미래지향적 태도를 보이고 국제관계에 있어서는 미국과의 우호적 관계를 최우선시하는 입장이다. 반면 진보정부는 경제적 형평과 국가 역할 강조 그리고 기업활동에 제약이 있더라도 노동자 계층의 불이익이 없애도록 하는 것과 과거사 정리를 통한 정의 실현을 중시하고 국제 관계에 있어서는 독자 주권을 강조하는 편이다. 결국 상대적으로 보아 보수정부는 자유와 번영을 그리고 진보정부는 평등과 형평을 강조하는 편이라고 하겠다.

그런데 북한과의 관계 문제에 있어서는 보수정부의 경우에도 북한과의 관계 개선에 노력한 편이었다. 이는 어느 정부의 경우에도 장기적인 통일 과정과 북한과의 관계에서 업적을 쌓고 싶어하기 때문이다. 노태우와 이명박의 경우가 그러한데 특히 노태우의 경우에는 김대중에 앞서서 북한과의 관계 개선에 노력하고 또 성과를 얻었기 때문에 사실 남한의 북한과의 관계 개선은 노태우로부터 시작되었다고도 볼 수 있다. 그러나 시간이 경과함에 따라 국내 정치 지형에서 보수 대 진보의 대립 구조가 더욱 강력해지면서 북한 문제에 대한 두 진영의 태도는 더욱 차이를 보이게 되었다. 곧 보수진영은 더욱더 대북 강경 태도를 보이는 반면 진보진영은 보다 더 대북 유화 태도를 보이고 있는 것이다. 동시에 두 진영 간의 이러한 대북 태도의 대립이 전반적인 보수 대 진보 간 대립을 격화하는 상황으로 이끌고 있는 것이다.

문재인 정부는 당연히 진보정권의 입장에서 국정을 운영하였다. 문재인은 취임 초기 탈권위적이고 예의 바르고 성실한 태도로 집무하고 인사를 비롯하여 국정을 안정적으로 이끌어 감으로써 박근혜 때의 침울하고 무기력한 분위기를 일신하였다. 더욱이 북한 관계에서는 북한과 미국을 대화로 끌어들이고 북한 방문에서 평양과 백두산을 방문하고 김정은과 세 차례 만나며 긴장완화 조치를 시행토록 하는 등으로 성과를 보여 국민들로부터 높은 지지율을 얻는 한편 국제사회로부터도 좋은 평가를 받았다.

그러나 임기 중반에 들어서면서부터 경제상황이 저조하고 남북 문제가 성과를 내지 못하는 데다 정부 정책수행의 미숙과 정권의 공정성과 윤리성 문제가 제기되고 여기에 더하여 2020년 초에 예상치 못한 코로나 사태가 덮치면서 국민들의 생활도 많이 어려워졌다. 이에 따라 문재인 지지율이 크게 하락하였고 한국사회는 진보진영 대 보수진영 사이에 살벌한 싸움터로 변하였다. 그 결과 21대 대통령 선거에서는 5년 만에 보수야당에게 정권을 내어 주었다. 이제 문재인 정부의 문제들을 간단히 살펴보자.

첫째, 가장 큰 문제가 경제 악화이다. 문재인 정부 들어 한국경제의 실적이 나빠졌기 때문이다. 곧 박근혜 정부 4년간 연평균 경제성장률이 3.0%였는데 문재인 정부 5년간은 2017년 3%대 2018년, 2019년 2%대, 그리고 2020년에는 코로나 사태로 -0.7%를 기록하여 2021년 4.1%로의 반등에도 불구하고 기간 중 평균2.3%로 역대 가장 낮은 수준을 보였다. 이에 따라 실업률의 경우는 박근혜 정부 4년간 연평균 실업률이 3.4%였는데 문재인 정부는 5년간 평균 3.8%로 높아졌다. 이와 같은 경제 부진은 미국과 중국 사이의 무역분쟁과 같은 해외여건 악화와 코로나 사태도 영향을 주었는데 문재인 정부의 친노동 반기업적인 정책방향도 비판의 대상이 되었다. 그리고 서울의 아파트 가격 폭등이 이끈 전국 집 가격의 폭등 현상이 정부의 노력에도 불구하고 진정되지 않았다.

이와 같은 전반적인 경제상황의 악화와 집값 폭등 현상은 국민생활을 종전에 비해 어렵게 하였으며 국민들 간에 빈부격차 문제로 인한 사회적 갈등을 격화시켰다. 그리고 당연히 문재인 정부에 대한 국민의 불만을 폭발시켰다.

둘째, 임기 초반 큰 기대를 모았던 남북 관계는 두 차례에 걸친 트럼프와 김정은의 회담이 실패하여 북한 비핵화에 진전이 없게 되고 북한이 기대한 경제제재 해제가 이루어지지 않게 됨에 따라 실망한 북한이 남한에 적대적인 자세를 보임에 따라 실제적인 성과를 이루지 못하였다. 그리하여 남북 문제에 대하여 국민들이 가졌던 희망도 사라지게 되었다.

셋째, 문재인 정부는 진보정부의 강점이라고 여겨졌던 도덕성과 공정성 분야에서 국민들에게 실망스러운 모습을 보였다. 곧 문재인이 신임했던 인사들이나 여권 인사들이 추문과 가족의 특권 특혜 의혹 등으로 국민들의 비판의 대상이 되었다. 이러한 과정에서 다음 대통령 후보자로 거론되던 안희정 충남지사가 성범죄로 징역형을 선고받았으며 박원순 서울시장은 자살하였다. 더욱이 지금까지 그 누구보다 공정성을 강조하였던 문재인이 자기 편에 대하여는 공정성 원칙을 회피하는 태도를 보임으로써 국민들에게 큰 실망을 주었는데 가장 논란을 일으킨 것이 이른바 조국 사태였다. 문재인은 자신이 신뢰하던 조국을 그의 가족 관련 부정 논란에도 불구하고 법무장관에 임명함으로써 나라를 시끄럽게 하였는데 결국 조국은 장관 직을 사퇴하였다. 이 조국 사태는 결과적으로 문재인에 대한 국민의 신뢰에 결정적으로 타격을 주었으며 종전까지 문재인 정권에 대한 확고한 지지층이었던 청년층도 상당 부분 떠나는 결과를 초래하였다.

넷째, 문재인 정부의 대표적인 정책들이 성급하고 실시되어 논란을 초래했다는 점이다.

대표적인 예가 소득주도성장 정책의 시행이다. 이 정책은 임금 인상 등으로 가계의 소득을 늘려서 소비를 증가시켜 경제성장을 도모한다는 것인데 종전까지 이 정책을 경제정책의 중심 정책으로 시행한 적이 없었다. 당초 문재인 정부가 이 정책을 시행한다고 했을 때 이 정책의 내용과 기대 효과에 대하여 제대로 아는 사람이 거의 없어서 논란이 많았다. 그리고 이 정책의 시행을 위하여 2018년 최저임금을 박근혜 정부 때의 두 배 이상인 16%를 인상하고 2019년에는 10% 이상 인상하자 영세 자영업계 등에서는 큰 어려움을 겪었다. 당시 경제성장률이 2017년의 3%대에서 2018년과 2019년에는 2%대로 떨어지는 상황이었고 실업률도 2017년의 3.7%에서 2018년과 2019년에는 3.8%로 높아졌다. 이러한 상황에서 정부는 별다른 보완대책을 준비하지 않은 채 최저임금의 대폭 인상을 감행한 것이었다. 결국에는 2020년에는 경제 침체를 고려하여 2.9%로 대폭 인상률을 낮추기에 이르렀다. 한마디로 성급하게 준비도 없이 소득주도성장 정책을 밀어붙인 것이었다. 탈원전정책의 경우에도 이를 성급하게 밀어붙임으로써 수많은 논란과 불필요한 혼란 및 시행착오를 초래하였다.

여기에 더하여 문재인은 재임 중 정부 부문에 있어서는 무엇보다도 검찰의 권한을 축소하는 데 온갖 노력을 기울였다. 이러한 검찰 개혁을 위하여 검찰의 수사 기능을 축소하고 경찰의 수사 기능을 확대했으며 검찰을 포함하여 고위 공직자의 범죄에 대한 수사를 전담하는 고위공직자범죄수사처를 설립하였다. 이러한 검찰 개혁은 보수진영의 완강한 반대와 진보진영의 강력한 찬성으로 격렬한 논란을 불러일으켰으며 이 과정에서 조국 사태가 발생함으로써 그야말로 국론이 양분되다시피 하는 상황이 벌어졌다. 결국 문재인 정권은 검찰 개혁을 실행하였지만 정치적으로는 상당한 타격을 입게 되었다. 이후 윤석열 검찰총장이 사퇴 이후 야당 후보로 대통령 선거에 나와 당선되고 나서 문재인 정권의 검찰 개혁을 무력화시키려는 노력을 하게 된다.

다섯째, 문재인 대통령의 지도력 문제가 발생하였다는 점이다.

이 문제는 굳이 그 원인을 따질 필요 없이 나타난 현상 자체가 말해 주고 있는 상황이다. 곧 문재인이 무리를 해 가며 검찰총장으로 임명한 윤석열이 총장이 되고 나서 정부 여당과 마찰을 일으키다가 총장직을 사퇴하고 이후 야당에 입당하여 문재인 정부를 강력하게 비판하며 야당 대통령 후보가 되었으며 결국에는 대통령에 당선되어 진보정권에서 보수정권으로 정권교체를 이루는 주역이 되었다. 또한 최재형 감사원장도 원장직을 사퇴하고 정권교체를 위하여 야당에 들어가 대통령 후보가 되고자 하였다.

이는 정부 수립 이후 처음 보는 사례로서 세계적으로도 민주주의 국가에서는 그 예를 찾기 어려운 경우라고 할 것이다. 결국 이러한 상황은 문재인이 임명한 검찰총장과 감사원장이 문재인 정권교체에 앞장서는 것으로서 문재인의 지도력과 문재인 정부의 국정운영 방식에 심각한 문제가 있음을 반증하는 것이라고 하겠다.

결국에는 2022년 5월의 20대 대통령 선거에서 보수야당 후보가 된 윤석열이 승리함으로써 진보정권은 5년 만에 정권을 보수진영에 넘겨줌으로써 6공 출발 이후 보수-진보의 10년 주기가 34년 만에 중단되었으며 이는 문재인 정권의 실패라고 할 것이다.

이러한 문제에도 불구하고 문재인은 퇴임 때까지 지지도가 40% 수준을 유지함으로써 역대 어느 대통령 보다고 높은 지지율을 보이고 있다. 여기에는 전체적으로 보아 문재인 정부가 역대 어느 진보정부보다도 분명하게 진보적인 성격을 보여 주고 있다는 점과 그의 성실한 성품에 대한 국민들의 호감도가 어느 정도 형성되어 있는 점으로 인해 고정적인 지지층이 있다는 점에 기인한다고 보인다.

여기에 더하여 2020년에 내습한 세계적 코로나 사태에 있어서 문재인 정부가 전문가 중심으로 대응하고 여기에 국민들의 적극적인 협조가 있어서 세계적으로는 좋은 평가를 받고 있는 점과 또 이제는 세계적으로 한국이 경제적으로 선진국으로서의 위상을 인정받고 있는 점도 문재인 지지율에 도움이 되고 있는 것으로 생각된다. 또한 시기적으로 근래 영화 〈기생충〉과 대중음악 분야의 BTS의 성공 등 대중문화 분야에 있어 서도 한국이 세계적으로 두각을 나타내고 있는 점도 한국과 문재인에게 유익한 소재가 된다고 하겠다.

그러나 정치 사회 상황에 있어서는 전반적으로 한국사회가 이념적 지형이 보수와 진보로 극명하게 분리되어 마치 두 진영 간의 전쟁터와도 같은 살벌한 분위기를 보이고 있는 가운데 중도 진영은 제대로 형성되지 못하고 있는 실정이다. 그리하여 문재인 정부 시기는 초기 짧은 기간의 통합과 안정화 현상을 보이고 나서는 곧이어 혼란이 지속되고 있다. 이러한 현상은 한국사회가 실질적 민주화기로 가는 새로운 길이 열렸지만 아직 실질적 민주화 질서가 자리 잡지 못하고 있는 전환기적 상황에 처해 있음을 보여 주고 있다고 하겠다.

〈주목할 사항〉

문재인 정부와 실질적 민주화 혼돈 모습

박근혜 대통령의 탄핵은 한국사회가 현직 대통령이라고 하더라도 중요한 위법행위가 있을 경우에는 대통령직에서 파면당한다는 것을 현실화함으로써 법치의 실현을 통한 실질적 민주화의 길을 열었다. 그리고 문재인은 이러한 변화 이후 첫 대통령이다. 그렇다면 문재인 정부에 있어서 법치의 실현 문제 및 실질적 민주화 문제에 대하여 살펴보도록 하자.

첫째, 전반적으로 보아 대통령 및 장관 등의 권한의 행사와 관련하여 권한 남용 문제에 대한 정치 사회적 대응이 보다 적극적이 되고 있다고 하겠다.

곧 종전 같으면 제기되지 않았을 수도 있는 사항들이 이제는 문제로 제기되고 경우에 따라 수사기관의 수사로 진행되기도 하게 되었다. 예를 들어 문재인 대통령이 취임하던 해에 환경부장관이 전 정부에서 임명된 산하 공공기관 임원들의 퇴임을 종용했다는 혐의와 관련하여 2019년 4월에 검찰이 당시의 환경부장관을 직권남용 혐의로 기소하여 재판에서 징역형을 선고받게 하였다. 그리고 '울산시장선거 개입 의혹사건'의 경우에 2018년의 울산시장 선거에서 문재인 대통령과 가까운 사람을 당선시키기 위하여 불법 행위를 하였다는 혐의와 관련하여 2020년 1월에 검찰이 당시 청와대 민정수석 등 10여 명을 기소하였다. 또한 문재인 정부의 역점 사업인 탈원전 정책 추진을 위하여 월성 원전 경제성을 조작하였다는 혐의와 관련하여 2021년 6월에 검찰이 당시 산업통산자원부 장관과 청와대 산업정책비서관을 기소하였다.

이러한 사항들은 부정 부패와 관련된 내용이라기보다는 직권 남용과 관련된 내용으로서 박근혜 탄핵 이전에는 이들보다 훨씬 심각한 내용의 사례들도 문제가 되지 않았던 것들이다. 그렇기 때문에 박근혜 탄핵 이후에는 비록 부패 관련이 아니고 직권 남용 문제 등 정책 추진과 관련된 사항이라 하더라도 수사 대상이 되고 기소되어 재판에 넘겨지게 되었다.

이런 측면에서 보면 한국사회에서 실질적 민주화가 진전되고 있음을 보게 된다고 하겠다.

둘째, 그럼에도 불구하고 청와대의 고위 비서관과 장관이 위의 사건에 연루되어 기소되었다고 하는 것은 대통령실과 정부 고위 인사들의 인식과 행태가 아직까지는 법치주의의 원칙을 체득하지 못하고 있다는 사실을 보여 주고 있는 것으로 생각된다. 곧, 바로 전직 대통령이 직권남용 등으로 파면되었음에도 불구하고 고위 공직자들의 의식과 행태가 획기적으로 바뀌지 않았다는 점이다.

앞에서 서로 상반되는 두 가지 모습의 예를 살펴보았지만 전체적으로 볼 때 한국사회가 법치의 실천을 통한 실질적 민주화 과정에 있어서 비록 박근혜 대통령의 탄핵을 통하여 새로운 길은 열었지만 아직 갈 길은 꽤 남아 있다고 할 것이다. 그렇기는 하나 한 가지 분명한 사실은 이제 한국사회는 대통령을 비롯한 고위 공직자들이 비록 부패 관련 사항이 아니라고 할지라도 법에 위배된 직권의 행사의 경우에는 법의 심판을 받게 되는 단계에 들어섰다는 사실이다. 그리고 이것은 큰 변화라고 할 것이다.

그러나 현재의 상황은 앞에서 보았듯이 한국사회가 제도적 민주화를 지나 실질적 민주화로의 문턱은 넘었으나 실질적 민주화 질서가 사회에 자리 잡지는 못하고 있는 전환기적 상황에 처하여 혼돈된 모습을 보이고 있다. 그리고 문재인 정부는 이러한 전환기적 상황에 적절히 대처하지 못한 것이다.

2. 윤석열 시기(2022-): 보수진영의 정권교체 성공

윤석열은 2022년 3월의 대통령 선거에서 야당인 보수진영 국민의힘의 후보로 나서 여당인 진보진영 더불어민주당의 이재명 후보를 물리치고 20대 대통령에 당선되어 5월에 20대 대통령으로 취임하였다.

윤석열의 대통령 당선은 몇 가지 특징을 보여 주고 있다.

첫째, 윤석열은 역대 대통령 선거에 있어서 가장 근소한 차이로 대통령에 당선되었다. 그와 이재명 후보와의 득표율 차이는 0.7% 포인트에 불과하였으며 이는 15대 대통령 선거에서 야당 후보 김대중이 여당 후보 이회창을 1.5% 포인트 차이로 물리친 것보다 더 적었다.

둘째, 그의 당선은 1988년 6공화국 출범 이후 이루어졌던 보수정권 2대-진보정권 2대-보수정권 2대로 34년 동안 이어진 정권교체의 행태가 바뀌어 진보정권 1대 이후 바로 보수정권으로의 교체가 이루어졌다는 점이다.

이로써 10년 주기로 보수와 진보진영 간 정권이 교체되는 안정적인 정권교체의 시대가 지나갔다고 하겠다.

셋째, 그의 당선은 지난 정권에서 공직을 맡았던 인사가 바로 지난 정권에 대항하는 진영의 후보가 되어 정권교체를 실현하였다는 점이다.

이는 자신이 참여했던 정권의 인사가 그 정권에 반대하여 반대편 정당에 가입하여 정권교체를 이룬 것으로 한국에서는 물론 세계적으로도 정상적인 민주주의 국가에서는 그 예를 찾기 어려운 특이한 경우라고 할 것이다. 더욱이 그의 당선은 전직 검찰총장이 현직을 물러나고 얼마 안

되어 정치에 참여하여 대통령에 당선되었다는 점이다.

윤석열은 검찰총장에서 물러난 후 1년 만에 대통령에 당선되었는데 전직 수사기관장인 검찰총장이 바로 대통령에 당선된 것 또한 한국에서는 물론 세계적으로도 정상적인 민주주의 국가에서는 그 예를 찾기 어려운 특이한 경우라고 할 것이다.

넷째, 20대 대통령 선거는 여야 양당의 후보자 두 사람 각각에 대한 유권자들의 거부율이 지지율보다 큰 선거였다는 점이다.

그리하여 선거를 앞두고 '역대급 비호감' 선거라는 말이 널리 쓰이기도 하였는데 이는 여야 후보자 두 사람 모두가 국민들에게 호감을 주지 못하였다는 점을 말하는 것으로서 이는 역대 대통령 선거에서 일찍이 보지 못한 현상이라고 할 것이다. 선거운동 기간 중 두 후보자와 부인들이 관련된 부정적인 소문들이 논란을 일으켰고 두 후보자의 선거운동도 자신의 국정방향보다는 상대방에 대한 공격에 치중하였다. 결국 많은 국민들은 자기 진영의 후보자가 좋아서라기보다는 상대 진영의 후보자가 당선되지 못하게 하려는 의도에서 자기 진영의 후보자를 찍는 상황이 벌어졌다. 결국에는 강력한 정권교체의 요구가 다른 요소들보다 강하게 작용함으로써 윤석열의 당선을 실현시켰다.

이렇게 윤석열을 당선시킨 보수진영의 강력한 정권교체 욕구는 크게 보아 전임 문재인 정권의 친북한 정책의 추진과 공정성의 훼손 그리고 자유보다는 평등에 대한 강조의 세 가지라고 할 수 있다. 곧 문재인 정권의 적극적인 남북 협상이 실제적인 성과를 이루지 못하게 되자 문재인 정권의 대북 친화적인 정책에 강력한 반감을 표출하게 되었다. 또한 문재인이 부정 논란에도 불구하고 조국을 법무장관에 임명을 강행함으로써 국가적 논란을 일으킨 것이 보수진영으로 하여금 문재인 정권의 도덕성에 대한 강력한 공격을 초래하였다. 그리고 문재인 정권이 전반적인 국정 방향이 자유보다는 평등에 지나치게 편중되어 있다고 비판하였다. 곧 보수진영은 과도한 복지 지출과 코로나 피해 지원 등이 국가부채의 급증을 초래한다고 비판하고 또 교육에 있어서의 하향 평준화 정책과 시장에 대한 과도한 개입 등을 강하게 비판하였다.

이러한 보수진영의 입장은 매우 강고하기 때문에 보수진영의 정권교체 욕구로 집권에 성공한 윤석열 정권은 비록 국민의 지지 기반이 넓지 않다고 하더라도 정권 초반부터 문재인 정권의 정책방향을 완전히 바꾸려고 하고 있다. 그러나 그의 지지 기반이 확고하지 않은 데 더하여 국회 구성에서 이제는 야당이 된 더불어 민주당이 절대 다수를 차지하고 있기 때문에 보수정책의 추진은 더욱 어려운 상황이다.

이러한 상황에서 윤석열은 대통령 취임 이후 보수적 가치에 대한 강한 자신감과 소신을 바탕으로 목표 달성을 위하여는 여론의 향배나 야당 협조 여부에 개의치 않으면서 일방적으로 추진하는 행태를 보이고 있다. 여기에 더하여 그의 세련되지 않은 언행은 불필요한 물의를 일으키는 경우들이 있었다.

이리하여 윤석열 정부는 출범 이후 반년 남짓 지난 시점에서 보아 정책 방향 제시에 있어서는 전임 문재인 정부와는 완전히 다른 방향을 제시하기는 하였으나 실제 정책의 실시에 있어서는 아직 이렇다 할 실적을 보이지 못하고 있는 상황이다. 더욱이 이 과정에서 현실과 동떨어진 내용의 정책을 발표하여 물의 끝에 취소하는 일들도 발생하였다. 그러는 가운데 그의 이러한 독선적이고 서투른 대통령직 수행 행태와 비현실적인 정책으로 인하여 그는 임기 초반부터 이례적으로 낮은 지지도를 보이고 있으며 정부의 앞날에 대하여 상당수 국민들의 우려를 낳고 있는 상황이다. 한편 10월 말에는 이태원에서 핼러윈 축제로 모인 인파들이 넘어지면서 150여 명이 사망하는 일이 발생하여 국민들의 마음을 무겁게 하였다.

〈주목할 사항〉

임기 초반의 낮은 지지율

윤석열은 대통령 취임 반년을 지낸 임기 초반에 낮은 지지율을 보이고 있다. 곧 대통령 선거 득표율 49%인 그는 갤럽의 5월 초 첫 여론 조사에서 그의 대통령 직무 평가에서 '잘하고 있다'고 보는 지지율이 52%로 출발한 이후 6월 후반부터 지지율이 하락하기 시작하여 11월 중순에는 지지율 29-30%, 반대율 61-62%를 보이고 있다.

그런데 이러한 윤석열 임기 초반의 낮은 지지율은 이른바 광우병 파동으로 큰 타격을 입은 이명박의 경우를 제외하고는 상당히 이례적인 경우라고 하겠다. 더욱이 윤석열의 경우에는 광우병 파동과 같은 큰 문제가 없는 상황에서 지지율 하락이 이루어졌기 때문에 정부와 여당으로서는 매우 부담스러운 일이라고 할 것이다. 사정이 이렇다 보니 온갖 사람들이 언론을 통하여 '윤 대통령이 이래야 한다 저래야 한다'며 훈수를 하고 있는 상황이다.

대다수의 국민들이 윤석열 대통령의 직무 수행에 대하여 낮은 평가를 하는 이유를 간략하게 보도록 하자.

첫째, 대통령 직무와 국정 전반에 대한 이해가 부족하다는 인상을 주고 있다는 점이다.

단적으로 말해 그는 검찰총장 때의 행태의 연장선상에서 대통령직을 수행하고 있는 것으로 보인다. 그러다 보니 대통령으로서 부적절한 언행을 행사함으로써 국민들에게 부정적인 인상을 주었다. 다음으로 그는 국정 전반에 대한 이해에 있어서도 좋은 모습을 보이지 못하고 있다. 그가 말하는 내용 가운데는 상식에 맞지 않은 것들이 있으며 또 그가 시행하겠다고 말한 정책을 거두는 일이 여러 차례 발생하였다. 그리하여 국민들에게 신뢰감을 주지 못하고 있다.

둘째, 국정 추진 방식에 있어서 독선적인 인상을 주고 있다는 점이다.

그는 정책 목표가 주어졌을 때 이를 실행하는 과정에서 여러 의견을 폭넓게 듣고 가급적 합의를 구하며 추진하기보다는 자신의 판단을 믿고 일방적으로 추진하는 듯한 모습을 보이고 있으며 그때그때의 여론에 대하여는 개의치 않겠다는 태도를 보였다. 이는 강력한 추진력을 의미하는 것으로 대통령의 직무수행에 필요한 장점이 될 수도 있지만 시행착오에 따른 위험 부담이 큰 것도 사실이다. 그가 대통령이 된 이후의 실적을 보면 그의 독선적인 행태가 그의 지지율에 부정적인 영향을 준 것으로 보인다. 그가 대통령 취임 전부터 무리하게 추진한 대통령실의 용산 이전은 그의 국정 우선 순위에 대한 이해 부족과 독선적인 국정 추진 방식을 단적으로 보여주고 있다.

셋째, 그가 국민들에게 국가의 미래에 대하여 희망과 비전을 제시하기보다는 전임 정권에 대한 공격에 치중하고 있다는 인상을 주고 있다는 점이다.

그는 대통령 선거에서는 공정과 상식을 강조하다가 대통령 취임 이후에는 자유를 강조하고 있는데 이는 국민들에게 막연하고 추상적인 인상을 주고 있으며 국민들이 보기에는 새 정부가 하려는 일보다는 전임 정권에 대한 부정과 공격에 보다 열심인 것으로 보이고 있다. 물론 정부의 정책 방향에 있어서 미국과의 동맹 관계를 크게 강조하고 북한에 대하여 보다 강경한 태도를 보이는 한편 전임 정부의 탈원전 정책을 백지화하는 등으로 중요한 변화가 있었지만 국민들이 보다 실제적으로 느낄 수 있는 사항들은 아직 그 내용이 확실하지 않은 상태라고 할 것이다.

이러한 세 가지 지지율 하락 요인은 기본적으로 윤석열 대통령의 직무 행태에서 비롯된 것으로서 그의 개인적인 성향과 검사로서의 사회생활이 이에 큰 영향을 주고 있는 것으로 보인다. 그런데 지금까지 보여 준 그의 집무 행태는 정상적이고 성숙한 민주주의 국가의 지도자로서 일반적으로 기대되는 모습과는 거리가 있다고 할 것이다. 곧 민주주의 국가에서의 대통령의 직무는 원칙적으로는 국가의 정책방향의 설정과 정책의 시행에 있어서 정치적인 논의를 거쳐서 가능한 한 사회적 합의를 이루어 이를 실행시키는 것에 있다고 할 것이다. 그리고 한국사회는 이제 실질적 민주화 시기에 들어섰기 때문에 시대적으로도 이러한 민주적인 집무 행태가 요구된다고 볼 수 있다. 이러한 점에 비추어 볼 때 그의 독선적인 집무 행태는 현 단계 한국사회와는 어울리지 않는 면이 있다고 볼 수 있겠다.

그러나 보수와 진보가 합리적이고 이성적인 대립 관계를 보이기보다는 맹목적이고 감정적인 적대 관계를 보이고 있는 한국사회의 현실에서는 윤석열의 이러한 집무 행태가 보수진영의 입장에서 볼 때에는 오히려 성과를 기대할 수 있는 측면이 있다고 할 것이다. 곧 대통령의 권한이 막강한 한국 사회의 현실에서 대통령의 독선적 집무 행태는 대통령이 설정하는 국정 목표의 실현을 적어도 표면적이고 제도적으로는 빠르게 진행시킬 수 있을 것이다.

그렇다고 하더라도 임기 초반의 낮은 지지율은 윤석열 정부의 장래와 나아가서 한국사회의 장래에 부담을 주고 있는 상황이다. 더욱이 국내외 여건으로 볼 때 현재 시작되고 있는 세계 경제위기 그리고 남북 관계의 악화와 또 한미 동맹 강화에 대한 중국의 반발 등 어려움이 예상되는 상황에서 한국이 이에 적절하게 대응하기 위하여는 윤 정부에 대한 국민들의 높은 지지율이 필수적이라고 할 것이다.

그런데 윤 대통령의 지지율이 현재의 낮은 상태를 벗어나는 것이 간단하지는 않은 것으로 생각된다. 곧 그가 자신의 확고한 지지 지반인 보수 계층의 지지를 유지하는 데는 큰 어려움이 없겠지만 자신의 직무 행태를 크게 바꾸지 않는다면 전체 지지율 확장에 필수적인 중도 계층의 지지를 얻는 것이 쉽지 않은 것으로 보인다.

이렇게 국내외 정치 경제 사정이 어려워지고 있는 상황에서 낮은 지지율을 벗어나지 못하고 있는 윤석열 정부와 또 한국사회는 불안정성이 큰 앞날을 마주하고 있는 것으로 생각된다.

• 실질적 민주화 기간: 문재인 윤석열 정권 기간 중 성취와 실패

성취: 실질적 민주화로 들어섬: '미투 운동'의 예, 개인 간 권력 관계의 평등화 추진

한국사회에서 실질적 민주화란 개인 간 권력 관계의 평등화가 중요한 내용이라고 할 것이며 그 가운데 한국사회에서 뿌리깊게 내려온 남존여비(男尊女卑) 문화 해소를 통한 남녀평등의 실현이라고 할 것이다. 그리고 한국사회에 있어서 이러한 남녀평등의 실현에 있어서 중요한 이정표가 된 것이 '미투 운동'이며 특히 그 중요한 예가 2018년 서지현 검사가 일으킨 미투 운동의 본격화라고 할 것이다. 이러한 맥락에서 2018년 이후 진행된 미투 운동의 본격화는 한국사회에 있어서 실질적 민주화에 있어서 중요한 진전이라고 할 것이다. 이제 이러한 미투 운동의 진행을 자세히 보도록 하자.

2007년 미국에서 본격화한 미투 운동은 2008년 초 이후 한국사회에서도 본격화하였다. 미투 운동이란 성희롱을 당한 여성이 자신의 피해 사실을 사회에 공개함으로써 가해자 남성에 대한 처벌을 요청하는 운동을 말한다.

한국사회에서의 미투 활동의 시작은 미투 운동이 시작되기 전인 1993년에 서울대학교의 우 조교가 자신의 지도 교수인 신 교수의 자신에 대한 성추행과 보복성 재임용 탈락 사실을 교내에 대자보로 알린 일이었다. 이 일은 한국사회에서 처음으로 공론화된 조직 내 성희롱 사건으로 크게 주목받았다. 그리하여 이 사건은 변화의 시작을 알리는 역할을 하였다. 그러다가 2017년에 많이 알려진 최영미 시인이 문단의 거목인 고은 시인의 성폭력을 지칭하는 시 〈괴물〉을 잡지에 게재 하면서 사회적으로 큰 반향을 일으켰다.

한국사회에서 미투 운동이 본격화한 것은 2018년 1월에 서지현 검사가 검찰 내부망에 자신이 전 검찰 간부 안태근으로부터 성추행을 당한 일을 올리고 또 JTBC뉴스룸에도 출연하여 같은 내용을 밝힌 것이 계기가 되었다. 이를 계기로 국민들이 성폭력 문제의 중요성을 인식하기 시작하였고 많은 성폭력 피해자들이 자신들의 경험을 공개하기 시작하였다. 2월에는 문재인 대통령이 미투 운동을 적극 지지하며 관련되는 사건들도 적극 수사토록 하겠다고 밝혔다.

이러한 미투 운동은 마치 들불과도 같이 한국사회의 전 분야에 빠르게 확산되었다. 곧 수많은 여성들의 피해 사실 공개가 마치 화산이 폭발하듯이 터져 나왔다. 문학계, 영화계, 연극계, 체육계, 정치계, 종교계, 학교, 검찰 등 행정부, 군, 경찰, 기업 등 모든 분야에서 여성들의 피해 사실 공개가 이루어졌고 이에 따라 가해자들로 지목된 남성들의 은퇴와 퇴출, 재판과 유죄 판결 및 심지어는 자살 등이 뒤따랐다. 특히 가해자로 지목된 사람들 가운데는 문학계의 거목 고은, 연극계의 거물 이윤택, 국제영화제 수상 감독 김기덕, 수많은 작품에 출연한 연기자 조민기, 충남도지사 안희정, 서울 시장 박원순 등 주요 인사들이 있었다.

이러한 미투 운동의 영향으로 미투 관련 법안들도 만들어지고 각 기관마다 성범죄 피해 신고 담당 조직도 확충되고 법원의 판결도 종전에 비해 보다 적극적인 자세를 보이게 되었다. 그러나 각 조직이 조직 내 성폭력 신고에 대하여 아직도 미온적인 태도를 보이고 있으며 또 성폭력 피해 신고자들이 조직에서 제대로 보호받지 못하거나 사회적으로 2차 가해를 받는 상황이 발생하기도 한다. 그리하여 군에서 보듯이 신고자가 2차 피해를 입어 자살을 하는 경우가 발생하고 있으며 많은 경우에 신고자들이 조직 내에서 여러모로 불이익을 당하는 경우가 많다. 그런가 하면 남성들 가운데 미투 운동에 대하여 여전히 비판적인 기류가 형성되어 있기도 하다. 이리하여 현 단계에서 한국사회의 미투 운동은 아직 제대로 자리 잡지 못하고 또 시행착오를 경험하는 상황에 있는 것으로 생각된다.

그러나 중요한 것은 한국사회는 이제 미투 운동 이전과는 확연하게 다른 양상을 보이고 있다는 점이다. 이제 한국 남성들은 여성들을 대할 때에 자신의 행동이 여성에게 성희롱 또는 성폭력으로 받아들여지지 않도록 조심하게 되었다는 점이다. 곧 2018년 서지현 검사의 결단으로 미투 운동이 촉발되자 마치 봇물이 터지듯 여성들의 피해 공개가 넘쳐 나온 것은 한국사회가 참으로 오랫동안 남성들의 여성에 대한 성희롱 및 성폭력을 일상처럼 자행하여 왔고 또 여성들은 자신들의 피해에 대하여 항의하기는 고사하고 공개하지도 못하며 일방적으로 당해 왔다는 점을 웅변하고 있다고 할 것이다.

역사 이래 오랫동안 한국사회는 남존여비의 남성 중심 사회였다. 동시에 집단주의적 위계질서가 지배하는 사회였다. 그렇기 때문에 가정과 사회적 조직에서 남성이 여성에 비해 우대받고 또 남성이 권력을 행사하고 여성은 이에 굴복하는 상황이 지속되어 왔다. 이러한 상황에서 사회적 강자인 남성들이 사회적 약자인 여성들에 대하여 성폭력을 저지르는 경우가 많았고 여성들은 피해를 당하고도 이를 공개하고 항의하는 경우가 거의 없었다. 왜냐하면 여성들이 이를 공개하고 항의하더라도 가해 남성들에 대한 처벌이 제대로 이루어지지 않았기 때문이다. 그리고 어떤 경우에 용감한 여성이 이를 공개하고 항의하는 경우에는 가해 남성에 대한 처벌이 이루어지지 않을 뿐만 아니라 이를 문제화한 여성은 예외 없이 그가 속한 조직과 사회로부터 오히려 불이익이나 보복을 당해 왔던 것이다. 또한 한국사회의 문화가 성과 관련된 사항은 가급적 표면화하지 않았고 특히 여성들의 경우에는 더욱 그러하였기 때문에 성폭력 피해를 입은 여성들이 이를 공개하기가 어려운 분위기였다. 그렇기 때문에 한국사회에서는 오랫동안 여성들은 일방적으로 남성들에게 성범죄를 당하고도 이에 대항하지 못하고 희생당하고만 있었다.

그리고 우 조교의 문제 제기 이후 20여 년이 지나서야 한국사회가 이 문제에 대하여 본격적으로 대처한 이유는 무엇일까? 그 이유는 한국의 남성들이 이 문제의 성격과 중요성을 이해하게 되는 데에 20여 년이 걸렸기 때문이다. 곧 한국 남성들이 여성들을 동등한 인격과 권리를 가진 존재라는 점과 그럼에도 불구하고 여성들이 남성과 동등한 사회적 법률적 권리를 누리지 못하고 있다는 점과 또 남성들이 여성들의 성을 착취해 왔다는 점을 인식하는 데 20여 년이 걸린 것이다. 또한 여성들도 자신들의 인격적 성적 존엄성을 보장받기 위하여는 자신들의 피해를 적극적으로 공개하고 이의 시정을 위하여 노력해야 함을 알고 실천하는 데 20여 년이 걸린 것이다.

이러한 한국 남성들과 여성들의 의식의 변화는 크게 보아 한국사회에 있어서 민주주의 의식의 진보라고 볼 수 있는 것이다. 그리고 이를 반영한 여성들의 성폭력에 대한 사회적 대처는 한국사회에 있어서의 실질적 민주화의 중요한 예라고 할 것이다. 곧 앞에서 여러 번 논의한 바와 같이 한국사회에 있어서 1988년 제6공화국의 출발과 함께 국민의 대통령 선택권이 회복된 것으로서 제도적 민주화가 이루어지고 다음 단계로서 2017년 박근혜 대통령 탄핵으로 실질적 민주화 시기로 들어섰는데 이는 국민과 정권과의 정치적 권력 관계를 내용으로 하는 것이다. 그리고 이러한 국민과 정권 간의 정치적 권력관계의 설정이 국가체제에 있어서 핵심적인 내용이다.

그러나 민주주의는 개인의 기본적 자유의 보장과 국민들 사이의 평등 보장이라는 국민들 간의 관계 설정도 중요한 내용이 되는 것이고 이러한 국민들 간의 관계 설정이 적절한 법에 의하여 규정되고 또 법치를 통하여 실천되는 것이 실질적 민주화의 중요 내용이 되는 것이다. 이러한 관점에서 볼 때 2018년 미투 운동의 본격적인 활성화는 한국사회의 실질적 민주화에 있어서 매우 중요한 진행이라고 할 것이다. 그리고 이러한 진행은 이른바 '갑을 관계'에 있어서의 공정성 보장 등 한국사회에 있어서의 모든 분야로 확장되어야 할 것이다. 이것이 한국사회에 있어서의 실질적 민주화의 실천을 의미하는 것이라고 하겠다.

그리고 참고 삼아 덧붙여 말할 것은 한국에서의 미투 운동의 영향력은 가해 남성들의 지명도나 그 남성들이 받은 사회적 법률적 귀책의 정도 그리고 남성들의 여성들에 대한 행동 변화 효과의 크기 등으로 미루어 볼 때 아마도 세계에서 가장 큰 편이라고 할 것이다. 다시 말하거니와 한국사회는 남성과 여성의 관계에 있어서 미투 운동 이전과 그 이후가 확연하게 차이를 보이고 있는 상황이다.

또한 미투 운동이 이 운동의 진행을 지켜본 성폭력 피해자들의 우울감을 크게 떨어뜨렸다는 연구결과도 발표되었다.[15] 이 연구에 의하면 2018년 1월의 서지현 검사의 언론 인터뷰를 기준 시점으로 분석한 결과 성폭력 피해 경험이 있는 여성들은 성폭력을 겪지 않은 여성들에 비해 CESD(우울척도)가 1.64점 낮아졌는데 이는 같은 자료에서 실직으로 인한 CESD 상승치가 0.43점인 것에 비교할 때 절댓값이 네 배 가까운 큰 변화이다. 곧 미투 운동이 성폭력 피해를 경험한 여성들의 우울감을 크게 낮추어 준 것이다.

그러나 이러한 진전에도 불구하고 한국사회에서는 많은 경우에 성폭력 피해를 고발한 여성들에 대한 2차 피해가 발생하여 피해 여성들이 자살하는 예가 발생하고 있으며 또 남성들이 미투 운동을 포함한 페미니즘에 대하여 조직적으로 반대하는 현상이 발생하고 있는 실정이다. 이러한 현실은 한국사회에서 남녀평등과 실질적 민주화의 앞길이 쉽지 않음을 보여 주고 있다고 할 것이다.

실패: 보수 대 진보진영의 과격한 대립

우리는 앞에서 박근혜 대통령의 탄핵에서부터 한국의 민주화는 제도적 민주화 시기를 너머 실질적 민주화 시기에 들어섰음을 논의하였다. 그런데 이러한 실질적 민주화 시기인 문재인-윤석열 정권에 이르러 한국사회에서의 보수와 진보진영의 관계에서 우선적으로 눈에 띄는 특징이 두 진영 간 대립의 격렬성이다. 이 두 진영은 서로 상대방에게 강한

---

15) 김청아 '사회운동과 한국의 성폭력 생존 여성들의 정신건강, 2012-2019', (Ameriican Journal of Public Health 112, no 9, Sept 1, 2022), 한국일보 2022. 8. 15. 자에서 옮김.

적대감을 표시하고 있다.

여기에서는 보수진영 인사들이 진보진영에 대한 표현의 예를 보도록 하자. 보수진영의 전광훈 목사는 진보정권의 문재인 대통령 재임 시 문재인을 공개적으로 '간첩'이라고 말하고 '대한민국을 공산화하려 한다'고 말하기도 하였다.[16] 그리고 류근일 전 조선일보 주필은 윤석열 국민의힘 후보자가 2022. 3. 9. 대통령에 당선된 다음 날 신문 기고문을 통하여 보수진영의 대통령 선거 승리가 '더 치열한 싸움의 시작일 뿐'이며, '주사파를 박멸할 '자유민주 시민혁명' 전투대형을 짜야' 하며, '자유인들이여, 깨어나자, 싸우자, 이기자! 자유는 그것을 위해 목숨을 바치는 자에게만 주어지는 값비싼 과실이다.'고 쓰고 있다.[17]

이렇게 보수진영 강경파들은 진보진영에 대하여 대단한 적대감을 표시하고 있다.

그런데 대체로 보아 진보진영의 보수진영에 대한 비판은 보수진영의 진보진영에 대한 비판의 경우에 비해 기회가 적고 표현도 약한 편이다. 예를 들어 보수진영의 집회의 경우에는 이른바 '태극기 부대'의 집회가 있지만 진보진영에는 이에 필적할 만한 집회 집단이 없다. 한편 진보진영의 보수진영에 대한 표현으로는 '수구(守舊) 꼴통'이 있다. 그런데 전반적으로 보아 진보진영의 강경파들이 보수진영에 비하여 그 수가 적고 활동도 활발하지 못한 것은 강경파 진보진영에 대하여 역대 보수정권들이 간단없이 탄압하고 2014년에는 헌법재판소가 통진당을 종북 성향이 있다고 해산 결정을 내리는 등 그 활동이 크게 제약을 받아 왔기 때문이

---

16) 그는 이러한 발언으로 명예훼손 혐의로 재판을 받았으나 대법원으로부터 2022. 3. 무죄 판결을 받았다.

17) 인터넷 NewDaily, 2022. 3. 10.

다. 그리고 대다수 국민들도 반공의식으로 인해 강경파 진보진영에 대하여 비호의적인 태도를 보이기 때문이다.

그러나 진보진영에는 조합원이 100만 명에 이르고 투쟁력이 강하며 과격한 행태를 보이기도 하는 민노총(전국민주노동조합총연맹)이 있다. 그런데 민노총은 노동조합이라는 성격상 노동권 투쟁을 기본 활동으로 하는 단체로서 매우 강경한 투쟁 방식을 실천하고는 있지만 직접적으로 정치적인 활동에 집중하지는 않고 있는 편이다. 그러나 정치적인 입장은 비교적 강경한 편이다. 그리하여 보수진영에 대하여는 강한 적대감을 보이고 있다.

이와 같이 보수 진보 두 진영의 강경파들은 상대 진영에 대하여 강한 적대감을 보이고 있다. 그런데 두 진영의 온건파들은 강경파에 비해 상대 진영에 대하여 상대적으로 약한 적대감을 보이고는 있지만 두 진영 모두 강경파들이 시위나 의사 표현에 적극적이기 때문에 득세를 하고 발언권이 강한 인상을 주고 있다. 그런데 문제는 두 진영의 온건파들도 심정적으로는 강경파에 동조하고 있는 실정이라서 전체적으로 한국사회에 있어서 보수 진보 두 진영 간의 적대감은 상당히 강한 것으로 생각된다.

그런데 자신의 정치 성향에 대한 조사 결과를 보면 자신을 중도층 또는 온건파(다소 보수 또는 다소 진보)라고 응답하는 사람들의 구성비가 크게 나오고 자신을 강경파(매우 보수 또는 매우 진보)라고 응답하는 사람은 매우 적은 실정이다.

이제 한국행정연구원이 실시한 '2020 사회통합 실태조사' 결과를 보도록 하자. 이 조사에서 자신의 이념성향을 묻는 질문에 대한 응답자의 비율을 보면 2020년 현재 자신을 '매우 보수'라고 생각하는 응답자의 비율은 3.6%, '다소 보수'의 비율은 22.1%, '중도'의 비율은 47.6%, '다소 진보'의 비율은 24.0%, '매우 진보'의 비율은 2.8%로서 '보수' 합계가 25.7%, '중도'가 47.6%, '진보'가 26.8%를 보이고 있다.

이 조사 결과를 보면 '중도'가 보수나 진보에 비해 비율이 20% 포인트 이상이나 크고 또 강경보수와 강경진보의 비율은 3% 내외에 지나지 않는 것이다.

그러나 현실적으로는 자신들이 온건보수 또는 온건진보라고 생각하는 사람들도 실제에 있어서는 강경보수 또는 강경진보와 같은 입장을 보이고 있으며, 또한 50%에 가까운 비율을 보이고 있는 중도층도 확실하게 보수 또는 진보의 행태를 보이고 있는 것으로 보인다. 그리고 앞에서도 말한 바와 같이 온건보수나 온건진보라는 사람들도 실제에 있어선 강경보수나 강경진보와 심정적으로 동조하고 있는 것으로 생각된다. 그리하여 실제 정치 사회적 문제들에 대한 여론조사 결과들을 보면 중도층의 존재감은 별로 나타나지 않고 있다. 이러한 점 이외에도 특히 강경보수 쪽이 시위 등 의사 표시에 적극적으로 나서고 있어서 그 존재감이 크게 보이는 면도 있다고 하겠다.

이렇게 한국사회의 보수진영과 진보진영의 대립에 있어서는 극단적 보수(극우)와 극단적 진보(극좌) 간의 대립이 살벌한 분위기를 보이는 가운데 온건보수와 온건진보 그리고 중도 집단의 존재감은 약하게 보이고 있다. 특히 보수진영의 경우에는 극우파가 보수진영을 주도하고 있는 실정이라고 하겠다.

그리고 이러한 보수와 진보진영 사이의 과격하고도 적대적인 대립은 한국사회의 민주주의에 있어서 우려스러운 양상이라고 할 것이다. 왜냐하면 보수진영과 진보진영 가운데 극단적인 집단들은 상대방을 서로 상대방의 존재를 인정하고 대화하여야 할 존재로 보기보다는 오히려 상대방을 증오하고 없어져야 할 존재로 보고 있기 때문이다. 특히 보수진영은 극우 집단이 주도적 역할을 하면서 진보진영 전체를 적대시하고 있는 실정이다. 그리고 이는 민주공화국의 건설을 극히 어렵게 하고 있는 것이다.

이와 같은 박근혜 탄핵 이후 실질적 민주화 시기에 들어간 한국사회의 진행이 보이고 있는 보수 대 진보의 양극화 현상 곧 보수진영과 진보진영의 적대적이고도 과격한 대립은 실질적 민주화 시기에 있어서 실패의 측면이라고 볼 수 있으며 앞으로 해결해 나가야 할 과제라고 할 것이다.

2부

현 단계 한국사회에 대한 이해와 대응

1부에서 우리는 정부 수립 이후 오늘에 이르기까지 각 기간별로 한국 사회의 진행의 내용을 살펴보았다. 이제 2부에서는 이러한 진행을 보인 현 단계 한국사회를 어떻게 이해할 것인가 하는 문제와 다음으로는 이에 대하여 어떻게 대응할 것인가 하는 문제를 논의해 보고자 한다.

먼저 여기 6장에서는 현 단계 한국사회 상황을 민주주의를 비롯한 여덟 개의 주제를 택하여 차례로 살펴보고자 한다.

6장

현 단계 한국사회의 상황

1. 민주주의: 정부 수립 70년 만에 실질적 민주화 단계로

먼저 1948년에 남한이 해방 이후 3년 동안의 혼란을 거쳐서 정부 수립과 함께 성취한 민주주의 체제의 국가체제 도입 이후의 경과를 보자.

1945년 8월의 해방과 함께 한반도는 38도선 이북은 소련군이 진주하고 38도선 이남은 미국이 진주함으로써 실질적으로 남북한이 분단된 상황이 되었다. 그런데 북한 지역에선 소련군이 지원하는 공산당 세력이 빠르게 주도권을 잡은 반면 남한 지역에선 통일을 추진하는 세력과 민주주의 세력 그리고 공산주의 세력이 혼재되어 있었다. 더욱이 미국과 소련 등 전승국들의 한반도 장래에 대한 논의도 뒤엉키어 혼란스러운 상황이 진행되고 있었다. 그러는 가운데 개성이 강하고 노회하며 미군정 입장에서도 버거운 상대이면서 강경한 반공산주의 사고를 가진 이승만이 남한에 민주주의 단독 정부를 세워야 한다며 치고 나감으로써 정치적 주도권을 장악하고 미군정의 지원과 함께 1948년에 남한에 민주주의 체제의 정부를 세우기에 이르렀다. 이에 따라 김일성을 수반으로 하여 한반도에 연정 형태를 취하면서 공산 진영이 실권을 쥐는 통일정부를 가지기를 기대하였던 공산 진영도 남한 정부의 뒤를 따라 북한에 공산주의 체제 단독 정부를 세우게 되었다. 그리하여 한반도에 남북 분단이 공식화되기에 이르렀다.

이와 같이 남한의 민주주의 체제 국가의 출범에는 이승만이 결정적인 역할을 담당하였다. 그러나 이렇게 출발한 한국의 민주주의는 이후 순조롭게 발전하지 못하였다. 그리고 이렇게 남한의 민주주의 발전이 제대로 진행되지 못한 이유로는 두 가지가 있다.

첫째, 전쟁 때문이라는 점이다. 곧 남한 침공을 계속 준비해 온 북한이 남한 정부 수립 2년도 채 되지 않은 1950년 6월에 남한을 전면 남침한 6.25동란을 일으켰기 때문이었다. 전혀 준비가 안 되어 있던 남한은 미군을 비롯한 UN군의 참전으로 겨우 패전을 면하고 3년 동안의 전쟁을 치렀으며 전쟁을 통하여 수많은 인명 피해와 물적 피해를 받게 되었다. 그리고 전후에는 전쟁 기간보다 훨씬 장기간에 걸쳐서 전쟁 후유증의 처리와 전후 복구에 전적으로 매달릴 수밖에 없었다. 이러한 상황에서는 국가로서의 정상적인 기능 발휘가 지극히 어려웠으며 민주주의가 정상적으로 발전해나가는 것 또한 거의 불가능하였다고 할 것이다.

둘째, 이승만 독재 때문이라는 점이다. 곧 이승만은 정부 구성 초기에는 자신의 정권 장악을 위하여, 그리고 다음에는 6.25동란으로, 그리고 전쟁 이후에는 자신의 장기집권을 위하여 그의 집권 기간 12년 동안 독재를 실시하였다.

이승만은 민주정부 수립과 대통령 취임 과정에 있어서는 다른 인물을 생각할 수 없는 절대적인 존재였지만 정작 정당과 국회에서의 견고한 지지 세력은 없었다. 그리하여 그는 자신의 정치 권력을 장악하기 위하여는 경찰과 군을 포함하여 행정부를 장악하고 이들을 이용하려고 하였다. 이를 위하여 그는 스스로가 일제로부터 혹독한 탄압을 받은 강한 반일주의자임에도 불구하고 경찰과 군 그리고 행정부 구성에 있어서 친일 행위자를 중용하였던 것이다. 그리고 이들의 보호를 위하여 앞에서 보았듯이 반민특위 강제 해체와 같은 친일 행위에 대한 심판을 중단시킨 것이다. 이를 통하여 이승만은 독재를 실행하였던 것이다.

이어서 6.25동란 중에는 자신의 대통령직 계속을 위하여 자신을 위하여 자유당을 만들도록 하였고 또 국회에서 선출하도록 되어 있는 대통령 선출 제도를 국민 직선제로 바꾸기 위하여 강제력을 동원하여 개헌을 자행하였다. 이 과정에서 군과 경찰을 동원하여 국회를 무력화시키며 대놓고 독재를 실시하였다. 전쟁이후에도 계속하여 자신의 장기집권을 위하여 억지로 개헌을 시행하였고 독재를 계속하였다. 그리하여 12년에 걸친 그의 집권은 독재와 무능으로 특징지어졌다. 급기야는 대통령 부통령 선거에서 정권과 행정부 전체를 동원하여 부정선거를 치룸으로써 결국에는 1960년 4월 4.19학생혁명으로 대통령직에서 물러나게 되었다. 그리고 이승만의 하야로 신생국 한국의 1공화국은 비정상적으로 끝이 났다.

이승만 독재를 끝낸 4.19학생혁명은 한국의 민주주의가 국가의 기본적인 체제이며 이를 위해서는 국민들이 생명의 희생도 마다하지 않음을 보여 주었다. 실제로 4.19혁명에서 시위에 나선 학생 및 시민들 가운데

200명 가까운 인원이 경찰의 발포로 희생되었다. 그리하여 한국사회에서 헌법이 정한 민주공화국의 정체는 단순히 한국사회가 지향하는 이상을 선언한 데 그치지 않고 이를 위하여는 국민들이 생명을 희생을 감수할 준비가 되어 있는 기본적인 가치이자 목표임이 실증되고 또 확립되었다.

그런데 4.19혁명 1년 뒤 1961년 5월에 박정희 소장에 의한 군사쿠데타가 발생하여 한국사회는 민주주의 체제가 회복된 지 1년 만에 다시 독재체제로 되돌아가게 되었다. 그럼에도 불구하고 한국사회는 군사쿠데타에 대하여 반대와 저항의 움직임이 있기보다는 오히려 일부에서 환영하는 태도를 보여 여러 도시에서 군사혁명 시민환영대회를 열기까지 하였다. 전체적으로는 한국사회는 군사쿠데타에 대하여 이를 용인하는 태도를 보였다.

이렇게 1년전 4.19혁명 때는 생명의 희생까지 감수하며 민주주의를 위한 시위에 참여하였던 학생 및 시민들이 군사쿠데타에 대하여는 이를 용인하는 듯한 태도를 보인 이유는 무엇보다도 민주당 정권이 국민의 여망인 경제개발의 추진에 총력을 기울이는 대신 장면 총리가 대표하는 신파와 윤보선 대통령이 대표하는 구파로 분열하여 오로지 정권 장악을 위한 정쟁에 몰두함으로써 국민들에게 큰 실망을 주었기 때문이었다. 다음으로는 무정부 상태를 방불케 하는 혼란상에 대학생들이 북한 대학생들과 통일에 대하여 의논하겠다는 등 자유가 넘쳐 나는 상황이 반공태세를 약화시키고 있다고 국민 대다수들이 불안하게 생각하였기 때문이었다.

이러한 혼란과 불안이 만연한 상황에서 군사쿠데타 세력은 반공을 제일가는 국가 이념으로 내세우면서 치안 질서를 확립하여 사회를 안정화한 다음에는 곧바로 경제개발 추진에 국력을 집중함으로써 민심의 지지를 얻었다. 그리고 1962년부터 시작된 1차 5개년 계획의 성공은 박정희에 대한 국민의 지속적인 지지로 이어졌다.

그러나 박정희도 이승만의 전철을 밟아 장기집권의 길로 들어서서 1969년에 3선개헌을 무리하게 추진하였다. 이후에는 중앙정보부를 하수인으로 하여 거침없이 독재를 시행하였다. 예를 들어 1971년에 국회에서 여당인 공화당의 실권자 몇 사람이 야당이 제출한 오치성 내무부장관의 해임안에 동조하여 자신의 의사에 반하여 찬성하여 해임안이 통과되자 격노한 그는 중앙정보부장 이후락에게 지시하여 해임에 찬성한 공화당 의원 20여 명을 중앙정보부에 잡아가서 두들겨 패게 하였고 주동자 두 사람을 정계에서 은퇴시키는 민주주의 국가에서는 있을 수 없는 작태를 저질렀다. 그리고 다음 해인 1972년에는 불법으로 유신체제라는 시대착오적 독재체제를 만들어 종신 독재를 시행하였다. 이로써 한국의 민주주의는 내용적으로는 물론 외형적으로도 사라지게 되었다. 그리하여 박정희가 바로 국가였고 이제는 박정희가 대한민국을 위해 있는 것인지 대한민국이 박정희를 위하여 있는 것인지 알 수 없는 상태가 되어 버렸다. 이에 따라 박정희는 중앙정보부를 통한 공포 정치로 국가를 다스렸다. 한 가지 예로 1973년에는 서울대학교 최종길 교수가 중앙정보부에서 고문으로 사망하였다. 그런데도 중앙정보부는 최 교수가 죄를 자백하고 양심의 가책으로 자살하였다고 발표하였다.

이렇게 민주주의가 사라진 상황에서 젊은이들이 절망감과 저항의 의미로 자신의 생명을 포기하는 일들이 간단없이 벌어졌다. 그러는 가운데 박정희의 유신체제는 생각지도 못하던 방식으로 무너졌다. 곧 박정희의 심복이라고 할 김재규 중앙정보부장이 1978년 10월 박정희를 살해한 것이다.

그러나 박정희의 사망과 유신체제의 몰락으로도 한국의 민주주의는 회복되지 못하고 보안사령관인 전두환을 중심으로 한 이른바 신군부 집단이 불법으로 계엄사령관 정승화 육군참모총장을 체포하고 나아가선 민주주의를 요구하는 광주 시민들을 학살하면서 정권을 장악하였다. 그리하여 한국사회는 박정희의 19년 군사독재에 이어 전두환의 8년의 군사독재로 모두 27년의 군사독재를 경험하게 되었다.

전두환 집단의 집권은 1979년 12.12군사반란과 1980년 5.17내란, 그리고 이에 민주주의를 요구한 광주 시민에 대한 학살로 이루어졌고 이후 전두환의 대통령직 7년 후 1987년 국민들의 민주화 요구에 대한 굴복으로 끝이 났다. 그런데 전두환의 집권은 그 시작부터가 한국 현대사의 비극이었고 한마디로 전두환 정권은 '태어나지 않았어야 할 정권'이었다. 박정희의 사망으로 한국 국민은 이제 드디어 군사독재가 끝나고 민주주의가 회복될 것으로 생각하였다. 왜냐하면 국민들의 군사독재에 대한 혐오가 엄청났고 또 박정희를 이을 독재체재의 가능성도 눈에 보이지 않았기 때문이었다.

그러나 이러한 국민들의 예상을 뛰어넘는 사태가 벌어졌다. 곧 박정희가 총애하여 특별히 키워 온 전두환 보안사령관이 육군참모총장을 체포한 것이다. 전두환 집단의 이 행위는 후에 대법원에 의하여 군사반란으로 판결받았다. 더욱 놀라운 일은 전두환 집단이 1980년 5월 17일에 비상계엄을 전국에 확대하고 국회를 해산시키자 광주 학생과 시민들이 민주주의를 요구하며 시위를 벌이자 공수부대를 보내어 잔인하게 진압하고는 이에 분노한 광주 시민들이 희생을 각오하고 저항하자 자기 나라 국민들을 마치 전쟁터에서 적군과 전쟁하듯이 공격하고 사살해 버린 것이다. 이는 말 그대로 전두환 집단의 민간인 학살이었다. 이로 인해 수백 명 이상의 광주 시민 등이 사망하였다.

광주 학살은 한국 현대사의 비극이었다. 당시 전두환 집단은 살기등등하여 자신들의 정권 장악을 위하여는 민주화를 요구하는 국민들을 대량 학살한다는 사실을 여실히 보여 주었다. 이는 유신 독재자 박정희도 저지르지 않은 잔인한 범죄행위였다. 광주 학살의 비극성은 도저히 있을 수도 없고 또 일어날 필요도 없었다는 점에서 그 비극성이 깊다고 하겠다. 그럼에도 불구하고 전두환 집단은 이러한 인명 희생에는 신경도 쓰지 않고 기세등등하여 허수아비 노릇을 하는 최규하 대통령을 물러나게 하고는 유신헌법 절차를 따라 선거인단 선거를 통하여 전두환이 대통령이 되고 또 헌법을 개정하여 역시 선거인단 선거를 통하여 6공화국의 대통령이 되었다. 이렇게 한국의 민주주의는 전두환 집단의 집권욕으로 인해 수많은 인명의 희생을 초래한 채 가시밭길을 헤쳐 가게 되었다. 이러한 전두환 집단의 정권 장악 과정에서 조선일보와 동아일보 그리고 KBS와 MBC는 전두환의 집권에 앞장섰으며 개신교 지도자 목사들은 전두환이 대통령도 되기 전에 그를 위하여 축복기도회를 열었다.

그리고 전두환이 6공화국 대통령이 된 이후에 희극적인 상황이 전개되었다. 곧 대다수 국민들이 전두환 정권에 대하여 정당성이 없는 정권이라고 생각하고 있는 데 반해 그의 집권에 앞장섰던 언론이 계속하여 전두환 찬양에 매진하는 가운데 전두환 본인도 자신이 정치를 매우 잘하고 있다고 생각하는 듯 만족하고 의기양양한 태도를 보이고 있었다는 점이다.

그러나 1987년에 전두환이 12.12쿠데타에서부터 전두환 집단의 2인자 노릇을 충실히 해 온 노태우를 그의 후계자로 택하고 5공화국을 유지하려고 하자 6월에 들어서서는 전국적으로 대통령 직선제를 요구하는 시위가 폭발하였다. 이 시위에는 민주화 추진 단체와 대학생들만이 아니라 이른바 '넥타이 부대'라고 불리게 된 사무직 노동자 등 중산층까지 참여하였다. 급기야는 군대를 동원하겠다는 전두환의 위협에도 불구하고 민주화 시위가 계속되는 가운데 전두환은 국민들의 민주화 요구에 굴복하여 대통령 직선제 개헌을 받아들이게 되었다.

이 '6월 항쟁'의 결과로 5년 단임의 대통령 직선제를 핵심으로 하는 개헌이 이루어졌다. 이어서 대통령 선거가 시행되어 1988년 2월 노태우가 6공화국 첫 대통령에 취임함으로써 한국의 민주주의는 1948년 남한의 민주주의 정부 수립 이후 40년 만에 제도적 민주화를 이룩하게 되었다. 곧 한국사회는 처음으로 민주주의적 헌법의 제도적 내용이 형식적으로는 실행이 되는 단계로 들어서게 된 것이다. 그리고 여기에는 국민의 정권 선택권의 보장이 그 핵심 내용이 되는 것이다.

그러나 이러한 제도적 민주화가 이루어졌음에도 불구하고 대통령을 비롯한 주요 공직자들이 실제적으로도 법에 따라 권한을 행사하는 법치가 제대로 이루어지는 단계에는 이르지 못하였다. 그리고 한국사회는 6공화국 출범 곧 제도적 민주화 실행 30년이 지난 2017년에 현직 대통령 박근혜가 헌법과 법을 제대로 지키지 않은 이유로 탄핵을 통하여 대통령직에서 파면되는 사태가 발생함에 따라 민주화의 마지막 단계라고 할 실질적 민주화 단계로 들어서게 되기에 이르렀다. 이에 따라 한국사회는 민주주의 성숙 단계가 시작된 것이다. 그리고 이는 한국사회가 1948년에 민주주의 체제의 정부를 수립하고 70년 경과한 시기이다.

2. 경제개발 성공: 역사적 성취로 국가 발전의 토대 마련

한국의 경제개발은 1961년 박정희가 군사쿠데타로 정권을 잡고 이를 추진함으로써 시작된 것이다. 그리고 한국은 박정희의 주도 아래 1960년대와 1970년대를 통하여 이러한 경제개발에 성공함으로써 세계적으로 드물게 빈곤국에서 벗어나게 되었고 오늘날의 선진국이 되는 토대를 마련하였다. 따라서 박정희가 집권한 1961년부터 1979년까지 19년 동안의 기간은 경제적인 성과와 의미에 있어서 한국 역사에 있어서 가장 중요한 성과를 이룬 시기였다고 할 것이다.

곧 이 기간 중 높은 경제성장률을 보이면서 1인당 국민총소득(명목)이 1960년에 80달러에서 1979년에는 1,700달러 수준으로 크게 증가하였다. 그리고 경제구조에 있어서도 전통적인 농업 중심 경제를 탈피하여 근대적인 산업 경제로 들어서게 되었다. 또한 이러한 고성장 경제개발이 수출 주도 성장을 통하여 이루어짐으로써 이후 오늘에 이르기까지 한국경제가 대외 개방적 경제구조를 가지게 되었다. 이렇게 박정희 시대를 통하여 한국경제는 역사상 유일한 단계인 경제개발에 성공한 것이다.

물론 당시 한국이 이룩한 경제적 성과는 한국 국민 전체가 함께 노력한 결과이지만 기간 동안 한국을 이끌며 경제개발을 진두 지휘한 박정희의 공로는 역사적인 업적이라고 불 수 있다. 한국 국민 모두에게 있어서 가난을 극복하는 것은 개인적으로나 국가적으로 절대적으로 중요한 과제였다. 그러나 박정희 시대 이전까지는 정부가 경제개발을 국가의 최우선 정책으로 명확하게 제시하고 또 이를 실현하기 위한 종합적인 경제개발계획을 발표하고 이러한 계획을 추진할 정부 체제를 구성하는 노력과 태도를 보이지 못하였다.

12년 동안 집권한 이승만 정권은 6.25동란의 피해 복구와 정권 장악에 급급하였고 장면 정권은 1년이 못 되어 군사쿠데타로 무너짐에 따라 잘살아 보고자 하는 국민의 열망에도 불구하고 경제개발이 추진될 기회가 없었는데 박정희 정권은 정권을 잡자마자 장면 정부가 준비한 경제개발계획을 기본으로 하여 경제개발을 추진하였다. 그리고 국민들이 이에 적극 참여하는 가운데 한국의 경제개발이 시작되었고 또 1960년대와 1970년대 기간 중 이에 성공한 것이다.

그리고 이러한 박정희 시대의 경제개발 성공은 한국 국민들로 하여금 한국 역사상 처음으로 '우리도 잘살 수 있다'는 자신감과 국가의 미래에 대한 희망을 가지도록 하였다. 이렇게 하여 한국사회 전체는 '성장지상주의'에 빠져들게 되었으며 박정희 정권은 '선 성장-후 분배'를 내세웠다. 그리고 대다수 국민들은 경제성장을 위하여는 군사독재도 괜찮고 근로자 계층의 저임금도 어쩔 수 없다는 태도를 가지게 되었다.

그리하여 1960년대 말까지 국민 다수는 저임금에 형편없는 근로 조건에 시달리는 노동자 계층의 존재에 대하여는 이를 의식하지 않은 채 생활하였고 노동조합에 대하여도 무조건 비판적인 사고를 지니고 있었다. 한국사회가 노동자 계층의 존재에 대하여 주의를 기울이기 시작한 것은 1970년에 평화시장 봉재사인 전태일이 근로 조건 준수를 외치며 분신자살한 이후였다. 그러나 전태일 분신 이후에도 20년 가까이 군사독재체제 아래에서 노동자들의 권익은 무시되었고 노조활동은 박해를 받았다.

한편 한국경제는 박정희에 뒤이어 군사독재를 계속한 전두환 정권의 1980년대 후반과 이후 1990년대에도 경제개발이 계속 성공적으로 이어졌으며 인플레이션률이 연 10% 이하 수준으로 낮아지고 민간 부분의 자율화와 경제 개방화도 진전되어 경제가 성숙되었다. 그리하여 한국경제는 1960년 초 이후 경제개발이 시작된 이래 1997년의 외환위기 전까지 35년 동안은 연평균 경제성장률이 8-10%대의 고성장을 계속하였으며 1인당 국민총소득도 1만 3000달러로 중진국 수준으로 올라섰다. 그리고 군사독재체제가 무너지고 민주화가 진전된 1988년 6공화국 시대에 들어선 이후에는 노조활동에 대한 탄압도 없어지면서 노동자들의 실질임금도 빠르게 증가하여 노동자 계층도 경제개발의 성과를 제대로 받게 되었다.

이렇게 경제개발의 성공으로 세계적으로 가장 뛰어난 경제적 성과를 보여 왔던 한국은 1997년에 대기업의 도산이 이어지는 한국경제에 대하여 불안을 느낀 외국자본이 한국의 은행과 기업에 대한 투자와 대출을 중단하자 외환이 부족하게 되어 외국 차관에 대한 원리금 상환을 못 하게 되어 1997년 말에 외환위기를 겪게 되었다. 그리하여 IMF 등으로부터 긴급 구제금융을 받게 되고 그 조건으로 금리 인상, 은행과 재벌기업의 자기자본 확충, 긴축 재정 등을 시행하게 되면서 은행의 대출금 회수. 환율의 급격한 상승과 은행 합병, 종합금융회사의 폐쇄, 기업 도산과 실업 증가 등이 대규모로 진행되었고 1998년에는 경제성장률이 -5%를 기록하게 되었다. 이는 정부 수립 이후 6.25동란 다음으로 국가적인 위기였다.

그리하여 한국경제는 국민총소득(Gross National Income)과 1인당 국민총소득에 있어서 외환위기 이전인 1996년의 수준을 6년 후인 2002년에야 회복하였다. 그리고 연평균 경제성장률은 1980년대에 8%대에서

1990년대에는 7%대, 2000년대에는 4%대, 그리고 2010년대에는 3%대로 30년 이상 장기적으로 낮아지는 추세를 보이고 있다.

이렇게 외환위기 이후 한국경제의 성장률이 장기 하락추세를 보이고 있는 가운데 소득분배 상황 또한 장기적으로 악화되고 있는 추세를 보이고 있다. 곧 지니계수(도시가구 시장소득)는 1990년 0.266, 2000년 0.279, 2010년 0.315, 그리고 2016년 0.317로 계속 증가 추세를 보이고 있다.

이와 같이 한국경제는 경제개발의 성공으로 1960년 초 이후 35년간 장기적인 성장추세를 보인 이후에는 1997년의 외환위기를 분기점으로 하여 이후 장기적으로 성장률의 하락추세를 보이는 동시에 소득분배도 장기적으로 악화되는 추세를 보이고 있다.

그러나 세계적으로는 상대적으로 외환위기 이후에도 높은 경제성장률을 보여 2005년에는 국내총생산(Gross Domestic Product) 기준으로 세계 10위의 경제규모를 보이게 되었고 이후에도 계속하여 10위권 내외에 머물고 있다. 곧 한국은 1960년대 초에 경제개발을 시작한지 40여 년 만에 세계적으로 10위권의 경제대국이 된 것이다. 그리고 이러한 장기적인 경제성장을 반영하여 2021년 7월에는 UN무역개발협의회(UNCTAD)가 한국의 지위를 개도국으로부터 선진국으로 변경하였는데 이는 UNCTAD로서는 처음 있는 예이다.

이러한 한국의 세계적으로 뛰어난 경제적 성과는 박정희와 한국 국민들이 함께 노력하며 1960년대에 시작한 경제개발의 성공에서 시작된 것이라고 할 것이다. 그리하여 1980년대 말 이후에는 한국 국민들이 자신들이 잘살게 되었다는 것을 경험하며 생활하게 되었다. 곧 잘살아 보고자 한 한국 국민들의 염원은 1980년대 말에 이르러 실현을 보게 된 것이다. 그리고 한국은 2000년대에 들어 세계적인 경제대국의 위치에 서게 되었다.

3. 친일 행위에 대한 심판 실패: 보수진영의 반대로 과거사 정리 부진

1948년 정부가 수립되고 바로 「반민족행위 처벌법」이 제정되고 '반민족행위 특별조사 위원회'가 설치되어 활동을 시작하였지만 경찰을 비롯하여 정부 안에 많은 친일 행위자를 임용한 이승만 정권이 반민특위의 활동을 방해하고 다음 해에 경찰을 동원하여 이를 강제 해산을 시켰고 국회에서 반민특위법을 개정하여 친일 행위에 대한 처리를 중단시킴으로써 친일 행위에 대한 심판은 실패하였다.

이렇게 이승만 정권이 반민특위를 무력화시킴으로써 친일 행위에 대한 심판을 포기케 한 것은 이승만 정부와 경찰 등 각계에 친일 행위자들이 많아서 초기 정부의 기능을 정상화시키고 또 이승만이 자신의 권력을 공고히 하는 데 이들이 필요했고 더하여 남한의 공산주의 세력을 진압하는 일에 이들이 필요했기 때문으로 보인다.

이 당시 친일 행위에 대한 심판이 무산되었고 이후 2004년에야 「일제강점하 반민족행위 진상규명에 관한 특별법」이 제정되어 '친일 반민족행위 진상규명 위원회'가 2009년까지 모두 1,006명의 '친일 반민족행위자'를 지정하고 명단을 발표하였다. 이는 정부에 의한 공식적인 활동으로서 해방 후 60여 년이 지나서 이루어진 것이다.

한편 정부에 의한 친일 행위자 지정과는 별도로 민간에 의한 친일 행위자 지정 활동이 있었다. 곧 진보성향의 민간단체인 '민족문제연구소'가 역시 2009년에 4,776명의 친일 행위자를 지정한 《친일인명사전》을 발간하였다. 여기에는 위의 반민규명위원회가 지정한 명단에는 없는 박정희와 안익태를 포함하여 4배 이상의 많은 친일 행위자 명단이 수록되어 있다.

이렇게 해방 이후 정부 수립 때에 시도된 친일 행위에 대한 심판이 정부 스스로에 의해 실패한 문제는 한국사회에 여러 가지 의미를 주게 된다. 이를 보도록 하자.

첫째, 기본적으로 한국사회가 자신의 역사적 정통성을 대하는 태도에 있어서 결정적인 흠결을 스스로 만들었다는 점이다. 그리고 이러한 흠결은 이후 한국사회에 계속적으로 남아 있게 되었다.

곧 일제 시대는 한국역사에 있어서 처음으로 민족적 국가적 주체성을 완전히 잃은 식민지 시대였다. 더욱이 한국은 스스로의 능력이 아니라 외국의 힘에 의하여 이러한 식민지 상황에서 벗어날 수 있었다. 그렇기 때문에 한국은 일제 시대에 대하여 철저한 역사적 실증적 심판을 실행하여야 할 시대적 사명이 있었다. 그럼에도 불구하고 한국은 이 기회를 스스로 버렸다. 따라서 이후 한국사회는 자신의 역사적 정통성을 대하는 태도에 있어서 기본적인 흠결을 지니게 되었다. 한국사회는 역사의식이 매우 부족한 사회가 되어 버린 것이다.

이로 인하여 이러한 역사의식의 빈약성은 이후 한국사회에 지속적으로 자리 잡게 되었다. 곧 한국사회는 암묵적으로 '지나간 과거는 과거인 채로 놔두자.' 또는 '과거는 과거일 뿐이다.'라는 사고가 주류를 이루어 지배하는 사회가 되었다. 그러나 보니 현재 무슨 짓을 해도 그다지 문제될 것이 없는 사회가 되어 버린 것이다. 역사성과 윤리성이 약한 사회가 되어 버린 것이다.

둘째, 이후 각 정권들은 반공을 구실로 삼으면서 정권 편의를 위하여 친일 행위 심판을 포함한 과거사 정리 문제를 기피하게 되었다는 점이다.

당시 이승만 정권이 친일 행위에 대한 심판을 무리를 해 가며 중단한 것은 정권의 확보와 반공 실행을 위하여는 일제 시대에 행정, 경찰, 군, 학교, 문화계 및 예술계 등 거의 모든 분야에서 일본의 한국에 대한 식민지 지배 활동에 참여한 인력인 친일 행위자들이 필요하였기 때문이었다. 그리하여 이승만은 이들의 친일 행위에 대하여는 일체 불문에 부치면서 가장 악질적인 친일 행위자도 기용한 것이었다.

이러한 친일 행위에 대한 심판 중단은 이후 정부, 군, 경찰 등에 의한 민간인 학살을 포함한 모든 공권력에 의한 범죄에 대하여 이를 불문에 붙이는 문제 곧 과거사 정리를 무시하는 행태로 확대되고 또 지속되었다. 곧 이러한 행태는 이승만 정권은 물론이고 뒤를 이은 박정희 전두환의 군사독재정권에서 계속되었다. 그리고 이후에도 보수정권이 집권하는 경우에는 현 단계에 이르기까지 계속하여 같은 흐름을 이어왔다. 그리고 이렇게 과거사를 무시하는 행태는 보수정권을 지원해 온 한국사회의 보수진영 전체의 행태로 자리 잡아 왔다.

그리하여 한국사회는 과거사 정리 문제에 있어서 보수진영 전체와 보수정권은 이를 가급적 무시하고 진보진영 전체와 진보정권은 이를 적극 추진하는 상황이 계속되고 있다. 곧 1949년에 이승만 정권에 의해 친일 행위자에 대한 심판이 중단된 이후 앞에서 본 친일 행위자 지정 문제가 다시 본격적으로 대두된 것은 먼저 민간 차원에서 1991년에 진보성향의 민간단체인 민족문제연구소가 설립되어 《친일인명사전》의 편찬을 추진한 이후였으며 국가 차원에서는 2004년에 「일제강점하 반민족행위 진상규명에 관한 특별법」이 제정으로 이루어진 것인데 이는 진보정권인 노무현 정부 때이다.

한편 정부 수립 이후의 군, 경찰 등 공권력과 관련된 민간인 학살 등 과거사 정리를 실행한 것은 2005년에 '진실·화해를 위한 과거사 정리 기본법'의 제정에서 비롯된 것인데 이 또한 노무현 정권 때이다. 다만 2020년에 이 법을 개정하여 진실화해위원회 활동을 재개토록 하였는데 이때에는 여야가 합의하여 개정이 이루어졌다.

결국 친일 행위자에 대한 심판과 정부 수립 이후 정부 공권력에 의한 민간인 학살 등 과거사 정리 문제에 있어서 보수정권과 보수진영은 이를 무시하거나 소극적인 태도를 보이는 반면 진보정권과 진보진영을 이에 적극적인 태도를 보이는 행태가 정부 수립 이후 현 단계에 이르기까지 계속되고 있다. 그리하여 이 두 가지 문제는 발생한 지 길게는 70년 이상이 경과한 오늘날에 이르기까지 한국사회는 이들 문제의 처리에 대하여 어느 정도라도 공감대를 형성하지 못하고 오히려 두 진영 사이에 대립적인 상황을 보여 주고 있다고 할 것이다.

4. 민간인 학살 등 정부 인권 범죄에 대한 처리 부진: 진보와 보수 간 대립 지속

앞에서 보았듯이 정부 수립 이후 수많은 민간인들이 군과 경찰 또는 정부가 만든 조직에 의하여 학살 또는 살해당하였고 인권이 유린당하였다. 그런데 이러한 정부의 인권 범죄에 대한 처리 문제 또는 과거사 정리 문제는 소중한 인명의 억울한 희생과 관련된 것이므로 무엇보다도 중요한 문제라고 할 것이다. 이제 이 문제가 지금까지 어떻게 진행되어 왔으며 현재 어떠한 상태에 있는지를 살펴보도록 하자.

첫째, 민간인 학살 등 정부가 자행한 인권 범죄에 대한 관련 법 제정이 너무 늦었고 이는 법의 실효성을 크게 제약했다는 점이다.

무엇보다도 이 문제 처리의 기본이 되는 정부 인권 범죄의 진상규명이 제대로 이루어지지 않았다. 대표적으로 정부의 민간인 학살 가운데 가장 규모가 큰 1950년 6. 25동란 직후에 자행된 보도연맹 학살 사건의 경우에 얼마나 많은 사람이 죽었는지, 누가 죽었는지, 언제 어디서 누구의 결정에 의해 누가 죽였는지 등 그 진상이 밝혀져 있지 않다. 지금도 여기 저기 시신 발굴 현장에서 무더기로 유골이 쏟아져 나오고 있는 형편이다.[18]

민간인 학살에 대한 법적 처리도 매우 늦었다. 보도연맹 학살 사건은 10만 명 이상의 희생자가 발생한 것으로 추정되는 엄청난 사건이었음에도 불구하고 이 사건의 존재가 한국사회에 처음으로 일반 대중에게 공개된 것은 민주화 이후인 1988년 전국언론노조연맹의 〈말〉지 12월호에

---

18) 보도연맹 학살 사건에 대한 이해를 위하여는 문창재, 『대한민국의 주홍글자: 국민보도연맹과 국민방위군 사건』(푸른사상사 2021)을 참고할 것.

김태광 기자가 보도연맹 학살 사건을 다룬 기사를 통해서였다. 이는 사건 발생 38년 후였다.

그리고 정부 인권 범죄에 대한 처리와 관련한 최초의 법률 곧 최초의 과거사 청산법은 1990년 「광주민주화운동관련자 보상 등에 관한 법률」이었다. 다음으로 1996년 「거창사건 등 관련자의 명예회복에 관한 특별조치법」의 제정으로 군 공비토벌 작전 관련 주민희생 사건 관련자에 대한 명예회복이 가능하여졌다. 그리고 2000년 「제주 4·3사건 진상규명 및 희생자 명예회복에 관한 특별법」이 처음으로 '진상규명'을 규정하고 또 관련자가 아니라 '희생자'라고 명시하였다. 그리고 2005년 「진실·화해를 위한 과거사 정리 기본법」 제정으로 보도연맹 학살 사건 등 한국전쟁 전후 민간인 집단 희생 사건과 권위주의 정권 때의 인권침해 사건 등에 대한 처리가 가능해졌다.

이렇게 광주민주화운동의 경우에는 1980년 발생한 사건에 대해 1990년에 관련 입법이 이루어져서 그 시차가 10년으로 상대적으로 짧은 편이지만, 한국전쟁 전후의 민간인 집단학살 사건의 경우에는 거창사건의 경우에는 사건 발생이 1951년이고 「거창사건 등 관련자의 명예회복에 관한 특별조치법」의 제정이 1996년으로 사건 발생과 관련 입법의 시차가 45년이고, 제주 4·3사건의 경우에는 최초 사건 발생이 1947년이고 「제주 4·3사건 진상규명 및 희생자 명예회복에 관한 특별법」의 제정이 2000년으로 그 시차가 53년, 보도연맹사건의 경우에는 사건 발생이 1950년이고 「진실·화해를 위한 과거사정리 기본법」의 제정이 2005년으로 그 시차가 55년이다. 이와 같이 정부의 민간인 학살 행위와 관련 법 사이의 시차가 45년에서 55년에 이르고 있는 것이다.

이와 같은 관련 법 제정의 지체로 인하여 법의 실효성이 크게 제약되고 있다. 곧 사건 발생 후 50년의 기간이 지났기 때문에 무엇보다도 진상규명이 불가능에 가깝다고 하겠다. 안 그래도 사건의 성격이 불법적이었는 데다가 상황이 전시 및 전시에 준하는 상황이었기 때문에 제대로 된 관련 기록이 거의 없는 형편인 데 더하여 50년의 시간이 경과하였고 사건 가담자의 대다수가 사망하였기 때문에 사실 파악이 불가능한 형편이다.

그리고 이들 과거사 정리법들의 시행으로 희생자들에 대한 명예회복이 이루어지는 경우에도 가족 되는 희생자들을 잃은 슬픔에 더하여 '빨갱이 가족'이라는 기막힌 굴레에 씌워져 제대로 편안히 숨 쉬기도 힘들었던 시기를 보냈던 희생자들의 가족들도 상당수가 가슴에 한을 품은 채 이미 세상을 떠나 버린 것이다. 한편 이러한 범죄에 책임 있는 사람들에 대한 처벌은 법의 내용에서부터 아예 빠져 있는 것이다. 결국 법 제정이 너무나 늦어서 법의 실효성이 크게 제약되었다.

둘째, 과거사 정리 문제에 대하여 보수진영은 소극적, 진보진영은 적극적인 태도를 보여 왔다는 점이다.

앞의 항에서 정부의 민간인 학살 등 과거사 정리 문제에 대한 법 제정이 너무 늦어 그 실효성이 크게 제약되었음을 지적하였는데 이렇게 과거사 정리 관련 법 제정이 늦어진 이유는 보수정권이 이 문제에 대하여 소급적 내지 부정적 태도를 취하였기 때문이다.

보도연맹 학살 사건의 예를 보도록 하자. 보도연맹 사건이 일어나고 10년이 지나 1960년에 4·19학생혁명이 일어나고 민주당 정권이 들어서자 전국 각지에서 유족회가 생기고 학살자 처벌을 요구하는 시위도 벌어졌다. 민주당 정부가 이를 수용하는 가운데 지역별 합동위령제가 열렸고 유해발굴과 진상조사도 시작되었으며 전국유족회도 구성되어 진상규명과 학살 책임자 처벌을 위한 활동을 벌였다. 국회도 진상조사특별위원회를 설치하여 진상조사 후 정부에 배상과 책임자 처벌을 요구하였다.

그러나 5·16군사쿠데타가 발생하자 상황은 급변하였다. 박정희 군사정부는「특수범죄처벌에 관한 특별법」을 만들고 지역 및 전국 유족회 회원 28명을 이적행위를 하였다고 혁명재판에 넘겨 대구유족회장 이원식에게 사형을 선고하는 등 15명에게 유죄를 선고하였다. 이로써 보도연맹 학살 사건의 진상규명과 책임자 처벌은 중단되었을 뿐 아니라 오히려 유족들은 이후 한국사회에서 '빨갱이 가족'으로 불리며 취업과 해외여행이 금지되는 등 탄압을 받았다.

과거사 정리 관련법이 처음으로 제정된 것은 1987년 민주화로 박정희 전두환의 27년 군사독재정권이 끝나고 1988년 6공화국이 시작되고 나서였다. 곧 1990년「광주민주화운동관련자보상등에 관한 법률」이 그것이다. 그리고 민간인 학살 사건에 대한 관련법은 김영삼 정권 때인 1996년「거창사건 등 관련자의 명예회복에 관한 특별조치법」이 처음이었다. 김대중 정권 때에는 과거사 정리법 제정이 활발해져서 2000년에「제주 4·3사건 진상규명 및 희생자 명예회복 및 보상에 관한 법률」,「민주화운동관련자명예회복 및 보상에 관한 법률」, 및「의문사 진상규명에 관한 특별법」등이 제정되었다. 그러나 과거사 정리 관련법이 가장 활발하게 이루어진 것은 노무현 정권 때였다. 2004년에는「삼청교육피해자의 명예회복 및 보상에 관한 법률」과「노근리사건 희생자 심사 및 명예회복에 관한 법률」및 특수임무자와 특수작전자에 대한 보상에 관한 법률 등이, 2005년에는 「군의문사 진상규명 등에 관한 특별법」과 「진실·화해를 위한 과거사정리 기본법」등이 제정되었다.

특히 노무현은 과거사 정리 문제에 매우 적극적인 태도를 보였다. 각종 과거사 관련 위원회를 만드는 것을 추진하고 정부 관련 부처 등이 과거사 진상규명에 적극 협조토록 하였다. 2003년에는 제주 4·3사건에 대하여 정부를 대표하여 제주도민에게 처음으로 공식적으로 사과하였다. 그러나 과거사 정리는 야당인 한나라당의 방해와 관련기관의 비협조로 어려움을 겪었다.

과거사 정리 문제에 적극적인 자세를 보인 김대중 노무현의 진보정권 다음에 보수정권인 이명박 정권이 들어서자 과거사 정리는 중단되었다. 곧 이명박 정권은 과거사 정리가 불필요하고 오히려 국가의 진로에 지장을 주는 일이라는 태도를 명확하게 보이면서 과거사 정리를 중단시키고 방해하였다. 그리고 이러한 태도는 보수정당의 일관된 태도였다. 이명박 정권 동안 시한이 있는 과거사 위원회들은 기한 연장 없이 소멸되었으며 기한이 없는 위원회의 업무는 진실화해위원회로 이관되어 실질적으로 업무가 중단되었다.

이러한 보수정권의 과거사 정리에 대한 반대 입장은 이명박 정권 다음인 박근혜 정권에서도 계속되었다. 박근혜는 각종 반인권 범죄행위를 저지른 독재자 박정희의 딸로서 그의 부친의 과오에 대하여 이를 인정하지 않았으며 그 이전의 민간인 학살 행위 등 정부의 범죄행위에 대한 과거사 정리에 반대하는 태도를 견지하였다.

이와 같이 박정희 전두환의 군사독재정권은 이승만 정권에서 자행된 민간인 학살 등 정부의 인권 범죄에 대한 진상규명을 탄압하였을 뿐만 아니라 그들 스스로가 인권 범죄를 자행하였다.

그런데 보수정권의 과거사 정리에 대한 반대는 1987년 민주화 이후 출발한 6공화국 이후에도 일관되게 계속된 것이다. 노태우 정권이 노태우 스스로가 가담한 전두환 집단의 광주학살 사태에 대하여 이를 민주화운동으로 재규정하고 김영삼 정권이 12.12사태와 5.18사태에 대하여 이를 각각 군사반란과 내란으로 사법부의 판결이 이루어지게 하는 데에 결정적 역할을 담당하였지만 이후 진보정권인 김대중 노무현 정권에서 본격적으로 이승만, 박정희, 전두환 정권에서 자행된 정부 인권 범죄들에 대한 진상규명 등 전반적인 과거사 정리를 위한 법 제정 활동이 추진되자 박정희-전두환-노태우-김영삼으로 이어지는 보수정당은 국회에서 지속적으로 이에 반대하는 태도를 보였으며 이명박-박근혜로 정권을 갖게 되자 적극적으로 김대중-노무현의 진보정권 때에 이루어진 과거사 정리 관련 법적 제도적 성과들을 훼손하였다.

그나마 보수정당이 과거사 정리에 협조한 사례는 문재인 정권 때인 2020년 20회 국회 마지막에 지금의 국민의 힘 전신인 미래통합당이 2003년에 해체된 과거사위원회의 재출범을 위한 법개정에 함께한 것이다.

그런데 이렇게 보수정당이 집요하게 과거사 정리에 반대해 온 것은 한국 국민들 가운데 상당수를 구성하고 있는 보수성향의 국민들이 과거사 정리에 대하여 반대하기 때문이다. 곧 한국사회의 보수진영인 보수성향의 국민들과 보수성향의 각계 인사들 및 보수 언론과 보수정당은 한결같이 과거사 정리에 강하게 반대해 오고 있는 것이다.

여기에서 과거사 정리의 의미를 다시 간추려 보도록 한다. 한국사회에서 과거사 정리란 현실적으로 볼 때 실증적 측면과 이념적 측면의 두가지 측면이 있는 것으로 볼 수 있다.

첫째, 실증적 측면에서의 과거사 정리란 법적 제도적 행정적 측면에서의 정리를 말하는 것으로서 국가 인권 범죄에 대한 진상규명, 범죄행위자에 대한 처벌, 피해자에 대한 명예회복 및 보상과 정부의 책임 인정 및 사과를 말하는 것이다. 따라서 정부 수립 이후 민간인 학살 및 의문사, 고문, 범죄혐의 조작, 권리 제약 등 인권 침해 사건이 대상이 되는 것이다. 이러한 국가 인권 범죄는 그 대부분이 이승만, 박정희, 전두환의 독재정권이 저지른 것들이다.

둘째, 이념적 측면에서의 과거사 정리란 역사와 현실에 대한 사회정의 차원에서의 판단에서의 정리를 말하는 것이다. 여기에서 중요한 의제는 일제 때의 친일 행위 세력이 정부 수립 이후에도 독재정권 시대와 민주화 시대인 오늘날에 이르기까지 한국사회의 지배 세력으로 존재하고 있다고 볼 것인가 하는 문제에 대하여 어떠한 인식과 태도를 가질 것인가 하는 것이다.

이러한 과거사 정리의 두 가지 측면에 대하여 진보진영과 보수진영은 각각 명확하게 상반된 입장을 보이고 있다.

곧 진보진영은 국가 인권 범죄에 대한 진상규명과 피해자에 대한 명예회복과 보상, 그리고 정부의 책임 인정과 사과 등 실증적 측면에서의 과거사 정리에 매우 적극적인 입장을 취해 온 동시에 친일 행위 세력이 정부 수립 이후에도 오늘에 이르기까지 한국사회의 지배 세력으로 존재하여 왔는가 하는 이념적 측면에서의 과거사 정리 의제에 대하여도 이를 적극적으로 주장하고 또한 이 문제를 정리하는 것이 반드시 필요하다고 보고 있다.

반면 보수진영은 진상규명을 비롯한 실증적 측면에서의 과거사 정리에 대하여 강하게 반대하는 입장을 취해 온 동시에 친일 세력이 오늘에 이르기까지 한국사회의 지배 세력으로 존재하여 왔다는 이념적 측면에서의 과거사 정리 의제에 대하여 이를 강하게 부정하고 있을 뿐만 아니라 이러한 문제 제기가 불필요하다고 보고 있다.

이렇게 진보진영은 진보진영대로 그리고 보수진영은 보수진영대로 이러한 실증적 측면에서의 과거사 정리와 이념적 측면에서의 과거사 정리의 두 측면에서 서로 반대되는 입장을 각기 일관되게 보이고 있는 상황이다.

이와 같은 두 진영의 입장 차이는 당연히 두 진영이 갖고 있는 한국사회가 추구해야 할 가치에 대한 견해의 차이에서 비롯하는 것이다. 이 문제를 살펴보도록 하자.

첫째, 진보진영은 정의를 추구하는 것을 중요시하는 것에 비해 보수진영은 경제적 번영을 실현하는 것을 중요시하고 있다.

곧 진보진영은 한국사회가 해방 이후 오늘에 이르기까지 과거사 정리를 제대로 실행하지 못한 것이 정의 차원에서 매우 잘못된 일이며 국가의 존재 가치를 떨어뜨리는 것이라고 보고 있다. 따라서 지금이라도 과거사 정리를 제대로 하는 것이 국가에 크게 도움을 주는 중요한 일이라고 보고 있다. 예를 들어 박정희 독재 시대가 한국의 경제개발을 이루었다고 하더라도 이와 별도로 박정희 정권의 국가 범죄에 대하여는 정확한 진상규명과 정당한 평가가 있어야 한다고 보고 있다.

이에 반하여 보수진영은 한국이 해방 이후 오늘에 이르기까지 대단한 경제적 번영을 이룩한 것이 무엇보다도 잘한 일이며 국가의 존재 가치를 엄청나게 높여 왔다고 보고 있다. 이에 비해 과거사 정리 문제는 별로 중요하지도 필요하지도 않으며 세계시장 속에서 수출로 먹고살아야 하는 오늘날 국력을 분산시킴으로써 경제번영에 지장을 주는 일이라고 보고 있다. 예를 들어 박정희 정권이 국가 범죄를 저질렀다고 하더라도 경제개발의 업적에 비한다면 별것 아니기 때문에 그 문제를 거론할 필요가 없다고 보고 있다.

둘째, 진보진영이 과거사 정리가 한국사회의 현재와 미래를 바르게 이해하고 자리 잡게 하는 데 필요한 일이라고 보는 데 비해 보수진영은 과거사 정리가 한국사회를 과거에 묶이도록 퇴행시킴으로써 미래로의 진행을 방해한다고 보고 있다.

셋째, 진보진영이 과거사 정리가 한국사회의 친일 세력이 독재 세력을 거쳐 현재의 사이비 보수 세력으로 이어지면서 한국사회를 계속하여 지배해 오고 있다고 보고 이러한 사실을 명확히 밝힘으로 한국사회를 이념적으로 바로잡아야 한다고 보는 반면에 보수진영은 해방 이후 70년 그리고 민주화 이후 30여 년이 지난 지금 청산할 친일 세력과 군부 독재 세력은 없어졌으므로 과거사 정리의 대상이 없어졌다고 보고 있다.[19]

---

19) 과거사 정리에 대한 보수진영의 논리의 한 예로 조선일보 주필 양상훈은 '과거 청산'을 주장한 문재인에 대하여, '안 바뀐 40년 전 사고방식 글로벌 경쟁 중인 나라에 친일·독재 청산 중요하다니 … 정말 비극인가 희극인가 … 해방된 지 70여 년인데 어디에 친일파가 있으며 나약한 샐러리맨 집단이 된 군부가 무슨 독재 세력인가 … 그저 세상이 나쁜 사람과 착한 사람으로 구성돼 있고 자신은 착한 편 주인공이라는 줄거리는 종이가 낡아 다 해진 권선징악 소설에나 나올 법한 얘기일 것이다. 그게 지금 세계와 무역으로 먹고사는 21세기 대한민국에서 40년 만에 다시 등장해 판을 벌이게 됐다.'고 경멸적으로 비판하고 있다. (조선일보 2017. 1. 26. 자)

넷째, 상대적으로 보아서 진보진영은 국가에 대하여 절대적인 가치를 두지 않는 데 비해 보수진영은 국가에 대하여 절대적인 가치를 두는 편이다. 따라서 상대적으로 보아 진보진영이 국가 범죄에 대하여 엄격한 입장을 보이는 데 비해 보수진영은 국가 범죄에 대하여 덜 엄격한 입장을 보이고 있는 편이다. 마찬가지로 상대적으로 보아 진보진영이 개인주의적인 성향이 강한 반면 보수진영은 집단주의적인 성향이 강한 태도를 보이고 있다.

앞에서 과거사 정리 문제에 대한 진보진영과 보수진영의 견해들을 살펴보았지만 두 진영의 생각이 극과 극으로 갈려 있음을 보게 된다. 곧 진보진영의 견해는 그 성격이 정의를 중시하고 이상주의적인 것임에 비해 보수진영의 견해는 경제적 번영을 중시하고 현실주의적인 것이라고 할 것이다. 그리고 이러한 두 가지 대립되는 흐름은 한국사회에 있어서 정부 수립 이후 오늘에 이르기까지 계속되어 온 것이며 또한 앞으로도 계속될 것으로 보인다. 그럼에도 불구하고 한국사회가 크게 보아 장기적으로 민주화의 방향으로 진행하여 온 것을 볼 때 과거사 정리의 흐름은 계속될 것이며 이는 한국사회의 미래를 위하여 유익하리라 생각된다.

그런데 여기에서 우리가 한 가지 이해하여야 할 점은 위의 과거사 정리 문제 또는 과거 청산 문제에 대한 진보진영과 보수진영의 견해에 대한 논의에서 나왔듯이 한국사회에서의 과거사 정리 문제는 실질적으로는 정부 수립 초기에 친일 행위자에 대한 심판 문제와 또 이승만 정권에 의한 방해로 인한 실패에서 시작된 것이라는 점이다. 이러한 친일 행위

문제 뒤로 이어 제주 4.3사건과 여순사건 등에서의 민간인 학살 문제가
발생하였고 이어서 6.25동란 중의 보도연맹 학살과 군의 민간인 학살 및
국민방위군 사건 등 문제가 발생하였고 그 뒤 박정희 정권 때의 의문사
문제 등 정부 인권 범죄와 전두환 집단의 정권 탈취 과정에서의 광주 학
살과 집권 기간 중의 정부 인권 범죄 문제로 계속된 것이다.

그리하여 처음 친일 청산 문제에 대한 처리가 이루어지지 않은 사실
이 그 이후의 한국사회의 진행에 준 영향과 그에 대한 평가에 있어서 진
보진영과 보수진영은 완전히 반대되는 태도와 입장을 계속 보이고 있는
실정이다. 그리고 이러한 두 진영 간의 대결적 상황은 앞으로도 계속될
것으로 전망된다.

5. 보수 대 진보진영의 양극화: 민주주의 체제 불안정성 증가

한국사회 구성원의 정치성향을 구분함에 있어서는 보수진영과 진보진영의 두 집단으로 구분하는 것이 매우 편리하고 또한 설명력이 커서 실제적인 것으로 보인다.

그런데 이러한 논의에서는 두 가지 점에 유의할 필요가 있다.

첫째, 한국사회에서 통상적으로 일컫는 보수와 진보의 내용이 서구 사회에서 말하는 보수와 진보와는 크게 다르다는 점이다.

곧 한국사회에서는 전통적으로 보수는 개인의 자유를 억압하는 독재정권을 강력하게 지지하고 또 정부의 재벌 중심의 경제개발에 대하여도 이를 지지함으로써 개인의 자유를 중시하면서 정부의 시장개입에 반대하는 서구사회의 보수와는 완전히 반대되는 입장을 보여 왔으며 또한 진보는 개인의 자유를 억압하는 독재체제에 강력하게 반대하는 한편 정부의 재벌 중심의 경제개발에도 강하게 반대해 옴으로써 정부의 시장개입을 비롯하여 정부의 적극적인 역할을 주장하는 서구사회의 진보와는 크게 다른 입장을 보여 온 것이다.

그럼에도 불구하고 이 글의 논의에서 보듯이 한국사회에서 일반적으로 사용되고 있는 보수와 진보의 개념은 이 두 진영이 각각 자신들의 이념적 지향과 정책적 입장을 일관성 있게 유지하고 있음으로 인해 매우 유용하다. 따라서 여기에서도 이러한 일반적이고도 통상적인 용법을 사용하고자 한다.

둘째, 한국사회에서 진보라는 용어를 사용할 때 대체적으로 보아 진보적 또는 진보진영이라고 사용할 때와 진보주의 또는 진보정당이라고 사용할 때에 진보의 의미가 다르게 사용된다는 점이다.

실제 예를 들어 보면 현재 여당인 국민의 힘을 보수정당이라고 부르는 한편 이에 대립하고 있는 야당인 더불어 민주당은 국민의 힘과 비교할 때 진보적이며 또 진보진영에 속한다고 분류하지만 진보주의를 지향하거나 진보정당이라고 부르지는 않는다. 왜냐하면 한국사회에서는 관행상 진보주의 또는 진보정당이라고 할 때에는 사회주의적 성격의 이념을 진보주의라고 하고 또 사회주의적 활동을 하는 정당을 진보정당이라고 지칭하기 때문이다. 더불어 민주당은 그 성격은 기본적으로는 보수주의적이며 따라서 보수정당인데 국민의 힘에 비해 그 보수성이 상대적으로 약하고 또 진보성이 강한 편이라고 할 것이다. 그리고 반공적인 성격이 강하지만 부분적으로 진보주의적 요소를 포함하고 있다고 볼 것이다.

이러한 이해 아래 여기의 논의에서도 진보적 및 진보진영이란 용어와 진보주의 및 진보정당이란 용어를 구분하여 사용하고자 한다.

한국사회는 현재 보수진영과 진보진영 사이에 첨예한 대치와 대결 상황이 지속되고 있으며 두 진영 사이에 거부감과 불신감이 팽배하여 있다. 이러한 보수 대 진보진영의 양극화 현상에 대한 논의를 함에 있어서 먼저 두 진영의 상황에 대하여 개괄적으로 살펴보고자 한다.

먼저 보수진영에 대한 이해는 진보진영의 경우에 비하여 상대적으로 단순한 편이다. 왜냐하면 보수진영이 정부 수립 이후 한국사회의 주류로서 그 역할을 담당하여 왔기 때문이다. 그 대표적인 예가 보수 세력이 1948년 정부 수립 이후 기간의 대부분을 보수정권을 통하여 한국사회를 지배하여 왔다는 점이다. 곧 보수진영은 1948년 이후 이승만 정권 12년

이 있었고 이어서 1960년 4.19학생혁명 이후 1년의 장면 정권이 있었지만 이를 진보정권이라고 보기는 어렵다. 그 뒤 1961년 5.16군사쿠데타 이후 박정희 정권 18년과 곧이어 전두환 정권 7년을 합하여 보수정권이 40년을 집권하였고 1988년 민주화 체제 이후에도 노태우 정권, 김영삼 정권의 10년 집권이 이어짐으로써 보수정권은 정부 수립 이후 50년을 독점적으로 집권하였다.

1998년 김대중의 집권으로 한국사회는 비로소 처음으로 진보정권의 집권이 이루어졌고 연이어 노무현 정권의 등장으로 10년의 진보정권 기간이 진행되었다. 그러나 이어서 이명박 박근혜의 집권으로 8년간 다시 보수정권의 집권이 재현되었다. 그 뒤 문재인의 집권으로 5년 동안 진보정권의 집권이 이루어졌지만 뒤를 이어 2022년 윤석열의 집권으로 한국사회는 다시 보수정권의 집권이 진행 중에 있다.

이렇게 보면 정부 수립 이후 보수진영은 60년 기간 동안 집권하였고 진보정권은 15년 동안 집권하였다. 결국 보수정권은 4/5 기간 동안을, 그리고 진보정권은 1/5 기간 동안을 집권한 것이다. 이렇게 보수정권은 집권 기간에 있어서 진보정권에 비해 압도적인 기간 동안 한국사회를 지배하고 있는 것이다. 더욱이 진보정권의 출현이 정부 수립 이후 50년이 지나서야 비로소 이루어진 것을 생각하면 한국사회에 있어서 보수진영의 지배력은 더욱 절대적이라고 할 것이다.

그리고 보수진영의 계통도 비교적 단순한 편이다. 정부 수립 이후 이승만 독재정권과 잠시 뒤 박정희 전두환의 군사독재정권, 그리고 민주화 이후의 노태우 김영삼 정권과 10년 후의 이명박과 박정희의 딸 박근혜 정권, 또 5년 후의 윤석열 정권으로 이어지는 보수 집권 계통은 반공,

친미에 독재적 성향과 친재벌 입장으로 그 성격이 분명하며 구성 집단 또한 정치적, 경제적, 사회적 기득권 계층의 주도 양상을 보이고 있다. 그리고 이러한 보수정권의 행태는 바로 한국사회의 주류를 형성하고 있다고 볼 수 있는 것이다.

다음으로 진보진영에 대한 이해는 보수진영의 경우에 비하여 상대적으로 간단치 않은 편이다. 그 이유는 크게 보아 진보진영이 두 집단으로 구성되어 있기 때문이다.

첫 번째로는 1948년 정부 수립 이후 보수진영 또는 보수정당의 시작이라고 할 이승만과 자유당에 대립하여 오늘까지 전통을 이어 온 민주당계 정당인 더불어 민주당이 있다. 앞에서 논의하였듯이 이 당은 반공 성향을 지닌 보수정당이지만 국민의 힘에 비교하여 진보성이 강하여 원내 진보정당인 정의당과 입법 활동에서 공조하는 경우도 있다. 특히 북한 정권에 대하여 유화적인 태도를 보여서 극우 보수진영으로부터 '좌빨(좌파 빨갱이)' 또는 종북 정당이라고 매도되기도 한다.

두 번째로는 진보주의 및 진보정당의 존재들이 있다. 이는 사회주의 성향의 이념과 정당을 말한다. 정의당이 대표적이다. 한국사회에서 이들 진보주의 활동과 진보정당들은 북한 공산정권과 대치하고 있는 상황에서 정부 수립 이후 보수정권에 의해 간단없이 탄압을 받았고 또 국민 대다수의 강한 반공 의식으로 인해 기반을 마련하기 매우 어려웠다. 예를 들어 1959년에 조봉암 진보당 위원장은 이승만 정권에 의해 간첩의 누명을 쓰고 사형당하였다. 이후 한국사회에서 진보주의 진영은 사라지다시피 하였다.

한국사회에서 진보주의 진영이 확실하게 기반을 형성한 것은 앞에서 보았듯이 박정희 유신체제와 뒤를 이은 전두환의 신군부체제 그리고 5.18광주 민주화운동에 대한 신군부의 유혈 진압과 미국의 방관이 이어지던 1980년 이후였다. 곧 군사독재체제에 대한 거부감과 미국에 대한 실망으로 1980년대에 들어 사회주의를 학습하는 막스주의적 정치운동 세력이 대학가를 지배함으로써 한국사회에 진보 세력이 자리를 잡게 되었다. 그 뒤 막스주의파는 북한의 주체사상을 지지하며 한국사회를 미국의 예속으로부터 독립시키자는 주체사상파가 주도하는 NL(National Liberation, 민족해방) 계열과 노동자계급의 부르주아계급에 대한 계급투쟁을 강조하여 자본주의 사회의 모순을 해결하자는 PD(People's Democracy, 민중민주) 계열로 분열되었다. 이러한 대학을 중심으로 한 진보 세력은 대학에서 펼쳐진 민주화운동을 주도하였고 1990년대 중반까지 세력을 확장하였다. 그러나 이들 진영은 김영삼 정부가 주사파가 주도하는 한총련 주최 대회를 강경 진압하고 또 대법원이 한총련을 이적단체로 판결하여 세력이 크게 약화되었다. 또한 북한의 비참한 경제 현실과 소련의 붕괴 등 북한과 공산권 국가의 실패로 공산주의에 대한 국민들의 평가가 더욱 나빠졌고 또한 외환위기 사태로 대학생들의 정치운동 참여가 크게 줄면서 주사파가 주도하던 진보운동은 몰락하게 되었다.

그럼에도 불구하고 386세대로 불리는 1980년대 대학생 생활을 한 세대 가운데 이른바 운동권이라 하여 진보주의 활동을 한 인물 중 상당수가 1987년 말의 민주화 이후 1990년대 말부터 정치 분야와 학계, 노동계 등 여러 분야에 진출하여 새로운 엘리트 계층을 형성함으로써 사회 전반에서 중요한 역할을 담당하게 되었다. 그리고 한국사회에 큰 영향력을 주었다. 곧 정치 분야에서는 주로 민주당계 정당에 참여하거나 또는 진보정당으로는 민주노동당을 시작으로 오늘의 정의당 등 여러 정당에서 활약하고 있다. 노동계에는 NL파와 PD파가 민주노총에서 큰 역할을 담당하고 있고 교육 분야에서는 전교조에서도 상당한 영향력을 행사하였다. 그리하여 예를 들어 민주노총은 2022년 8월 13일 서울 도심에서 '광복77주년기념8.15전국노동자대회 및 자주평화통일대회'를 열고 한미연합군사연습이 한반도 긴장을 격화하므로 이를 중단하라고 촉구하였다. 그리고 전교조 가입 교사들이 2000년대 이후 학생들에게 종전에는 볼 수 없던 '친북 반미'적인 내용을 가르쳐서 사회적으로 논란을 일으켰다.

한편 비록 운동권 활동에 직접 참여하지 않은 많은 학생들이 있었지만 1980년대 대학생 세대가 전반적으로 진보주의 이념에 영향을 받았기 때문에 이들이 사회에 진출하면서 한국사회는 여러 분야에서 진보주의의 영향을 받게 되었다. 그러나 이들 가운데 오늘날까지 계속하여 북한의 주체사상을 따르는 사람들은 극히 소수에 머물게 되었다. 크게 보아서 이들 진보주의 집단은 한국사회의 민주주의 체제 및 자본주의 체제를 사회주의 통제경제로 대체하기보다는 현 체제를 보완하고자 하는 입장에 있다고 할 것이다.

이러한 진보주의 집단은 민주당계의 정당과 함께 보수진영에 대립하는 진보진영을 형성하게 되었다. 그리고 한국사회에서 보수진영에 이른바 '태극기 부대'가 극우 집단을 대표하고 있다면 진보진영에서는 민주노총이 강경진보집단을 대표하고 있는 상황이라고 할 수 있다.

이제 한국사회에서 보수 대 진보진영의 대립 문제에 대하여 그 특징을 몇 가지 살펴보고자 한다.

첫째, 전반적으로 보아 한국사회에서 보수와 진보의 두 진영에 있어서의 정치 사회적 입장 차이가 매우 분명하며 일관성이 있다는 점이다. 따라서 이러한 입장 차이는 이념적이면서 동시에 실제적인 성격의 것이라는 점이다.

상대적으로 보아서 보수진영은 첫째로는, 시장과 성장을 중요시하고 둘째로는, 집단주의적 성향이 강하고 전통적 가치를 존중한다. 셋째로는, 대북 관계에 있어서는 강경한 대응을 주장한다. 통일 문제에는 소극적이며 미국과의 군사동맹을 중요시한다. 넷째로는, 과거의 경제개발 성공에 대한 자부심이 강하다. 군사독재에 대하여도 이를 불가피했다고 본다. 재벌의 역할에 대하여 긍정적으로 평가한다. 과거사 정리 문제에 대하여도 소극적이며 미래에 집중하는 것이 유익하다고 생각한다.

반면에 상대적으로 보아서 진보진영은 첫째로는, 국가와 분배를 중요시하고 둘째로는, 개인주의적 성향이 강하고 전통적 가치를 크게 존중하지 않는다. 셋째로는, 대북 관계에 있어서는 유화적 대응을 주장한다. 통일 문제에 적극적이며 국제 관계에 있어서 자주성을 중요시한다. 넷째로는, 경제개발 과정에서 희생을 부담한 근로자 계층의 기여를 높이 평가하며 재벌에 대하여 부정적이다. 군사독재에 대하여 매우 비판적이다. 과거사 정리 문제에 대하여 적극적이며 이 일이 바람직한 미래 실현에 필수적이라고 생각한다.

그러는 가운데서도 한국사회에서 보수와 진보의 두 진영이 가장 첨예하게 대립하는 문제는 북한에 대한 입장 문제이다. 곧 보수진영은 북한에 대하여 남한의 안보를 위협하는 적대적 존재로 인식하여 강경한 대립적 태도를 보이고 있는 반면에 진보진영은 남북한의 평화공존을 위하여 북한에 대하여 유화적 태도를 보이고 있다.

이에 따라 보수진영은 통일 문제에 대하여 소극적인 태도를 보이면서 남한의 안전보장을 위하여 미국과의 동맹에 크게 의존하고자 하는 반면 진보진영은 통일 문제에 대하여 상대적으로 적극적인 태도를 보이면서 대북 관계에 있어서 보다 자주적인 입장을 가지면서 미국과의 동맹에는 상대적으로 소극적인 태도를 보이고 있다. 그리고 과거 이승만 독재와 박정희 전두환의 군사독재체제 문제에 있어서 보수진영은 북한 공산주의의 위협으로부터 남한 체제를 지키기 위하여는 인권의 제약을 감내하고 독재체제도 용인할 수 있다고 생각하는 반면 진보진영은 민주주의의 실현을 위하여는 독재체제를 용인할 수 없다고 입장을 취하여 왔다.

그리고 이러한 북한 문제에 대한 두 진영의 첨예한 대립적 입장 차이는 두 진영 사이에 강력한 적대감을 조성해 오고 있다.

다음으로 보수와 진보의 두 진영은 경제 문제에 있어서도 상당한 입장의 차이를 보여 왔다.

먼저 이들 두 진영 사이의 입장의 차이는 한국의 경제의 과거에 대한 평가에 있어서 나타난다. 보수진영은 한국이 1960년대에서 1980년대에 이르는 30년 동안에 이룩한 경제성장을 이룩한 경제개발의 성공에 대하여 크게 자랑스러워하면서 당시의 군사독재에 대하여는 이를 불가피하였다고 보는 반면 진보진영은 이러한 경제개발 과정에서 노동자 계층을 중심으로 한 저소득 계층의 희생을 강조하는 동시에 이러한 희생을 강요한 군사독재에 대하여는 매우 비판적인 태도를 보이고 있다.

그리고 경제개발이 일단락된 1990년대 이후에는 보수진영은 시장기능을 존중하고 기업경영의 자유를 보장하며 정부의 경제 개입을 줄이기를 주장하는 전통적인 보수주의적 입장을 취하고 기업의 국제경쟁력을 강조하는 반면 진보진영은 정부의 적극적인 시장 개입을 강조하고 노조의 활동을 보장하며 분배와 형평을 주장하고 국내 고용을 강조하는 전통적인 진보주의적 입장을 취하고 있다.

둘째, 이러한 보수진영과 진보진영의 정치 사회적 문제에 대한 입장의 차이는 한국사회의 의식에 있어서 첫째로는, 집단주의 대 개인주의의 대립과 둘째로는, 현실주의와 이상주의의 대립이 내재되어 있는 것으로 보인다. 보수진영은 집단주의적이며 현실주의적인 입장을 보이고 있는 반면 진보진영은 개인주의적이며 이상주의적인 입장을 보이고 있다고 하겠다.

먼저 경제에 있어서 보수진영이 시장과 기업과 경제성장을 중시하는 것은 국가 경제 전체의 성장과 이를 가능케 하는 효율을 중시하는 생각으로서 이는 집단주의와 현실주의를 중시하는 태도라고 할 것이다. 이에 반해 진보진영이 정부 개입과 노조와 공정한 분배를 중시하는 것은 노동자 개인의 복지와 공정성을 중시하는 생각으로서 이는 개인주의와 이상주의를 중시하는 태도라고 할 것이다.

그리고 보수진영이 남한의 안보를 위협하는 북한에 대한 강경한 대립을 주장하고 통일문제에 소극적인 태도를 보이고 있는 것은 국가를 중시하는 집단주의와 통일에 따른 남한의 부담을 탐탐치 않게 생각하는 현실주의적인 태도라고 할 것이다. 그리고 진보진영이 북한과의 공존을 위해 유화적인 태도를 보이고 통일에 상대적으로 적극적인 태도를 보이고 있는 것은 집단적 이념체제보다는 개인 중심의 사고와 민족 공동체라는 이상주의적인 태도라고 할 것이다.

특히 보수진영이 독재체제를 용인하고 과거사 정리에 소극적인 태도를 보이는 것은 반공이 워낙 중요하기 때문에 반공을 위해서라면 독재체제라도 용인할 수 있으며 과거사 정리의 경우에도 그 중요 내용이 남한 정부와 군과 경찰에 의한 민간인 학살 문제인데 이는 반공을 위해서 한 것이니 가급적 문제 삼지 말자는 입장에서 비롯되는 것이다. 이는 국가 안보를 위하여 부분적인 희생은 불가피하다는 집단주의적이고 현실주의적인 태도라고 할 것이다. 반면 진보진영은 남한의 국시는 반공이 아니라 민주주의이며 따라서 독재체제는 용인할 수 없으며 과거사 정리의 경우에도 반공을 위하여 무고한 민간인들을 학살한 것은 결코 용납할 수 없다는 입장이다. 이는 국민 개개인의 기본권은 존중되어야 하며 공권력이 저지른 불의는 분명하게 처리되어야 한다는 집단주의적이고 이상주의적인 태도라고 할 것이다.

같은 맥락에서 보수진영은 한국사회의 과거사 정리 문제에 대하여 이를 불필요하다고 보고 미래를 향하여 나가는 것이 중요하다고 보는 반면 진보진영은 과거사 정리를 제대로 하는 것이 매우 중요하며 이는 바람직한 미래를 실현함에 있어서 반드시 필요하다고 보고 있다.

셋째, 보수진영과 진보진영 사이에는 강한 적대감이 형성되어 있어서 합리적인 토론과 타협이 거의 불가능한 상황이고 또한 이른바 사회적 합의를 이루는 것이 지극히 어렵다는 점이다. 단적인 예를 들면 극우 보수집단에서는 집회에서 당시 현직 대통령이던 문재인을 공산주의자라고 비난하였다.

그런데 한국사회의 정치 성향에 대한 근년의 조사 결과들을 보면 극단적 보수(극보수, 극우)와 극단적 진보(극진보, 극좌)의 비중은 각각 5% 정도에 불과하며 중도층(의견 유보 포함) 비중이 40% 이상으로 큰 비중을 보이고 있으며 여론의 양극화 현상은 없다고 보고 있다. 이렇게 정치 성향 조사에서는 중도층이 가장 큰 비중을 차지하고 있는 상황에도 불구하고 실제에 있어서는 극우와 극좌 집단의 존재가 사회적 견해에 대한 결정권을 행사하고 있는 실정이다.

왜냐하면 막상 사회적 논제가 대두되면 중도층도 보수 또는 진보층 쪽으로 쉽게 입장을 택하는 행태를 보이고 있기 때문이다. 그리고 특히 보수진영의 경우는 극우 집단이 보수의 입장을 주도하고 있다. 그런데 진보진영의 경우에는 극좌 집단이 아니라 온건진보집단이 진보의 입장을 주도하고 있는 상황이다.

이렇게 진보진영의 경우에 극좌 집단이 결정권을 행사하지 못하고 있는 이유는 역대 보수정권이 극좌 집단을 공산주의로 몰아 철저하게 탄압하였고 또 국민 대다수가 이에 동조하였기 때문이다. 그러나 현 단계에서도 진보성향의 인사들에 대하여 좌빨이라고 프레임을 씌우는 일들이 빈번하며 이러한 일은 당하는 쪽으로는 매우 부담스러운 일인 것이다.

남북이 대치하고 있고 더욱이 6.25동란을 겪은 남한에서 공산주의 성향을 가졌다는 이미지는 엄청난 피해를 입게 된다. 이승만 박정희 정권 때는 죄 없는 사람들을 공산주의자라고 하여 마구잡이로 학살하거나 사법절차를 이용하여 사형시켰으며 일반 대중도 공산주의자라는 혐의 때문에 그냥 구경만 하였던 것이다. 민주화 이후에 와서야 과거사 정리가 시작되고 사법부도 전에 비해 독립성이 강화되어 과거 희생된 사람들에 대하여 공산주의자가 아니라고 명예회복이 이루어지기도 하고 또 사형당한 인물에 대하여 사후에서나마 무죄가 선고되는 경우가 있게 되었다. 예를 들어 이승만 정권은 정적이던 진보당의 조봉암 당수를 북한과 내통하였다는 혐의로 1959년에 처형한 바 있다. 그러나 그 뒤 52년이 지난 2011년에 대법원이 무죄를 선고하였다.

그러나 현 단계에서도 진보성향의 인사들에 대하여 좌빨이라고 프레임을 씌우는 일들이 빈번하며 이러한 일은 당하는 쪽으로는 매우 부담스러운 일인 것이다.

이러한 한국사회의 전반적인 반공 분위기 가운데 극좌 집단은 극우 집단의 경우와는 대조적으로 그 영향력이 매우 적은 편이다. 곧 한국사회에서 극좌 집단은 그 세력과 영향력이 매우 움츠려 있는 상황이다. 이러한 사정은 1980년대 말의 민주화 이후에도 근본적으로는 그대로 유지되고 있는 실정이다.

그리고 이러한 상황은 다음의 한 가지 예에서 분명하게 드러난다. 곧 한국의 정당 가운데 가장 진보적인 통합진보당에 대하여 법무부가 헌법재판소에 위헌 정당 해산 심판을 청구한 데 대하여 헌법재판소가 2014년 12월에 통합진보당이 북한식 사회주의를 추구하여 헌법상의 민주적 기본질서에 위배된다고 보아 통합진보당을 해산시키고 소속 국회의원들의 의원직을 박탈한 것이다. 그리고 헌법재판소의 이러한 결정에 대하여 당시의 대다수 국민들과 보수여당과 온건성향의 진보야당은 물론 종전 통합진보당과 당을 함께하다가 분리 독립한 극진보야당까지 별다른 반대 없이 이를 받아들인 것이다.

그런데 주요 일간지들의 사설에서는 보수성향의 조선일보와 동아일보는 종북 정당의 해산은 당연하며 헌법재판소가 헌법과 자유민주주의를 지켜 냈다고 환영한 반면, 진보성향의 경향신문, 한겨레신문, 한국일보 등은 민주주의의 후퇴 또는 죽음이라고 이를 비판하였다. 그러나 보수지 가운데서도 중앙일보는 헌재의 결정이 분단상황에서 불가피하였다고 인정하면서도 진보 가치에 위축되어서는 곤란하다고 보았다. 한편 학계에서는 헌재의 결정이 '사법적 판단'이라기보다는 '정치적 판단'이라고 비판하는 견해들이 발표되었다.

이렇게 볼 때 한국사회에 있어서 비록 언론계와 학계에서는 극진보적 또는 극좌적인 견해가 용납되고 있지만 현실적으로는 그 입지가 매우 취약한 상황인 것을 알 수 있다. 따라서 한국사회에 있어서 실제적인 영향력은 극보수 또는 극우 집단은 그 영향력과 세력이 매우 강력한데 비하여 극진보 또는 극좌 집단은 그 세력이 매우 약한 실정이다. 통합진보당의 해산은 헌법 절차에 의하여 정당을 강제로 해산시킨 것으로서 민주주의 체제 아래에서는 극히 예외적이고 세계적으로도 그 예가 거의 없는 특이한 경우라고 할 것이다. 그리고 이것이 남북이 대치하고 있는 상황에서의 한국사회 민주주의의 한계라고 할 것이다.

이렇게 한국사회에서는 북한 공산주의에 대한 반감이 매우 강하므로 진보진영은 자신들이 북한 추종 집단이라는 틀에 갇히는 것을 경계해야 하기 때문에 이 점이 현실적으로 진보정당의 정치활동에 상당한 제한을 주고 있다는 점이다.

이와 같이 한국사회에서는 종북에 대한 반감이 매우 강하며 따라서 진보진영은 자신들이 민주주의를 지지하며 북한 추종 세력이 아니라고 하는 것을 분명히 하는 것이다. 곧 진보진영 내부에서는 강경진보의 경우에는 종북이라는 틀에 잡히는 것을 경계하게 되고 온건진보의 경우에는 강경진보진영을 품는 것에 대하여 소극적일 수밖에 없는 것이다.

이러한 사정은 보수진영의 경우에 온건보수진영이 강경보수진영과 동일시하는 것에 대하여 별 거부감이 없고 많은 경우에 온건보수와 강경보수 사이에 별 차이를 발견할 수 없는 것과는 차이를 보이는 점이라고 하겠다.

이렇게 극우와 극좌 집단은 서로 상대방을 증오하고 경멸하여 없어져야 할 존재 또는 없애 버려야 할 존재로 취급하고 있다. 그렇기 때문에 두 집단 사이에 대화는 있을 수가 없는 상황이다. 실제에 있어서는 극우와 극좌에 속하는 사람들이 자신들의 보수진영과 진보진영에서 차지하는 비중은 3분의 1을 넘지 않는 것으로 생각되지만 두 진영은 상대방 진영의 성격을 서로 극좌와 극우로 보고 있는 경향이 있다. 그렇기 때문에 두 진영 사이의 대화는 매우 어려운 실정이다.

이로 인하여 한국사회는 전반적으로 종전에 비해 보수와 진보 사이의 대립이 훨씬 강해져 있는 상황에 있다. 이러한 대립은 정치권에서 온건파의 입장을 축소시키고 있다. 또한 정치 사회의 모든 분야에 있어서 보수진영과 진보진영 사이의 대립이 일반화하고 있는 실정이다. 그리하여 한국사회를 건강하게 유지할 건전한 상식이 자리 잡기가 더욱 어렵게 되었다.

이와 같은 보수 대 진보진영의 양극화 현상은 노무현 정권 이후 현재까지 계속되는 추세를 보여 왔으며 특히 박근혜 탄핵 이후에 한국사회가 실질적 민주화 시기에 들어갔음에도 불구하고 더욱 강화되고 있는 양상을 띠고 있다. 그리고 이러한 진행은 두 진영 사이의 대화와 타협을 극히 어렵게 하고 있어 한국 민주주의 체제의 불안정성을 증가시키고 있는 것으로 생각된다.

6. 경제적 양극화: 기회의 양극화 진행

앞에서도 보았듯이 한국경제는 경제성장 면에서는 탁월한 성과를 이룩하여 이제는 경제 규모로 보아서는 세계에서 10위의 위치를 차지하고 있지만 이러한 성장 과정은 소득분배 면에서의 불평등 증가를 동반함으로써 소득 계층 사이에 소득 격차를 크게 하였다.

이러한 상황을 살펴 보도록 한다.

한국의 소득 격차(하위 소득 50% 평균 대비 상위 소득 10% 평균 배율)

	1976	1980	1990	2000	2010	2020
소득배율	6.0	7.1	8.0	10.6	14.8	14.5

자료: World Inequality Database

이 표에서 보듯이 상위 10% 소득 계층의 평균 소득의 하위 50% 소득 계층의 평균 소득 대비 배율은 1978년의 6.0배에서 계속 증가하여 2020년에는 14.5배로 크게 증가한 것이다. 다만 2010년 이후에는 그 비율이 안정되고 있다. 이렇게 한국 경제는 빠른 경제성장과 함께 소득 계층 간 소득 격차도 빠르게 증가한 것이다.

이제 현재 한국의 소득 격차를 다른 나라의 경우와 비교하여 보도록 하자.

각국의 소득 격차(배율)

	스웨덴	프랑스	이탈리아	스페인	영국	호주	독일	아르헨티나	캐나다
소득배율	6	7	8	8	9	10	10	13	13
	일본	중국	러시아	한국	미국	인도	터키	브라질	멕시코
소득배율	13	14	14	14	17	22	23	29	31

자료: World Inequality Report 2022

이렇게 한국의 소득 격차는 서유럽 국가들의 경우보다 상당히 크며 일본보다 약간 크고 중국과 러시아와 같은 수준을 보이고 있다. 다만 선진국 가운데 미국보다는 작은 것으로 나타나고 있다. 그리고 인도 브라질 멕시코보다는 작다.

곧 한국의 소득분배 상황은 선진국들보다 상당히 나쁜 실정이라고 하겠다. 그리고 부의 분배 상황은 소득분배의 경우보다 훨씬 더 불평등하여 같은 기준으로 보아 소득 격차 배율이 14배인 데 비해 부의 격차 배율은 52배나 된다.

이러한 한국의 소득분배 상황은 불평등 상황이 안정화를 보이고 있는 현 단계에서 상황이 다시 악화되기 전에 이를 완화하기 위하여 노력해야 할 필요가 있음을 보여 주고 있다고 할 것이다.

그런데 한국사회가 이러한 경제적 양극화를 완화하기 위하여 노력할 필요가 있는 중요한 이유는 경제적 양극화가 교육 기회의 불평등과 나아가서는 경제 사회적 계층의 세습 현상을 고착시키고 있다는 점이다. 근년에 이러한 현상이 진행되고 있음이 뚜렷해지고 있음을 보게 된다. 따라서 이 문제에 대응하기 위한 실제적 노력이 필요하다고 하겠다.

다음으로는 한국의 사회이동성지수(Social Mobility Index) 순위를 다른 나라와 비교해 보도록 하자. 시회이동성지수란 개인이 얼마나 평등한 기회를 갖는가 하는 정도를 지수화한 것인데 지수가 높을수록 평등한 정도가 높게 나타난다. 이를 보면 한국은 세계 25위로서 아시아 국가의 경우 일본의 15위와 싱가폴의 20위에 비해 낮아 이들 나라에 비해 덜 평등한 것으로 나타나고 있다.

각국의 사회이동성지수 순위(World Economic Forum 2020)

1 덴마크	2 노르웨이	3 핀란드	4 스웨덴	5 아이슬란드
11 독일	12 프랑스	14 캐나다	15 일본	16 호주
20 싱가폴	21 영국	25 한국	27 미국	33 이스라엘
34 이탈리아	39 러시아	46 중국	60 브라질	76 인도

이와 같은 결과는 한국사회의 기회의 평등 정도가 각국에 비해 떨어진 다고 보기가 어렵고 그렇다고 높다고도 볼 수 없는 수준이라고 할 것이 다. 그러는 가운데서도 일본보다 기회의 평등 정도가 상당히 떨어진 것 으로 나오는 것은 주의가 가는 일이라 할 것이다. 그렇지만 한국사회는 '사촌이 논 사면 배가 아프다'라는 속담이 있을 정도로 평등의식이 강한 사회라고 할 것이다. 그런데 2000년대에 들어선 이후에는 국민들이 느 끼기에 경제적 또는 사회적 계층의 대물림이 점점 심해지는 가운데 '개 천에서 용 난다'는 말이 실현되기가 점점 어려워지고 있는 실정이다. 예 를 들어 사교육 등으로 부모의 경제력이 자녀의 교육 수준을 결정하게 되고 이것이 대학 진학에 영향을 줌으로써 나아가서는 사회 계층을 결 정하는 현상이 생긴다고 보는 것이다. 그런데 관련 연구들을 보면 국민 들이 일반적으로 생각하는 것과는 다른 결과들도 나오기도 한다. 그렇 다고는 하더라도 전반적으로 볼 때 한국사회가 경제적 사회적 계층 세 습으로 가고 있는 것은 분명한 것으로 생각된다.

이러한 논의와 관련하여 국민들이 실제에 있어서 관심이 큰 한 가지 예를 보도록 한다. 곧 서울대학교 2022학년도 입학생의 지역별 구성비 를 보면 수도권(서울, 인천, 경기도) 지역 입학생 비중이 64.6%이다. 그 런데 수도권 지역 고등학교 졸업생의 전국 졸업생 가운데 차지하는 비중은 48.6%이므로 이 구성비에 비해 수도권 지역 고등학교 졸업생의 서울대 입학생의 구성비는 16.0%(64.6-48.6=16.0) 포인트 높은 것이다. 그리고 이는 전국 평균에 비해 1.3배에 해당하는 것이다.

이제 같은 방법을 서울의 강남3구(강남 서초 송파구)의 경우에 적용해보자. 2022학년도 전에 고교 졸업생 중 강남3구 출신의 비중은 3.1%인데 강남3구 출신 졸업생의 서울대 입학생 중 비중은 11.9%로 3.8배에 해당한다. 다시 말해 서울대학교 입학생의 경우만 본다면 전국 평균에 비해 수도권 졸업생의 입학 비율이 1.3배로 높고 강남3구 졸업생의 입학 비율은 3.8배로 높은 것이다.

이러한 현상이 바람직한가 아닌가 하는 문제를 떠나서 부모의 경제력이 자녀의 교육기회에 큰 영향을 줌으로써 경제적 사회적 세습 현상을 진행하고 있다는 점은 분명하다고 할 것이다. 그리고 이는 국민들의 불만과 갈등의 요인이 되며 이에 따라 한국사회에 공정성 문제를 제기하고 있다고 할 것이다.

지금까지 한국사회에 있어서 부유층과 그 이하 계층 간 소득 격차가 서구 선진국에 비하여 대단히 크다는 점과 개인 간 기회의 평등 정도가 우리가 일반적으로 생각하는 것보다 좋지 못하다는 점 그리고 부모의 경제력에 따라 자녀의 교육 기회가 결정된다는 점들을 살펴보았다. 그 결과 우리가 일반적으로 생각하고 있는 것보다는 한국사회의 현실이 좋지 못하다는 점을 보게 되었다. 이는 평등의식이 강한 한국사회로 보아 불편하고도 부담스러운 사실이라고 할 것이다.

그리고 우리는 막연하게나마 한국사회의 역동성이 크다고 생각해 오고 있는데 현실에 있어서는 이러한 역동성이 작아지고 있는 것이 아닌가 하는 생각이 들게 되기도 한다. 아쉬운 현실이며 거북한 과제라고 할 것이다. 따라서 앞으로 한국사회가 기회의 평등과 나아가서는 결과의 평등의 개선을 위하여 진지하게 노력해야 할 것으로 생각된다.

7. 평등한 시민사회의 실현: 간단하지 않은 진행

　한국사회는 민주주의 체제의 정부가 수립된 이후에도 사회 각 부분에 있어서 특권과 차별 및 불평등의 질서가 유지되어 왔다. 이러한 비민주적인 질서는 법적, 제도적인 것이라기보다는 사회 전반의 광범한 질서로 형성되어 온 것이다. 법적이나 제도적 측면에서는 민주주의 체제를 시행하고 있기 때문에 공식적으로 불평등을 제도화하지는 않는다고 할 것이다. 그러나 한국사회 전반에서 그리고 사람들의 일상 생활에서는 심각한 특권과 차별 및 불평등이 진행되어 왔다. 이러한 불평등의 종류를 보면 여성에 대한 차별, 외국인에 대한 차별, 하급자 등 약자에 대한 비인격적인 대우, 특권층 및 관료 등의 우월 의식 행사, 판사 검사의 이해 집단화 등이 있다.

　그런데 이러한 차별은 한국사회의 역사적이고 문화적인 전통과 배경에서 뿌리 깊게 자리 잡아 온 것이다. 곧 조선 시대는 유교적 계급 사회였으며 동시에 남존여비 의식이 강력하여 여성은 공직을 맡을 수 없었다. 일제 시대에는 한국인 전체가 식민지 주민으로서 절대적인 차별을 받았다. 해방과 민주체제 정부 수립 이후에도 전통적인 위계질서 문화가 한국사회를 지배하였다.

　그 뒤 정부 주도의 경제개발 과정에서는 관료 집단이 특권을 행사하고 민간 위에 군림하였다. 또한 부처별로 이해 집단화하였다. 한편 1950년의 토지개혁과 6.25동란으로 빈곤 가운데 빈부격차가 없었던 상황에서 경제개발이 진행되면서 자본가 계층과 노동자 계층의 분화가 급속히 나타났으며 빈부격차가 추세적으로 확대되었으며 이것이 경제력에 의한 사회적 차별을 생성시키는 여건이 되었다. 한국사회가 근대적 산업사회로 발전되어 가는 과정에서 법치가 이를 뒤따르지 못하는 가운데 관료 집단과 판검사 집단이 부처별로 이익 집단화를 이루게 되었다. 그리고 경제 국제화의 진전으로 외국인의 한국 거주가 크게 늘었지만 오랫동안 단일 민족으로 국가를 형성해 온 관계로 외국인에 대한 배척 의식이 강하였다. 여기에 우리보다 잘사는 백인에 대하여는 열등감을 가지면서 다른 인종에는 우월감을 가지는 인종차별적인 태도가 더하여졌다. 그리하여 한국에서 일하는 외국인 노동자들 및 조선족들과 탈북자들은 심한 차별을 경험하고 있는 실정이다.

한국사회에 있어서 이러한 각종 불평등 사고방식과 현상은 민주주의의 진전과 각 분야에 있어서의 세계화와 특히 초등학교 때부터 민주주의를 배워 오고 또 국제적인 환경에서 성장한 젊은 세대들이 한국사회에서 비중이 커짐에 따라 점차로 완화되는 추세를 보여 왔다.

그럼에도 불구하고 한국사회가 특권과 차별을 없애 나가면서 구미 선진국 수준의 평등한 시민사회를 이루기에는 아직도 갈 길이 한참 멀었다고 하겠다. 예를 들어 한국은 전반적인 민주주의 수준에 비해 남성과 여성 간 평등화 수준은 낮은 편이다. 예를 들어 영국의 Economist Intelligence Unit이 발표하는 민주주의 지수는 세계 16위(2021)로 높은 민주주의 수준을 보이고 있지만 세계경제포럼(World Economic Forum)이 발표하는 남성과 여성의 성평등 순위에서는 세계 101위(2021)로 매우 낮은 것이다.

그런데 예상할 수 있는 일이지만 한국사회가 여러 가지 형태의 불평등을 해소해 나감에 있어서 그 진행이 쉽지 않다. 그 이유를 살펴보자.

첫째, 모든 차별이 한국사회에서 오랫동안 일상생활에서 생활 양식의 일부로 습관적으로 그리고 당연한 듯이 행하여져 왔기 때문에 비록 이러한 차별을 없애자고 하는 일이 공론화되어 법적으로 또는 제도적으로 시행되는 경우에도 그 진행이 매우 느린 것이다. 이렇게 변경된 내용이 국민 전체의 인식의 변화를 가져오고 다음 단계로 생활 행태의 변화로 자리 잡기까지는 오랜 시간이 걸리게 되는 것이다. 그리고 이러한 현상은 일반적인 것으로서 우리가 일상적으로 경험하는 사실이다.

둘째, 차별의 변화는 그 당위성에도 불구하고 그 시행에 있어서는 사회 구성원 사이에 이해관계의 변화와 이해 충돌이 있게 됨으로 이러한 변화로 불이익을 보게 되는 집단의 저항이 발생하게 되며 이러한 저항이 차별 해소를 어렵게 하게 되는 것이다.

앞에서 실질적 민주화의 예로서 미투 운동의 경우를 논의한 바 있는데 한국사회에서의 미투 운동은 세계적으로도 그 예를 찾기 어려울 정도로 단기간에 강력하고도 폭넓은 변화를 보였다. 이는 한국사회의 문화가 평상시에는 문제가 있어도 그냥 눌려져 있으면서 현상 유지가 지속되다가도 어떠한 계기가 있어서 한번 문제가 사회적으로 제기되면 이에 대한 반응과 대처가 매우 빠르게 진행되는 특성이 발현되었기 때문이다.

또한 이러한 변화에는 역설적으로 사회적 체면을 중시하고 또 가족 공동체에 대한 책임을 귀하게 여기는 한국인의 유교적 문화와 사회질서가 큰 역할을 하였다. 곧 미투 운동에서 가해자로 지목된 남성들은 조만간 모든 공직에서 스스로 물러났으며 심한 경우 자신의 생명을 끊기까지도 한 것이다. 이는 남성 우위 문화가 워낙 강한 일본이나 개인주의가 강한 서구사회와는 구별되는 행태라고 할 것이다.

이러한 빠른 진행에도 불구하고 한국사회에서 남성과 여성의 평등 실현과 미투 운동이 포함되는 페미니즘의 진전은 아직도 힘들고 시간이 오래 걸리는 과정으로 생각된다.

그 이유는 먼저, 한국의 각 조직에서는 성폭력 피해 여성들이 조직에 이를 신고하여도 조직이 이를 묵살하거나 신고자를 무마하여 문제 제기를 제대로 처리하지 않고 또한 신고자의 신분을 노출시켜 조직 안에서 왕따를 시키거나 불이익을 받게 함으로써 2차 가해를 가하는 일들이 계속되고 있다. 그리하여 신고자가 자살하게 되는 사례가 여러 번 발생하고 있다. 군이 그 대표적인 예이다. 2021년 중에 해군과 공군에서 성범죄 피해 여군이 각각 자살하였다. 미투 운동 이전부터 군은 군내의 여군에 대한 성범죄 예방에 노력하고 있다고 하지만 상황은 별로 바뀌지 않고 있는 것이다.

다음으로, 미투 운동을 포함하여 한국사회에서 여성에 대한 차별을 없애어 남성과 여성의 평등을 실현하자는 '페미니즘(feminism, 여권주의)'의 진전이 남성들에 대한 역차별을 초래한다며 남성들이 이에 반발하는 현상이 벌어지고 있다. 대표적으로는 30대 남성으로서 보수야당인 국민의 힘의 대표가 되었던 이준석이 대표 시절 이러한 반발에 앞장선 바 있었다. 이렇게 페미니즘의 진전이 남성들의 반발로 방해를 받고 있는 것이다.

이러한 이유들로 인하여 한국사회에서 불평등을 해소해 나가는 일이 쉽지 않은 것이다.

이렇게 한국사회에는 여성 차별의 해소를 통한 남녀평등 문제만이 아

니라 조직 안에서의 상급자와 하급자 사이의 차별을 포함한 경제적 사
회적 강자와 약자 사이의 차별, 인종에 의한 차별, 사회적 소수자에 대한
차별이 감소하고는 있지만 여전히 존재하고 있는 실정이다. 그리하여
평등한 시민사회의 실현은 아직도 갈 길이 멀다고 하겠다.

8. 국민의 낮은 삶의 만족감 문제: 효과적인 처방 찾기의 어려움

남한의 한국은 2차 세계대전 이후 새롭게 정부를 구성한 나라 가운데 경제개발과 민주화의 두 가지 국가적 목표를 달성하여 번영을 이룬 세계적으로 매우 드문 예를 보인 나라이다. 특히 공산주의 체제를 택하여 경제적 낙후와 공산 독재를 벗어나지 못하고 있는 북한과는 큰 대비를 보이고 있다.

곧 한국은 1960년대 이후 군사독재체제 아래 경제개발에 성공하고 이어서 1980년대 말에는 제도적 민주화를 성취하였으며 2010년대 말 이후에는 보다 성숙된 실질적 민주화를 추진하고 있다. 그리고 경제규모에 있어서는 세계 10위권의 경제대국이 되었다.

그리고 이러한 성취를 반영하여 UN무역개발회의(UNCTAD)는 2021년에 한국의 지위를 개발도상국에서 선진국으로 변경하였는데 이는 1964년에 UNCTAD가 설립된 이후 처음 있는 일이다. 이로써 세계 선진국은 31개국에서 32개국으로 늘어났다. 그리고 영국의 Economist지가 2006년 이후 매년 발표하고 있는 민주주의 지수에서 한국은 2017년 이후 거의 매년 아시아에서 일본을 제치고 있으며 대만을 제외한다면 아시아에서 가장 민주주의 지수가 높은 나라로 평가되고 있다. 그리고 매년 미국보다도 높은 수준을 보여 주고 있다.

또한 대중문화 면에서도 근래 아이돌 그룹 '방탄소년단(BTS)', 영화 〈기생충〉과 드라마 〈오징어 게임〉의 경우처럼 세계적으로 탁월한 성과를 보이고 있기도 하다.

그러나 한편으로는 2022년 10월에 서울 이태원에서 핼러윈 축제에 인파가 몰려 150여 명이 압사하는 선진국으로서는 있을 수 없는 일이 벌어졌다.

이렇게 현 단계 한국사회는 외형적으로 볼 때 일견 괜찮은 모습 가운데 후진적 모습도 아울러 보여 주고 있다.

이제 여기에서 우리는 이러한 모습을 보이고 있는 한국사회에서 살고 있는 한국 국민들이 실제 느끼고 있는 삶의 만족감 또는 행복감은 어떠한가 하는 점을 살펴보고자 한다.

먼저 한국갤럽이 2021년에 조사한 바에 의하면[20] 응답자 가운데 본인이 '행복하다'고 생각하는 응답자의 구성비는 57%이고 '행복하지 않다'는 응답자의 구성비는 6%, '어느 쪽도 아니다'는 응답자의 구성비는 38%이다. 그리고 행복 응답자 구성비(57%)에서 비행복 구성비(6%)를 뺀 순지수는 51%인데 순지수 기준으로 각 국별 순위를 보면 조사 대상국 44개국[21] 가운데 16위로서 일본(11위)보다는 낮지만 미국(29위)이나 구미 선진국들보다 높은 것으로 나타나고 있다. 곧 갤럽 조사의 경우에는 주관적 행복감이 그 나라 국민의 기질에 크게 좌우되는 반면 소득 수준이나 사회제도의 안정성과는 별 상관이 없는 것으로 나타나고 있다.

그런데 한국사회의 주관적 행복감의 추이를 보면 전체적으로 보아 1991년부터 2021년의 30년 기간 동안 눈에 띠는 추세를 보임이 없이 대체로 비슷한 수준을 보이고 있는 것으로 생각된다.[22]

---

20)   한국갤럽, 2022년 새해전망, 행복감(2021. 12. 18.).

21)   'Gallup International 다국가 조사'.

22)   이러한 추론은 각각 동일한 조사 항목이 사용된 1991-1997 기간과 2001-2010 기간 및 2011-2021년의 각각의 기간 중에 주관적 행복감 수준에 큰 변화를 보이지 않는 점에 근거하였음.

다음으로 UN산하 '지속가능 발전해법 네트워크(SDSN, Sustainable Development Solutions Network)'가 매년 The World Happiness Report를 통해 발표하는 세계 150개 내외 국가의 행복지수(Happiness Index)를 통하여 한국의 주관적 행복감 상황을 보도록 하자.

한국의 행복지수 국제 순위는 145개국 가운데 59위로 그리스(58위), 필리핀(60위), 태국(61위)과 비슷한 수준이다. 아시아에선 대만(26위), 싱가폴(27위)에 많이 뒤지고 일본(54위)보다 조금 뒤지는 상황이다. 이와 같이 한국 국민들이 느끼는 행복감은 한국의 경제력이나 일반적인 위상에 비추어 상당히 낮은 형편이라고 할 것이다.

그런데 한국의 행복지수는 5.9인데 이는 국민들이 생각하는 최고 수준의 행복감을 10.0으로 볼 때 국민들 자신이 느끼고 있는 행복감의 전체 평균이 5.9라는 것을 의미하는 것이다. 한편 세계 1위인 핀란드의 경우에는 행복지수가 7.8이고 최하위 아프가니스탄은 2.4이다. 그리고 SDSN에서는 이러한 행복지수를 결정하는 요소로 6개를 상정하고 있는데 한국과 핀란드 두 나라의 요소별 수준을 비교하면 한국은 핀란드에 비하여 '기대 수명' 요소가 상당히 높고 '관용(기부 행위)' 요소가 약간 높으나 그 밖에 '1인당 GDP' 요소에서 약간 낮고, '사회적 지지(도움 받음)', '선택의 자유', '정부의 정직성' 등 세 가지 요소에서는 매우 낮은 수준을 보임으로써 전체적으로는 크게 낮은 수준을 보이고 있다.

한편 연도별 한국의 행복지수 순위 추이를 보면 2012년 56위를 시작으로 2013년 41위, 2016년 58위, 2019년 54위, 2020년 61위, 2021 62위 그리고 2022년 59위로 지난 10년 동안 순위가 약간 낮아지는 추세를 보이고 있다.

이렇게 한국은 경제적으로는 세계 10위권을 차지하고 있는 경제대국이고 또 선진국으로 분류되기도 하지만 국민들의 삶에 대한 만족도는 경제 수준에 많이 못 미치고 있는 실정이다.

나라별 행복 순위 2019-2021(발췌)

1 핀란드	2 덴마크	3 아이슬란드	4 스위스	5 네덜란드
9 이스라엘	10 뉴질랜드	12 호주	14 독일	16 미국
17 영국	20 프랑스	21 바레인	26 대만	27 싱가폴
30 우루과이	31 이탈리아	38 브라질	40 카자흐스탄	48 폴란드
50 쿠웨이트	54 일본	59 한국	60 필리핀	61 태국
66 콜롬비아	70 말레이시아	72 중국	77 베트남	80 러시아
84 네팔	94 방글라데시	103 세네갈	107 이라크	110 이란
112 터키	119 케냐	129 이집트	131 에티오피아	136 인도
144 짐바베	145 레바논	146 아프가니스탄		

한국 행복 순위

연도	2012	2013	2015	2016	2017	2018	2019	2020	2021	2022
순위	56	41	47	58	56	57	54	61	62	59

자료: World Happiness Report 각호, UN 지속가능 발전해법 네트워크(SDSN)

그리고 여기에서 삶의 만족감과 관련하여 주의를 끄는 자살률을 보도록 하자. 자살률에서 한국은 매우 높은 수준을 보이고 있다. 곧 2020년 한국의 10만 명당 자살자 수는 25명으로 OECD 국가들 가운데 가장 높은 수준이며, 2000년대 초반 이후 20년 가까이 계속 그러한 상태가 지속되고 있는 것이다. 한국의 자살률 추이를 보면 10만 명당 자살자 수가 1980년대 초반 이후 1994년까지는 7-9명대를 보이다가 1995년부터 10-18명대를 보였고 2003년 이후에는 20명 이상을, 그리고 2009년부터 2011년 중에는 31명대로 증가하였다가 2012년 이후부터 2019년까지는 24-28명대를 보이고 있다. 곧 자살률이 1990년대 초에 비해 네 배 정도로 높아진 것이다.

물론 어느 나라 국민들의 삶의 만족도와 자살률 사이에 일반적인 상관 관계가 발견되는 것은 아니다. 곧 삶의 만족도가 높은 나라의 경우에 자살률이 낮다고 볼 수는 없다. 예를 들어 OECD 국가 가운데 삶의 만족도가 가장 높은 핀란드의 경우에 자살률 또한 아홉 번째로 높게 나타나고 있으며 반면에 삶의 만족도가 가장 낮은 수준인 터키의 경우에는 자살률이 가장 낮게 나타나고 있다. 이렇게 삶의 만족도와 자살률 사이에 상관 관계가 없는 것으로 나타나고 있음에도 불구하고 한국의 경우에는 OECD 국가들 가운데 삶의 만족도가 자장 낮은 편에 속하면서도 자살률 또한 가장 높은 수준을 보이는 독특한 행태를 보이고 있음은 매우 우려할 상황이라고 할 것이다.

그리고 출산율을 보면 여성 한 명이 일생 동안 출산하는 출생아 수를 나타내는 합계출산율이 2016년부터 급격히 낮아져서 2018년에 0.98로 1 이하로 떨어지고 2020년에는 0.84까지 낮아졌다. 이는 OECO는 물론 세계적으로도 가장 낮은 수준이다. 이렇게 자살률이 높고 출산율이 낮다고 하는 것은 한국 국민들이 자신들의 삶에 대하여 긍정적으로 보지 않고 있음을 시사한다고 할 것이다.

곧 전반적으로 보아 한국 국민들은 2010년대 이후 종전에 비해 주관적 행복감이 낮아졌으며 또한 현 단계에서 다른 나라와 비교하여 볼 때에도 삶에 대하여 긍정적으로 보는 편이라고 말하기는 어려운 실정이라고 할 것이다.

곧 한국사회는 1960년대 이후 경제개발의 성공과 뒤 이은 제도적 민주화의 성공이라는 세계적으로 드문 훌륭한 성과를 이룩하였음에도 불구하고 국민들의 삶에 대한 만족도는 세계적으로 보아 매우 낮은 단계를 보이고 있으며 또한 자살률도 OECD국 가운데 지속적으로 가장 높은 수준을 보이고 있어서 한국 국민들이 한국 현실에 대하여 불만스러워하고 또 힘들어하고 있음을 분명하게 보여 주고 있다. 이는 한국사회로 보아 심각한 문제라고 할 것이다.

이러한 현상은 과거 한국 국민이 이룩한 경제개발과 민주화라는 훌륭한 업적이 오늘날 한국 국민의 행복감에 직접적인 영향을 주지는 않는다는 점이다. 따라서 현재 한국 국민의 행복감을 높이기 위하여는 종전의 경제개발이나 민주화와 같은 큰 국가 사회적 목표의 실현이 요청되는 단계는 지난 것으로 생각된다. 이제는 실제 생활에 보다 가까운 여러 가지 내용에 있어서의 개선이 필요한 단계에 들어갔음으로 국민의 행복감을 높이기 위하여 국가 사회가 집중적으로 노력할 내용을 정하기가 쉽지 않을 뿐 아니라 그 효과도 기대하기 곤란하다고 할 것이다. 그냥 원칙적으로 실직적인 민주화를 진행시켜 나가는 정도를 걷는 자세가 필요한 것으로 생각된다.

한국사회 진행에 대한 몇 가지 관찰

7장에서는 한국사회의 진행 과정을 다음의 다섯 측면에서 보고자 한다. 곧 1) 한국사회의 진행 과정에 대한 평가 2) 한국사회의 지배적 영향 요소들 3) 한국 국민의 행태 결정 요소인 집단주의와 개인주의 4) 한국사회 발전의 기본 동인 5) 한국사회의 문화적 측면이다.

1. 한국사회의 진행 과정에 대한 평가: 성취와 실패를 쌓은 발전 과정

먼저 해방 이후 오늘에 이르기까지의 한국사회의 진행을 전체적으로 어떻게 평가할 것인가? 하는 문제를 논의해 보도록 하자.

지금까지 논의한 내용과 같이 1948년 남한에 민주주의 체제 정부를 수립한 이후 처음 13년은 6.25동란과 이승만 독재, 4.19학생혁명, 장면 정부를 거치면서 혼란과 좌절을 겪었다. 그러나 1961년 박정희의 군사 쿠데타 이후 18년 동안은 군사독재체제 아래에서 경제개발에 성공하였으며 이어서 민주화를 외치는 광주 시민들을 학살하면서 정권을 잡은 전두환의 군사독재체제 아래에서 경제개발의 성공이 지속되었다. 이렇게 한국사회는 1960년대 초부터 1980년대 후반까지 27년의 기간 동안 경제개발에 성공함으로써 한국사회의 번영의 경제적 기반을 마련하였다.

다음으로 1987년에는 6월 민주항쟁이 일어나서 전두환 정권을 굴복시킴으로써 30년 가까운 군사독재체제를 무너뜨리고 다음 해부터 민주주의 체제의 6공화국이 들어서서 34년이 지나 오늘에 이르고 있다. 이렇게 한국사회는 정부 수립 이후 74년 동안 1단계 13년의 혼란기, 2단계 27년의 경제개발기, 그리고 3단계 34년의 민주화기를 차례로 진행시켜 온 것이다. 이와 같이 한국사회는 2차 세계대전 이후 신생 국가 또는 개발도상국 가운데 경제개발과 민주화를 모두 이룩한 거의 유일한 국가로 지목되고 있는 실정이다.

남한은 1960년대 초반 박정희 정권이 경제개발을 추진하기 전부터 국가적으로 가난을 탈피하여 '먹고사는' 문제를 해결하는 것이 절대적으로 중요한 과제였다. 물론 이보다 더 중요한 문제는 공산주의 체제의 북한의 적화통일 위협으로부터 남한의 민주주의 정부를 지켜 내는 것이었다. 실제로 북한의 1950년 남한에 대한 전면 침공을 UN군의 도움으로 가까스로 막아 낸 이후 정전 상황이 계속되는 단계에 들어서자 한국사회는 전 국민과 정부가 경제개발을 염원하게 되었고 장면 정부도 경제개발계획을 마련하였다. 그러나 경제개발의 실제적인 추진은 박정희 군사정부에서 시행되기 시작하였다. 그리고 이때까지도 남한은 북한에 비해 1인당 국내총생산이 뒤져 있었다. 일제 시대부터 북한 지역의 지하자원, 발전시설, 생산시설이 남한에 비해 크게 앞섰기 때문이었다.[23] 그리하여 UN 통계에 따르면 남한의 1인당 GDP(Gross Domestic Product, 국내총생산)가 북한보다 앞서기 시작한 것은 남한이 경제개발을 시작하고도 12년이 지난 1974년부터였다.[24]

한국은 1970년대 초반부터는 '보릿고개'나 '절량농가'라는 말이 사라지면서 먹을 것이 없어서 굶어 죽는 사람은 거의 없어졌다. 그 뒤 10년이지난 1980년대에 이르러서는 근로자 임금이 빠르게 오르면서 중산층이형성되기 시작하였고 1980년대 말에는 이른바 '마이카'라고 하여 자가용소유가 보편화되기 시작하였다. 이렇게 대다수 한국 국민들은 경제생활이 윤택해진 것을 느끼게 되었다. 그리고 1988년에 열린 서울 올림픽은국내외에 한국경제의 번영을 과시하는 축제적 성격을 띠게 되었다.

같은 시기에 1988년에 출범한 6공화국은 박정희가 1972년 10월 유신으로 폐지하였던 대통령 직선제가 회복됨으로써 1961년 5.16군사쿠데타 이후 27년간 계속된 군사독재체제가 무너지고 한국 민주주의가 새로운 출발을 보였다. 이와 같은 변화는 1987년의 6월 민주항쟁에 대하여전두환의 군사독재정권이 굴복한 결과였다.

그리고 6공화국은 국민의 정부 선택권과 기본적인 인권이 대체로 보장되는 가운데 유지, 진행되고 있다. 그리고 2017년에는 박근혜 대통령이 권한 남용과 부패 혐의로 헌법 절차에 따라 대통령직에서 파면됨으로써 실질적 민주화로 단계로 들어서게 되었다. 이러한 사실은 한국이

---

23) 1945년의 경우 북한은 남북한 석탄 생산량의 79%, 발전량의 92%, 중공업 생산액의 79%(1940년)를 차지하고 있었다.

24) 2020년의 경우 남한의1인당 GNI(Gross National Income 국민총소득)는 북한의 27배에 이르고 있다.

경제개발에 이어 민주화를 실현하였음을 의미하는 것이다.

이로써 한국은 1948년 남한 정부 수립 이후 오늘에 이르기까지 70여 년이 지나는 기간 동안 경제개발과 민주화의 두 가지 국가적 목표를 차례로 이루게 되었다. 이리하여 한국은 2차 세계대전 이후 개발도상국 가운데 경제개발과 민주화의 두 가지에 모두 성공한 세계적으로 드문 국가가 되었다.

한편 이렇게 한국사회가 경제개발과 민주화를 이루는 70여 년 동안 앞에서 논의했듯이 여러 가지 실패도 기록하였다. 친일 행위에 대한 심판 실패, 민간인 학살 등 정부 또는 공권력이 저지른 인권 범죄와 이에 대한 처리 부진, 보수 대 진보진영의 양극화와 오늘날 보는 국민의 낮은 만족감 등은 이러한 실패의 예이다.

그러나 이러한 실패에도 불구하고 한국사회의 지난 70여 년은 경제개발과 민주화라고 하는 두 가지 큰 과제를 달성하였다는 점에서 전체적으로 보아 발전 단계로 평가할 수 있다고 할 것이다. 왜냐하면 개도국의 경우에 있어서 1차적 목표는 경제개발이고 다음 2차적 목표는 민주화라는 점이 인정되고 있기 때문이다.

그런데 한국은 경제적인 측면에선 2021년 7월 UNDP(United Nations Development Programme 유엔개발계획)가 UNDP 사상 처음 있는 예로 한국의 지위를 개도국에서 선진국(32개국)으로 변경하였다. 그리고 GDP 세계 순위는 2018년 이후 10-12위 수준으로 경제 대국임을 보이고 있다. 한편 민주주의 수준에 있어선 〈Economist〉지 작성 민주주의 지수 순위가 2007년 31위였고 그 뒤 2010년 이후 2020년 기간 중에는 20-23위 수준으로 대체로 일본과 같고 미국보다 조금 앞서는 상황이다. 이렇게 한국이 경제개발과 민주화에서의 성취가 세계적으로도 확인되고 있다고 하겠다. 따라서 한국 사회가 위에서 논의한 여러 실패의 내용에도 불구하고 정부 수립 이후 세계적으로 뛰어난 경제개발과 민주화의 성과를 보임으로써 기본적으로 발전 과정을 진행시켜 왔다고 평가하는 것에는 별 무리가 없다고 할 것이다.

2. 한국사회의 지배적 영향 요소 다섯 가지: 빈곤·민주주의·북한·기독교·미국

앞에서 우리는 한국사회가 해방 이후, 해방-전쟁-독재와 경제개발-민주화의 네 단계로 진행하여 오늘에 이른 것으로 보았다. 그렇다면 이제 이러한 과정에서 한국사회에 지배적인 영향을 준 요소들로는 어떠한 것들이 있는가 하는 점을 보고자 한다.

이 글에서는 가난, 민주주의, 북한, 기독교, 미국의 다섯 가지를 들고자 한다.

먼저 신생국 한국으로서 건국 초기의 당면 목표는 국가 안전 보장과 가난 극복, 그리고 민주주의 실현의 세 가지를 들 수 있을 것이다. 곧, 첫번째로는 국가의 안전 보장이라고 할 것이다. 이는 국가로서는 기본적인 목표이며 더욱이 당시 남한 정부는 북한 공산주의 정부와 강한 적대감을 갖고 대치하게 된 상황에서 당연한 내용이라고 할 것이다. 두 번째로는 가난 극복이다. 당시 가장 심각한 경제 문제는 식량부족 사태였다. 식량 생산이 답보 상태에서 남한의 급격한 인구유입으로 식량부족 사태가 발생하였다. 따라서 당면 식량부족 상황이 웅변하는 가난의 극복이 절실한 당면 목표였다. 세 번째로는 민주주의의 실현이었다. 해방과 동시에 한국사회는 좌우익 간의 사생결단식의 대결이 벌어졌고 여기에 미군과 소련군의 개입이 함께하여 결국은 남북한이 각각 민주주의 체제와 공산주의 체제의 국가를 세운 것인데 실제에 있어서 남북한 주민들의 이러한 이념과 체제에 대한 이해는 매우 피상적인 수준에 머물러 있었겠지만 어쨌든 남한의 경우에는 민주주의 체제를 선택하였기 때문에 민주주의의 실현이 당연히 남한의 중요 목표로 자리 잡게 되었다. 이에 따라 북한 공산주의 체제의 존재와 가난 극복, 그리고 민주주의의 실현의 세 가지가 건국 초기 지배적 영향 요소로 받아들여졌다고 할 것이다.

그리고 이 세 가지 요소는 비록 해방 건국 초기만이 아니라 오늘에 이르기까지 계속하여 지배적인 영향 요소로 한국사회의 진행에 영향을 미쳐 왔던 것이다.

그런데 이 세 가지 요소에 더하여 기독교와 미국의 두 가지 요소가 남한사회의 지배적 영향 요소로 자리 잡았다. 이 가운데서 기독교는 19세기 말에 조선에 들어온 이후 조선의 근대화 과정과 일제 시대의 독립운동 선도 집단의 역할을 하였고 미군정 때에는 군정의 협력 집단으로서 역할을 감당하였다. 그리고 이러한 기독교의 선도적 역할은 오늘에 이르기까지 이어지고 있다고 할 것이다. 그리고 이 과정에서 기독교는 미국과의 특별한 관계를 맺어 오고 있다는 점이다.

한편 미국 또한 한국사회 진행에 있어서 막대한 영향력을 행사하여 왔다. 해방 이후 기간만 보더라도 한국 입장에서 미국은 일제로부터의 해방자이고 남한 군정의 담당자로서 남한의 민주주의 정부 수립의 지지대였다. 이후에도 6.25사변 때 한국의 구원자의 역할을 담당하였다. 여기에 더하여 미국은 세계의 선도국으로서 정치, 경제, 문화, 종교, 학문 등 거의 모든 면에 있어서 한국이 따라가야 할 이상적인 국가로서의 역할을 담당하였다. 부분적으로는 한국이 산업화 과정에서 일본을 배우고 따라하기에 열심이었지만 한국에 있어서 일본 너머에는 항상 미국의 존재가 자리하고 있었던 것이다.

이렇게 해방 이후 오늘에 이르기까지 한국사회의 진행에는 가난, 민주주의, 북한, 기독교와 미국의 다섯 가지 지배적인 영향 요소가 자리하고 있었던 것이다.

지배적 영향 요소들의 기능 변화

빈곤 문제

한편 해방 이후 지배적 영향 요소로서 기능해 온 빈곤, 민주주의, 북한, 기독교 그리고 미국은 기간 중 한국사회가 경제개발과 민주화를 실현해 오는 과정에서 그 기능이 점차로 변화해 왔다.

먼저 빈곤 문제는 한국사회가 1960년 이후 1980년대 후반에 이르는 30년 동안의 경제개발과 고성장으로 절대 빈곤 문제는 해결되었다고 할 것이다. 1950년대와 1960년대까지 한국사회의 고질적인 식량부족으로 인한 절량농가 또는 보릿고개 현상은 1970년대에 들어서면서 사라지게 되었다. 곧 한국사회에서 집단적으로 밥을 굶는 현상은 없어진 것이다. 그리고 1982년부터 시작된 5차 경제계획에서는 계획의 이름부터 경제개발5개년계획이 경제사회발전5개년계획으로 바뀌었고 주요 내용도 종전의 경제성장으로부터 물가안정으로 달라졌다.

이와 같이 한국사회가 가난 문제를 해결하였다고 실감하게 된 것은 이른바 '단군 이래의 호황'이라는 1986-1988년 3년간의 기간이었다. 이 3년 동안 연평균 경제성장률은 12.0%나 되었으며 동시에 이 한국경제의 또다른 숙제였던 만성적인 경상수지 적자 현상이 경상수지 흑자로 돌아선 것이었다. 그리고 1980년에 36만 대에 머물었던 자가용의 보유가 1985년의 88만 대를 거쳐 1990년에는 190만 대로 늘어나 이른바 '마이카' 시대를 열게 되었다. 당시 한국 국민들은 자신들이 잘살게 되었다는 것을 실감하게 되었으며 1988년의 '서울올림픽'은 한국경제의 번영을 세계에 과시하였다.

그러나 1997년 말에 불어닥친 외환위기는 한국 국민들에게 한국경제의 취약상을 깊이 인식케 하였으며 이후 진행되고 있는 빈부격차는 국민들에게 좌절감과 불만을 축적시켜 왔다. 한국사회에서 절대 빈곤 문제가 사라진 다음으로 경제적 불평등 문제가 힘든 과제로 자리 잡고 있는 것이다. 그리고 이러한 경제적 불평등 문제의 고착화는 한국사회 전반적인 공정성 문제의 출현을 가속화하는 배경으로 작용하였다.

민주주의의 실현 문제

한국사회에 있어서 민주주의는 가장 기본적이고도 보편적인 가치로서의 역할을 담당하여 왔다. 대다수 국민에게 있어서 기본적인 인권이나 자유 등과 같은 기본적인 가치보다는 민주주의라는 개념이 보다 실제적인 가치로서 이해되었다. 그리하여 이승만 박정희 전두환의 독재에 대한 끈질기고 강인한 저항은 민주주의의 실현이라는 목적에 근거한 것이었다. 그리고 이러한 민주주의의 실현이라는 이상은 1960년의 4.19학생혁명으로 확실하게 자리 잡은 다음 박정희의 유신독재에 대한 끊임없는 저항을 거쳐 전두환 쿠데타에 대한 1980년의 광주 민주화운동의 엄청난 희생을 감수하였다. 결국에는 1987년 6월 항쟁으로 전두환 독재를 굴복시킴으로써 한국사회의 제도적 민주화에 드디어 성공하였고 2017년에는 박근혜 대통령의 탄핵을 초래함으로써 이후 실질적 민주화 시대로 이어가고 있는 것이다.

다만 여기서 한 가지 주목할 점은 한국 역사상 처음으로 경제개발이 추진되었던 1960년대에 있어서 한국 국민들이 가난 극복과 민주주의 실현이라는 두 가지 목표 가운데 어느 것을 더 중요하게 받아들였는가 하는 문제이다.

이 문제에 대하여, 적어도 1960년대에는 한국 국민들이 가난 극복을 민주주의 실현보다 우선적으로 여겼다고 생각된다. 예를 들어 윤보선 대통령을 비롯하여 상당수의 정치인들과 지식인들과 국민들이 박정희의 5.16군사쿠데타에 대하여 이를 불가피하게 여기거나 환영하는 태도를 보였다. 그 주된 이유는 장면 내각책임제 정부 아래의 무정부를 연상케 하는 혼란과 무질서였다. 그리고 1962년 1월에 군사정부가 제1차 경제개발5개년계획을 발표하고 이를 본격적으로 추진하자 국민들은 경제개발을 위하여는 독재가 불가피하거나 오히려 필요하다고 생각하는 사람들이 많게 되었다. 그리하여 비교적 자유롭게 치른 1969년 10월의 박정희의 3선 허용을 위한 개헌 국민투표에서는 77% 투표율에 68% 찬성률을 보임으로써 한국 국민들은 민주주의보다는 경제개발을 중요시하는 태도를 보였다.

그러나 절대 빈곤 문제가 어느 정도 해결된 1970년대 이후부터는 단연 민주주의의 실현이 한국 국민의 최고 목표가 되었으며 독재에 대한 끈질기고도 강력한 저항이 시작되었다. 그리고 여기에는 1980년 5월 광주 민주화운동의 엄청난 인명 희생도 뒤따르게 되었다. 이러한 국민들의 민주화 투쟁 결과로 1987년 개헌을 통하여 1972년의 유신체제 이후 사라진 대통령 직선제가 1988년 제6공화국에서 회복됨으로써 제도적인 민주화가 이루어져서 제도적으로 대통령에 의한 독재가 불가능해졌다.

그럼에도 불구하고 한국사회에서 법치가 제대로 이루어지고 있지 않은 관계로 대통령에 따라서 대통령이 법에 정해진 권한을 넘는 권력의 불법적 행사가 자행되었는데 이 또한 2017년 헌법재판소에 의해 박근혜 대통령에 대한 탄핵이 결정됨으로써 한국사회는 드디어 제도적인 민주화 이후 다음 단계로서 실질적인 민주화를 실현하는 단계로 들어가게 되었다.

이렇게 한국사회는 1948년 민주주의 체제를 도입한 이후 40년 동안 독재체제가 지배하였으며 1988년 제6공화국의 출발과 함께 제도적인 민주화가 이루어졌다가 다시 약 30년이 지난 2017년부터는 실질적인 민주화를 추진하는 단계로 들어간 것이다.

북한 문제

해방 이후부터 공산주의 체제 북한의 존재는 남한으로 보아 커다란 위협 요소였고 실제로 1950년의 북한의 남침으로 인한 전면전은 한국의 존재를 극히 위험하게 만든 바 있다. 이때 남한은 미국을 비롯한 16개 UN참전국의 참전으로 힘들게 전쟁 전과 비슷한 영토를 갖게 되었다. 이렇게 남북한 양쪽은 끊임없이 군사적 대결 가능성에 대비하면서 긴장 상태에서 대치하고 있다.

한국의 첫 대통령인 이승만 때에는 '북진 통일'을 외치다가 오히려 북한의 남침으로 국가 존망의 위기를 당한 바 있다. 그 뒤 1960년의 4.19학생혁명 후에는 대학생들이 북한의 대학생들을 만나 통일문제를 토론하겠다고 나섬으로써 기성세대를 불안하게 하였고 다음 해 박정희의 군사쿠데타는 혁명공약에서 반공을 제일 앞에 내세웠다. 결국 북한과의 공존을 정책으로 추진한 것은 남북한 정부 수립 40년이 지난 1988년 대통령에 취임한 노태우 정부 때였다. 그다음으로는 첫 평화적인 정권교체를 기록한 김대중의 진보정부였다. 김대중은 2000년 6월 평양에서 북한의 김정일과 최초의 남북정상회담을 가졌으며 그해 노벨평화상을 받았다. 그 이후 부침을 거듭한 남북 관계는 2018년 문재인 정부가 집권하면서 2018-2019년에 남북정상회담 및 북미정상회담이 여러 차례 열렸지만 결과적으로는 북미정상회담이 별다른 성과를 내지 못하면서 남북 관계 또한 답보상태를 보이다가 윤석열 정부 출범 이후에는 긴장 상황을 보이고 있다.

그런데 한국사회에서는 북한에 대하여 어떠한 입장을 취하느냐에 따라 극좌로부터 극우에 이르는 정치적 성향이 결정되고 있다. 곧 북한 정부나 또는 북한 전체에 대하여 유화적인 입장을 취하면 극좌나 진보로 혹은 좌파로 치부되고 있고 이와 반대로 북한에 대하여 강경한 입장을 취하면 극우나 보수로 혹은 우파로 치부되고 있다. 곧 개인이나 정당의 정치적 성향은 다른 무엇보다도 북한에 대한 태도에 의해 결정되고 있는 것이다.

이러한 현상은 한국사회에 있어서 북한 요소의 중요성을 단적으로 보여 주고 있다고 할 것이다.

그러나 전체적으로 볼 때 1990년대 이후에는 남북한이 종전의 일방적인 통일을 거론하던 것에서 벗어나서 남북공존과 평화통일을 내세우게 됨으로써 남북한이 종전의 대결구도를 벗어났다고 할 수 있다. 그리고 1991년의 남북한 유엔 동시 가입이 이를 공식화하였다고 하겠다.

이러한 변화에도 불구하고 북한 요소는 여전히 한국사회의 집단 의식

을 양분하고 있으며 이로 인하여 정치적 사회적 대립과 갈등을 고정화
시키고 있다고 할 것이다. 또한 북한의 독자적인 핵무기 보유는 남한으
로서 국가 안보에 커다란 부담이며 국가 안전에 위협 요소로 작용하고
있다고 할 것이다.

기독교 문제

기독교는 19세기 말 조선에 들어온 이후 한국의 근대화의 실현에 가
장 큰 영향을 준 요소라고 할 수 있다. 무엇보다도 하나님 앞에 만인이
평등하며 모든 사람은 하나님께서 창조하신 귀한 존재라는 사상과 미국
이 선진국이라는 사실은 한국인들에게 신문명으로 큰 영향을 주었다.
또한 일제 시대에도 교회와 기독교인들은 독립운동에서 중추적인 역할
을 담당하였다. 이어 해방 이후에는 기독교인들이 미군정에 참여하였고
초대 대통령인 이승만은 열렬한 개신교 교인이었다. 이렇게 기독교는
해방 이후 처음 15년간 기독교인들의 군정과 정부 참여로 한국사회에
서 선도적인 집단을 형성하였고, 이후에도 박정희와 전두환의 경제개발
과정에서도 보수 개신교가 이들 정권과 협력 관계를 형성하면서 기독교
집단의 선도적 역할은 계속되었다.

예를 들어 정치 분야를 보면 2020년 국회의 경우에 기독교인 국회의
원의 비중은 개신교 42%, 천주교 26%로 모두 68%를 차지하고 있는 것
으로 보인다. 이는 기독교 인구 비중이 개신교 20%, 천주교 8%로 모두
28%를 차지하고 있는 것에 비교하여 두 배를 넘는 비중이다. 곧 기독교
집단의 역할이 인구 비중에 비교하여 큰 편이라고 할 수 있다.

그러나 2000년대에 들어와서 한국사회에 있어서 기독교 집단의 영향

력은 줄어들고 있는 것으로 생각된다. 무엇보다도 교회 현장에서는 교인 수의 감소 추세를 느끼고 있다는 점이다. 그 이유로는 특히 개신교의 경우 첫째로는 과거 독재정권과의 협력적 관계가 교회의 도덕적 권위를 손상시켰다는 점과 둘째로는 한국사회의 전반적인 시대정신이 서구의 개인주의적이고 탈도덕주의적인 추세를 따라가고 있음에 따라 기독교 사상이 영향력을 잃고 있다는 점이다. 여기에 목회자 세습 등 윤리적 문제의 발생도 교회에 부담을 주고 있다.

미국 문제

한국으로 보아 미국은 여러모로 절대적인 존재이다. 한국을 일제로부터 해방시켰으며 남한의 민주주의 정부를 세우는 데 결정적인 역할을 담당하였고 6.25전쟁 때에는 한국을 구하였다. 이후에도 공산주의 체제 국들인 북한과 중국 그리고 러시아의 안보 위협에서 한국을 보호해 주고 있는 유일한 국가이다. 이에 더하여 문화와 사상과 학문과 종교에 있어서도 미국은 한국에 절대적인 영향력을 발휘하고 있다. 특히 한국 최대의 종교인 개신교는 미국에 의하여 전해지고 또 상당 기간 유지되어 왔던 것이다. 또한 미국은 근래에 이르기까지 한국이 목표로 하고 좋아하고 따라가고자 하는 이상 국가였다.

그러나 이러한 한국에 대한 미국의 영향력은 특히 1990년대 이후 줄어드는 추세를 보이고 있다. 정치적 측면에서는 남북한 관계가 적대 관계로부터 공존 관계로 변화되고 남한사회 안에 민족주의적이며 독자적 입장이 커짐에 따라 종전처럼 미국에 일방적으로 의존하던 태도가 약화되는 추세에 있다. 또한 한국사회의 민주주의 수준이 미국과 대등한 수준으로 높아졌고 경제적 측면에서도 한국의 경제력이 상대적으로 빠르게 증대됨으로 인해 종전처럼 미국에 일방적으로 의존하고 따라가던 행태는 변화되었다. 그리고 미국에 대하여 보다 잘 알게 됨에 따라 미국사회가 지니고 있는 모순과 문제점도 더욱 알게 되었다. 그리하여 '미국은 대단한 나라이다'라는 인식이 '미국은 복잡한 나라이다'라는 인식으로 바뀌고 있는 실정이다.

또한 전반적으로 한국이나 미국이나 국제관계에 있어서 냉정한 이해관계적 요소에 대한 인식이 자리 잡게 되면서 종전의 감정적인 요소를 대체하는 추세라고 할 것이다. 이렇게 한국사회에 있어서 미국 요소의 중요성은 줄어들고 또 변화되는 모습을 보이고 있다.

3. 한국 국민의 행태 결정 요소 두 가지: 집단주의 대 개인주의

한국사회가 위에서 논의한 다섯 가지 지배적 영향 요소를 환경적 제약 조건으로 지니고 있는 가운데서도 이들 요소에 대처하고 또는 이용하면서 결과적으로 경제개발과 민주화를 추진해 온 주체로서의 행태 또는 국민적 태도는 무엇이라고 볼 수 있을까?

저자는 이 문제에 대한 답을 한국 국민의 집단주의적 행태와 개인주의적 행태의 혼합이라고 보고자 한다. 곧 한국 국민의 행태는 전통적으로 지녀 온 집단주의적 행태가 추세적으로 감소하는 동시에 서구사회의 개인주의적 행태가 한국사회에 들어오는 과정에서 추세적으로 증가하는 상황이 진행되어 온 과정에서 이 두 행태가 혼합 또는 복합되어 형성된 행태가 한국 국민의 행태 또는 태도를 결정하였다고 보는 것이다. 그리고 당연히 이 복합된 행태는 고정되어 있는 것이 아니라 여기에서 말한 대로 시간의 진행에 따라 집단주의적 요소의 비중은 감소되는 동시에 개인주의적 요소의 비중은 증가되는 추세를 보였다고 하겠다.

집단주의는 공동체 구성원들이 공동체 전체의 안전과 번영을 중시하고 공동체의 이해를 개인의 이해보다 우선시하는 행태라고 규정할 수 있다. 한편 개인주의는 공동체 구성원들이 구성원 개인의 권리와 자유를 중시하고 개인의 이해를 공동체의 이해보다 우선시하는 행태라고 규정할 수 있다. 그런데 한국사회는 근대화 이전까지는 조선의 유교적 정치 이념과 사회 윤리가 지배하여 왔는데 이는 강한 집단주의적 성격의 것이었다.

그런데 한국사회의 이러한 집단주의적 사고방식은 그 기원이 조선 시대 이전부터 형성되어 온 것으로서 그 뿌리가 매우 깊고 강력하다고 할 것이다. 곧 한국사회의 집단주의는 한반도에서 같은 언어를 쓰는 같은 민족이라는 인식에서 형성되어 온 것으로 지리적 역사적 문화적인 의미가 얽혀 있는 복합적인 성격의 것이라는 점이다. 그러므로 한국사회의 집단주의는 매우 강력한 특징을 지니고 있다고 하겠다.

그런데 이러한 집단주의적 국민 의식과 행태는 한국이 경제개발을 추진하고 성공하는 데 있어서 기본적인 요소가 되었다. 한국의 경제개발은 수출 주도형 공업화 정책의 추진으로 진행되었는데 이는 가용한 모든 국내 자원과 외국에서 빌려온 자본을 수출품 생산 및 그 지원에 동원한 생산 중심의 전략이었다.

그리고 이 과정에서 특히 근로자들의 희생이 컸다. 곧 수출품의 가격을 낮추어 세계 시장에서의 경쟁력을 유지하고자 생산에 참여한 근로자에 대한 임금은 대부분 생계비에 훨씬 못 미치는 최저 수준으로 억제되었다. 노동조합의 결성과 활동은 무자비하게 탄압받았다. 이러한 상황에서 근로자에 대한 정당한 임금 지급과 노동 조건의 실현과 국민 전체에 있어서의 공평한 소득분배는 금기시되고 또 이를 주장하는 행위는 마치 망국 행위처럼 여겨졌다. 한편 공무원 급여도 매우 낮게 책정되었고 박정희는 급여 수준에 불만인 공무원들은 '조국 근대화 대열에서 떠나라'고 공언하였다.

당시 한국사회에서는 '수출은 애국'이라는 구호가 일상화되어 있었고 그해 수출 목표를 달성하는 것이 정부와 국민의 지상 과제였다. 박정희가 수출 공단을 시찰하여 일하고 있는 여공에게 금년도 한국의 수출 목표를 물었을 때 여공이 이를 정확하게 답변하고 박정희가 그 여공을 치하하는 일도 있었다. 그리고 박정희와 정부는 '선 성장-후 분배'를 강조하였다.

그런데 당시 이러한 사고는 비단 박정희뿐만 아니라 대다수 국민들에게 공유되었고 많은 노동자들조차도 이를 당연한 것으로 받아들였다. 이러한 상황에서 많은 근로자들이 법이 정하는 근로 조건에 훨씬 못 미치는 열악한 수준에서 혹사당하였으며 국민들은 이러한 근로자 상황에 대하여 관심이 없거나 또는 당연하다고 생각하였다. 그리고 박 정권의 탄압 가운데서도 용기 있게 군사독재에 저항하던 진보적 기독교 인사들도 1970년 전태일이 '근로기준법 준수'를 외치며 분신하기 전까지는 이 문제에는 별다른 의식이 없었다.

그런데 이렇게 거의 모든 국민이 이러한 근로자들의 희생을 어쩔 수 없거나 당연한 것으로 여긴 이유는 수출 증대를 통한 경제개발의 성공을 위하여는 이러한 희생이 필요하다고 생각하였기 때문이었다. 곧 당시 한국 국민들은 수출증대를 통한 경제개발의 성공이 국가의 최우선 목표였고 이 목표의 달성을 위하여는 근로자 한 사람 한 사람의 희생이 필요하고 또 당연하다고 생각한 것이다. 그리고 이러한 사고와 태도가 바로 집단주의적 사고와 태도였다.

같은 사고방식으로 당시 많은 국민들은 한국의 경제개발을 위하여는 박정희 독재가 필요하다고 생각하였다. 곧 자신들 '한국 사람들은 말들이 많아서' 뜻을 모아 국가 목표를 달성하기가 어려우니 차라리 독재자가 앞에 나서서 국가를 이끌어가고 국민들은 무조건 이에 따라가는 것이 국가 발전에 도움이 된다고 생각하였다. 그리하여 독재로 인한 인권

침해나 개인 희생은 그냥 지나치는 것으로 생각하였다. 이 또한 한국 국민의 집단주의적 사고를 나타내는 예라고 할 것이다. 이와 같이 한국의 경제개발의 성공에는 기본적으로 한국 국민의 집단주의적 사고와 태도가 그 기초가 된 것이고 다시 말하여 한국 국민의 집단주의적 사고가 한국의 경제개발을 성공시켰다고 할 것이다.

그러나 한국이 경제개발에 성공한 이후에 다음 단계로 민주화를 실현한 것은 개인주의적 사고라고 하겠다.

한국사회에 있어서 개인주의적 사고는 서구적 사고이며 따라서 외래에서 도입된 사고이다. 물론 서구 개인주의가 들어오기 이전에 한국사회에 개인주의적 사고가 아주 없었다고 볼 수는 없을 것이다. 그러나 이러한 사고가 종전의 질서와 사고방식이 자리 잡고 있는 한국의 전통사회 안에서 여러 사람에게 공통적으로 공유되고 사회에서 하나의 흐름을 형성하지는 않았던 것이다. 한국사회에 개인주의적 사고가 처음 들어온 것은 18세기 후반 천주교가 들어온 것으로 볼 수 있다. 비록 천주교 또는 기독교가 개인주의를 명확하게 주장하는 종교라고 볼 수는 없지만 '인간은 하나님께서 창조한 귀한 존재이며 모든 인간은 하나님 앞에서 평등하다'는 관점은 당시의 신분 사회에 개인주의적인 사고를 제시한 것이었다고 할 것이다. 또한 당시 서학(西學)이라고 불리었던 천주교에 대비하여 민족 종교인 동학(東學)이 시작되었는데 그 중심 사상이 '인내천(人乃天)'으로서 '사람이 곧 하늘이다'라는 인간 중시와 만인 평등의 사상을 전파하였다. 이와 같이 18세기 후반 중국을 통해 들어온 천주교와 자생적으로 출현한 동학(뒤에 천도교로 발전됨)이 개인주의적인 사고를 제시하였다. 그리고 1894년 갑오개혁을 통하여 신분제도가 철폐되기에 이르렀다. 그러나 한국사회 전체적으로는 집단주의 사고가 여전히 지배적인 상황이었다. 이후 1910-1945년 기간 중의 일제 시대에도 한국 국민의 집단주의적 사고는 일제에 대한 거부감으로 오히려 강화되었다고 하겠다.

그리하여 한국사회에서 개인주의가 하나의 흐름 또는 사조로 대두된 것은 서구의 학문이 들어오고 뒤를 이어서 보다 직접적으로는 민주주의가 제시되고 또 남한에 민주주의 체제의 정부가 세워진 것이 결정적이었다고 하겠다. 한국의 헌법은 크게 보아 서구의 경우에서와 같이 원칙적으로 생명과 자유와 권리 등 각 개인의 기본적인 인권을 존중하고 모든 성인의 투표권의 보장 등 국민의 평등한 참정권을 보장하도록 정하였다.

곧 1948년 제정된 제헌 헌법은 5조에서 '대한민국은 정치, 경제, 사회, 문화의 모든 영역에서 각인의 자유, 평등과 창의를 존중하고 보장하며 공공복리의 향상을 위하여 이를 보호하고 조정하는 의무를 진다.'고 하고 8조에서는 '모든 국민은 법률 앞에 평등이며 성별, 신앙 또는 사회적 신분에 의하여 정치적, 경제적, 사회적 생활의 모든 영역에서 차별을 받지 아니한다'라고 정하고 있다. 그리고 이어서 신체의 자유, 거주와 이전의 자유, 통신의 비밀 보장, 신앙과 양심의 자유, 언론의 자유, 학문과 예술의 자유, 재산권 보장 등 등을 정하였다. 그리고 이러한 내용은 이후 현행 헌법에 이르기까지 계속 유지되어 왔다.

따라서 한국사회도 법적 제도적으로는 서구 국가와 비등한 수준으로 국민의 개인적인 개인주의 추구와 행사가 보장되어 있다고 할 것이다.

그러나 비록 이러한 민주주의 체제의 실행으로 인한 개인주의적 사고의 행사에 대한 제도적 보장이 이루어졌지만 실제로 한국 국민들이 생활의 각 영역에서 개인주의적인 행태를 보이는 것은 결국 각 개인의 사고방식이 얼마나 개인주의적인 성격을 가지고 있느냐 하는 것에 의하여 결정되는 것이다.

이러한 측면에서 볼 때에 한국사회는 정부 수립 이후 전통적인 집단주의적 성향이 감소하는 가운데 개인주의적 성향은 증가하는 추세를 보이고 있는 것으로 생각된다. 이렇게 한국사회에 집단주의 성향 감소-개인주의 성향 증가 추세를 보이게 된 요인을 정리해 보자.

첫째, 전체적으로 보아 한국사회가 국가 발전을 모든 분야에서 선진국인 미국과 서유럽 국가를 따라가는 것으로 이해하고 또 이를 실천하였다는 점이다. 그리고 이 가운데서 서구사회의 가치관, 사상, 사고 방식과 제도 등 모든 것의 기초라고 할 수 있는 개인주의가 한국사회의 모든 분야에 유입되고 자리를 잡아가게 된 것이라는 점이다.

곧 한국사회의 발전은 선진화였으며 이는 개인주의 요소의 정착과 확대를 초래하였다는 점이다.

둘째, 앞에서 논의하였듯이 이러한 개인주의의 정착과 확대에 있어서 직접적으로 가장 큰 힘이 된 것은 제도면에서의 민주주의 체제의 실천이라는 점이다.

셋째, 위의 두 항과 중복되는 내용이지만 민주주의 체제의 정부 수립 이후 학교 교육에 있어서 학생들에게 당연히 민주주의를 가르친 것이 한국 국민의 가치관과 사고방식 형성에서 개인주의적 사고를 강화하는 데 결정적인 영향을 주었다는 점이다. 그리고 이 점은 한국사회의 민주주의 실현과 개인주의 성향 증가에 중심적인 요소가 되었다고 할 것이다.

그리하여 한국사회의 민주주의 실행에 결정적인 사건이라고 할 1960
년 4.19학생혁명과 1980년 5.18광주 민주화운동, 그리고 1987년 6월 민
주항쟁 등이 모두 학교 때 민주주의 교육을 받은 세대들이 앞장선 것이
다. 그리고 이들은 그들의 부모 세대에 비해 개인주의적 성향이 훨씬 강
한 것이다.

　넷째, 기독교 세력의 성장 또한 한국사회의 개인주의 확장에 크게 기
여하였다는 점이다. 한국의 기독교가 18세기 말 한국에 천주교의 시작
과 그 백 년 후인 19세기 말에 개신교의 시작으로 자리 잡은 이후 한국의
전통사회는 개인의 존중과 만인의 평등과 같은 기독교적 개인주의적 사
상에 큰 영향을 받게 되었다. 그리고 기독교는 한국사회의 근대화를 선
도하는 역할을 맡았다. 그리고 이러한 흐름은 해방 후 남한의 미군정에
서와 그 뒤 이승만의 1공화국 이후에도 계속되었다. 곧 해방 이후 한국
의 기독교는 세계적으로도 유례가 드물 정도로 빠르게 성장하였으며 특
히 기독교 교인들이 정치를 비롯하여 사회 각 분야에서 지도적 역할을
담당하는 상황을 보이며 한국사회의 진행에 큰 영향력을 발휘하였으며
이를 통하여 기독교적 가치관이 한국사회에 큰 영향을 미치게 되었다.
그리고 이는 한국사회의 개인주의적 성향의 강화를 의미하는 것이었다.

　이와 같이 한국사회에서 추세적으로 전통적인 집단주의가 약화되는
반면 새로운 사조인 서구의 개인주의가 강화되는 과정에서 1960-1980
년대의 30년 동안에는 박정희가 앞장서서 추진한 경제개발이 한국 국민
의 집단주의적 행태로 성공할 수 있었고 이후 1980년대 말 이후 박근혜
대통령의 탄핵에 이르는 30년 동안에는 민주화가 발전적으로 진행될 수

있었던 것이다.

이렇게 볼 때 한국사회는 정부 수립 이후 70여 년 동안 집단주의가 계속 약화되는 한편 개인주의는 계속 강화되는 추세를 보이는 가운데서도 경제개발기인 1960-1980년대의 30년 기간 동안에는 집단주의가 아직 큰 힘을 발휘함으로써 경제개발에 성공한 반면 다음 단계로 1980년대 말에는 그동안 강화되어 온 개인주의가 큰 힘을 발휘함으로써 제도적 민주화를 실현하였으며 이후 계속하여 민주화를 발전시켜 온 것이라고 하겠다.

이러한 관점에서 볼 때 한국의 집단주의와 개인주의는 전체적으로는 집단주의 약화-개인주의 강화의 추세를 계속 유지하면서도 한국사회의 시대적 요청인 첫 단계의 경제개발과 다음 단계의 민주화를 이룩하는 각각의 역사적 역할을 수행하였다고 할 것이다. 그리고 이는 한국사회로 보아 크게 다행한 일이라고 하겠다.

4. 한국사회 발전의 기본 동인: 진취적 사고의 한국 국민이 형성한 한국사회의 역동성

앞에서 보았듯이 한국사회는 제1단계로 경제개발에 성공하고 다음 제 2단계로 민주화에 성공하였고 계속하여 민주화를 발전시키는 과정이 진행하고 있다. 그리하여 한국사회는 남한에 민주주의 체제의 정부 수립 이후 발전을 이루며 가고 있다고 하겠다. 그런데 이러한 남한의 발전의 길은 공산주의 체제를 채택한 북한이 아직까지도 국민들의 기본적인 의식주도 제대로 해결하지 못하고 있는 상황과는 극명하게 대비되는 실정이다. 또한 2차 세계대전 이후 각기 발전의 길을 모색한 많은 개도국 가운데서도 매우 뛰어난 성공의 예라고 할 것이다.

이제 여기에서는 한국사회가 이렇게 발전을 이룩하도록 한 요인이 무엇인가 하는 문제를 생각해 보고자 한다.

한국사회의 발전 요인으로는 여러 가지를 지적할 수 있을 것이며 앞에서 논의한 내용들도 포함된다고 하겠다. 그러나 여기에서는 핵심적인 발전 요인 또는 발전의 기본 동인(動因)을 제시하고자 한다. 그리고 그것은 바로 '진취적 사고의 한국 국민이 형성한 한국사회의 역동성'이라고 표현하고자 한다.

이러한 표현은 그 내용 그대로 다음 사실을 나타내고 있다. 1) 한국 국민은 진취적인 사고를 지니고 있다는 점 2) 이렇게 진취적인 사고를 지닌 한국 국민이 한국사회를 역동성 있는 사회로 만들었다는 점 3) 이러한 한국사회의 역동성이 경제개발과 민주화를 이루어 한국사회의 발전을 가능하게 하였다는 점이다.

이제 이러한 내용을 차례로 살펴보고자 한다.

① 한국 국민의 진취적 사고

한반도가 일제의 식민지에서 해방되고 남북한이 실질적으로 분단되고 3년 후 남북한이 각각 정부를 수립하고 또 2년 후 6.25동란이 일어나서 3년간 전쟁이 계속되고 1953년 정전이 되었을 때 남한은 군인 민간이 합하여 약 200만 명이 사망, 부상, 실종되었으며 남한 지역 대부분이 파괴 등 전쟁 피해를 입었다. 이는 한반도 역사상 유례를 볼 수 없는 비극이었다. 당연히 소득 수준도 당시까지 세계에서 가장 가난한 나라들에 속해 있었다.

그러나 이처럼 비참한 상황에서도 한국민들은 상황에 좌절하기보다는 더 나은 미래를 위하여 노력하려는 진취적 사고와 태도를 보였다. 그 상징적인 예가 전쟁 중에도 학교가 계속되었다는 사실이다. 6.25동란이 발발하자 정부는 '전시하 교육특별조치 요강'을 발표하고 전쟁 중에도 피난학교 설치, 임시교과서 발행, 전시 연합대학 설립 등을 통하여 학교 교육을 계속하였다. 그리하여 전쟁 초반에 국군과 UN군의 방어선이 낙동강 전선으로 축소된 위기상황에서도 부산에서는 천막을 치고 전시 연합대학이 강의를 계속하였으며 서울의 초등, 중등, 고등학교들이 내려와서 부산에 분교를 열었다. 이는 한국 국민들의 뜨거운 교육열을 보여주는 예라고 하겠다. 그리고 이러한 뜨거운 교육열은 바로 한국 국민들이 자식들의 보다 나은 미래를 위하여 헌신하는 진취적인 사고를 나타내는 것이다.

그런데 위의 전시 중에서도 학교 교육을 중요하게 생각하여 자녀들을 꼬박꼬박 천막 학교에 보낸 한국 학부모들의 높은 교육열이 보여 주는 예 말고도 한국 국민들의 진취적 사고를 보여 준 것은 바로 이들의 경제 개발에 대한 강력한 요구였다. 곧 박정희 군사정부가 1962년 초에 '제1 차 경제개발5개년계획(1962-1966)'을 발표하고 시행하였지만 그 이전에 이승만 정부가 '경제개발3년계획안(1960-1962)'을 작성한 바 있고, 다음 으로 장면 정부가 '경제개발5개년계획(1961-1965)'을 작성한 바 있다. 그리고 여기에서 이승만 정부의 계획이 장면 정부 계획에 기초가 되고, 이어서 장면 정부의 계획이 박정희 정부 계획에 기초가 된 것이다.

그런데 이렇게 독재로 기억되는 이승만 정부와 무질서로 기억되는 장면 정부에서도 거듭 그리고 꾸준하게 경제개발계획이 작성된 것은 당시 정부 부서와 전문 관료들은 물론 국민들 대다수가 경제개발에 대한 강력한 욕구를 갖고 있었기 때문이다. 그리하여 4.19학생혁명으로 이승만 독재체제가 무너지자 정권을 잡은 민주당은 신파 구파로 나뉘어 서로 정권 빼앗기에 여념이 없었지만 일반 시민들에게는 이제는 한국이 경제 개발에 매진해야 한다는 것이 상식으로 자리 잡고 있었던 것이다. 이에 따라 장면 정부도 경제개발계획을 작성한 것이다.

결과적으로는 이승만 정부의 경제개발계획은 4.19학생혁명으로, 그리고 장면 정부의 경제개발계획은 5.16군사쿠데타로 실천에 옮겨지지는 못하였다. 이러한 상황이기에 박정희는 정권을 잡은 바로 두 달 후에 경제개발을 담당할 경제기획원을 설립하고 급히 경제개발계획 작성을 서둘러서 이듬해인 1962년부터 경제개발계획을 추진한 것이다.

그리고 한국 국민들은 여기에 적극 참여한 것이다.

이러한 사정들을 고려할 때 한국이 경제개발을 적극 추진하고 또 이에 성공한 것은 그 기초에 한국 국민들의 '더 나은 미래를 위한 진취적인 사고'가 그 기반이 된 것이라고 할 것이다.

　다음으로 경제개발의 뒤를 이어 민주화 실현 또한 한국인의 독재체제의 강압에 무기력하게 굴종하지 않고 민주화된 미래를 위하여 희생을 무릅쓰고 독재에 저항한 한국 국민들의 진취적인 사고에 의해 가능해졌다. 이제 이 문제를 보도록 하자.

　한국의 민주화 진행은 그야말로 파란만장했다고 할 것이다. 1948년 민주주의 체제 정부의 수립 이후 불과 2년 만에 북한의 전면적인 남침으로 인한 존망의 위기를 UN군의 참전으로 가까스로 넘겼다. 이후 한국사회는 민주화의 여정에 있어서 여러 차례 큰 전기를 겪었다. 정전 이후 7년 기간은 이승만 독재로 정부가 대규모 조직적인 부정선거를 자행하는 등 민주주의 체제가 내용적으로 거의 유명무실해졌다. 결국에는 1960년 고등학생과 대학생들이 앞장서서 정부통령 선거에서의 부정에 항의하는 대규모 시위에 나서면서 선거 경찰의 총격으로 많은 희생을 치룬 결과 이승만 독재정권이 무너졌다. 곧 민주주의 교육을 받은 고등학생과 대학생들이 앞장서는 가운데 한국 국민들은 민주주의의 소망을 폭발시킴으로써 이승만 독재체제를 거부하고 한국사회의 민주주의 이상을 회복시킨 것이었다. 그러나 뒤이어 정권을 얻은 민주당 정권이 신파와 구파로 나뉘어 서로 정권 쟁탈에만 눈이 먼 가운데 국정은 표류하고 무정부적 무질서가 횡행하는 가운데 1961년 5월에 박정희 등의 군사쿠데타에 빌미를 주면서 정권을 군부에 빼앗겼다. 이때 민주당 정권에 실망한 대다수 국민들은 군사정권을 용인하는 태도를 보였다.

이렇게 출발한 박정희 정권은 1969년의 3선 개헌 이전까지는 대체로 국민의 지지를 얻으며 정권을 유지하였지만 실제에 있어서는 1963년 김형욱을 중앙정보부장으로 임명한 이후부터는 중앙정보부가 초법적인 권력 기관으로서의 역할을 담당하면서 박정희 체제는 내용적으로 공포 분위기의 독재체제로 변질되기 시작하였으며 1969년의 3선 개헌부터는 노골적인 독재체제로 변질되었다. 드디어는 1972년의 유신체제라는 시대착오적인 박정희 1인의 절대권력체제를 공포 분위기 아래 강압적으로 실시하여 한국은 제도적으로나 내용적으로 완전히 민주주의 체제를 폐기하였다. 박정희 스스로도 이를 민주주의라고 말하기가 거북하였던지 이를 한국적 민주주의라고 부르기에 이르렀다. 얼마나 웃기는 체제였는지를 한 가지 예를 들면 유신체제에 반대한다고 말만 하여도 유죄가 되어 징역형에 처해지는 체제였다. 이후 유신체제는 문자 그대로 폭력적인 공권력의 행사로 무리하게 유지되는 형편이었다.

이러한 유신체제에 대하여 민주화 진영은 김영삼 김대중을 비롯한 정치인 집단과 또 천주교와 진보 개신교 진영과 민간 재야 진영이 생명을 걸고 또 많은 희생을 감당하면서 박정희 독재에 대한 저항을 끈질기게 이어갔다. 여러 젊은이들이 박정희 유신체제에 대한 항거의 표시로 스스로 목숨을 끊는 일이 거듭되었다. 이렇게 한국 국민의 민주화 의지는 살인적인 유신 독재체제에 굴하지 않고 이어졌다. 그리고 대다수 국민들은 마음 속으로는 유신체제를 인정하지 않았다. 그리하여 1970년대 후반 유신체제 말기에 이르러서는 박정희가 대한민국을 위해 있는지 아니면 대한민국이 박정희를 위하여 있는지 모를 정도가 되어 버렸다.

만 8년 동안 무리하게 가까스로 유지된 박정희의 유신체제는 1979년 10월 아무도 예상하지 못한 방식으로 끝났다. 곧 박정희가 그의 심복이자 유신체제 유지를 절대적인 임무로 하여 존재하다시피 해 온 중앙정보부의 부장 김재규에 의하여 살해된 것이다. 그리하여 대다수 한국 국민들은 이제 한국이 18년간의 박정희 군사독재를 끝내고 민주주의 국가로 거듭날 것을 기대하게 되었다.

그러나 이 또한 예상치도 못하게 국군보안사령관 전두환과 하나회 집단이 12.12군사쿠데타를 통하여 군을 장악하고 이어서 정권을 장악하였다. 이 과정에서 1980년 5월 광주 시민들이 민주주의를 외치며 시위에 나섰지만 전두환의 신군부는 공수부대를 보내 수많은 인명을 학살하며 이를 진압하였다. 이는 한국 현대사에 있어서 어이없는 엄청난 비극이었다. 곧 전두환과 그의 하나회 집단이 자신들의 정권 탈취를 위하여 민주화를 요구하는 자국 국민인 민간인들을 마치 전쟁 시 적군인 것처럼 학살한 것이다.

이러한 광주 시민들의 민주화 염원은 한국 국민들의 민주화 염원으로 확대되어 결국 1987년 전두환 정권의 굴복을 이끌어 내었으며 그 결과 한국사회는 1988년 이후 국민이 정부 선택권을 행사하는 제도적 민주화의 실현으로 그 성과를 이루게 되었다.

그리고 그 30년 후에는 현직 대통령인 박정희의 딸 박근혜를 법을 지키지 않았다 하여 헌법 절차에 따라 탄핵, 파면시키는 실질적 민주화 실현의 길로 들어선 것이다.

이렇게 한국 국민의 현실에 안주하지 않고 '더 나은 미래를 지향하는 진취적 사고'는 경제개발에 이어 민주화를 이룬 것이다.

② 한국사회의 역동성: 혁신가들 그리고 사회적 구조

앞에서는 한국사회의 발전의 기본 동인의 첫 번째 내용으로 한국 국민의 진취적인 사고에 대하여 논의하였다. 여기에서는 그 두 번째 내용으로 한국사회의 역동성을 논의하고자 한다. 한국사회는 역동성이 크다, 곧 역동적이다. 그렇기 때문에 어떤 문제가 생기면 시끄럽고 그 문제에 대하여 곧바로 어떠한 행동을 취하는 성향이 있다는 점이다. 그리고 이러한 역동성이 한국사회의 발전을 가능하게 하였다.

이러한 역동성은 한국 국민들이 더 나은 미래를 지향하는 진취적인 사고와 태도를 지니고 있기 때문에 갖게 된 성향이다. 곧 대다수 한국 국민들이 이러한 진취적인 사고를 가졌기 때문에 어떤 문제가 발생하면 이 문제를 해결하기 위하여 행동에 나서는 것이다. 그리하여 사회가 변화하게 되는 것이다.

한국사회가 이렇게 역동성을 가지는 기본적인 이유는 물론 앞에서 논의하였듯이 한국사회를 구성하고 있는 대다수의 국민이 진취적인 사고를 가지고 있기 때문이다.

그런데 여기에 더하여 또 한 가지 중요한 요소가 있는데 그것은 한국사회가 역동적으로 작동하고 있다는 점이다.

이렇게 한국사회가 역동적으로 작동하고 있는 요인으로는 두 가지 요소가 있는데 그 하나는 혁신가들의 존재이고 그 둘은 사회적 구조 요소이다. 먼저 혁신가들에 대하여 보도록 하자.

한국사회에서는 시대에 따라 여러 분야에서 창의적인 사고와 태도를 지닌 소수의 혁신가들이 나타나서 사회 진행에 혁신을 일으켰다. 이제 몇 사람의 이러한 혁신가들을 보도록 하자.

혁신가들

정주영

창의적인 소수의 혁신가로서 기업 부문에서의 대표적인 예가 정주영이라고 하겠다.

정주영은 현대 그룹을 창업한 1세대 기업가로서 건설, 조선, 자동차 산업과 대북사업을 개척하였다. 그는 자수성가한 기업인으로서 불굴의 도전 정신과 창의적인 사고 그리고 강한 추진력으로 1960년대로부터 1980년대에 이르는 한국의 경제개발을 산업 현장에서 실천하였다.

그는 일제 시대 때 보통학교(초등학교)를 나온 것이 학력의 전부이며 여러 차례 가출 끝에 막노동과 쌀가게 점원을 거쳐 1940년 자동차 수리 공장을 시작으로 본격적으로 기업인으로 활동하였으며 결국에는 이병철이 창업한 삼성 그룹과 쌍벽을 이루는 재벌을 이루었다.

그는 기업가로서의 전 생애를 통하여 도전 정신을 강조하였으며 이를 통하여 자신의 기업을 재벌로 성장시켰을 뿐 아니라 한국경제의 산업화에 크게 기여하였다. 그의 혁신가로서의 면모를 나타내는 한 예로서는 조선소 없이 배 건조를 추진한 일이다. 그는 조선소를 짓기도 전인 1971년에 유조선 건조를 주문 받아 이 수주 계약을 이용하여 영국의 은행으로부터 차관을 받았으며 이 차관 자금으로 조선소 건설과 배 건조를 동시에 진행시켰다. 그리하여 1974년에 배 진수와 조선소 준공이 동시에 이루어졌다. 한국은 자원이 없는 나라인데 이러한 제약에도 불구하고 그는 해외 건설업, 조선 산업과 자동차 산업을 일으켜서 수출 주력 산업으로 키웠다.

또한 그는 북한 지역 강원도가 고향이었는데 만년에는 대북사업에 심혈을 기울였다. 그리하여 1998년에는 남한 주민의 금강산관광을 실현시켜 2008년 관광객 사망으로 중단될 때까지 200만 명에 달하는 관광객의 방문이 이루어졌다. 금강산관광 실현 바로 전에는 두 차례에 걸쳐 북한에 기증하는 모두 1000마리의 소 떼를 몰고 북한을 방문하는 장관을 연출하기도 하였다.

전태일

노동 부문에서의 혁신가의 예로는 전태일을 들 수 있다. 그는 서울 청계천 평화시장의 피복 공장 재단사였는데 그는 스물 두 해의 짧은 삶과 죽음을 통하여 박정희의 개발 독재가 무겁게 지배하던 시대인 1970년에 한국의 노동운동을 일깨우고 동시에 한국사회 민주화에도 커다란 변화를 불러왔다.

그는 집안 사정으로 초등학교도 마치지 못하였으며 17세 되는 1965년부터 평화시장 피복 공장에서 '시다(재단사 보조)'로 노동자 생활을 시작하였는데 그곳에서 그는 노동자들의 열악한 노동환경과 비참한 삶을 경험하게 되었다. 이후 그는 노동 조건 개선을 위하여 고군분투하였다. 그는 노동자들이 자신들이 받는 부당한 대우의 개선을 위하여 적극 나서야 한다는 생각이 투철하였고 이를 실천하였다.

그는 독학으로 근로기준법을 이해한 이후 그 내용대로 근로 조건이 실행되도록 감독하여 줄 것을 구청과 노동청을 찾아가서 계속 요구하였으며, 노동자 조직을 만들어 노동자들을 교육하고 실태조사도 진행하였다. 그리고 신문사를 찾아 평화시장 노동자들의 실상을 알렸으며 박정희 대통령에게 노동 조건 개선을 청원하는 글도 보냈다. 그가 이루고자 한 구체적인 내용은 그가 '인간으로서의 최소한의 요구라며' 박정희 대통령에게 보낸 탄원서에도 나와있다. 곧 1) 1일 14시간인 작업 시간을 10-12시간으로 단축 2) 1개월 휴일 2일을 매 일요일 휴일로 변경 3) 건강진단을 정확하게 실시 4) 시다공의 수당 70원 내지 100원을 50% 이상 인상이다.

그의 이러한 온갖 노력에도 불구하고 아무런 변화가 없자 그는 1970년 11월 평화시장 앞길에서 '근로기준법을 준수하라', '우리는 기계가 아니다', '일요일은 쉬게 하라'를 외치며 분신하였다.

기본적인 인권도 부정당하는 노동자들의 삶을 고발한 전태일의 죽음은 한국의 노동운동과 민주화운동에 커다란 영향을 주었다. 그의 삶과 죽음을 통하여 경제개발 과정에서 노동자들의 희생을 당연시하고 노동운동을 마치 이적행위처럼 취급하던 당시 사회의 고정관념이 깨어지기 시작하였다. 청계피복노동조합을 비롯하여 노동조합이 결성되었으며 노동운동이 일어나기 시작하였다. 동시에 당시 전적으로 박정희 독재 반대라는 정치적 내용에 집중하던 민주화운동은 전태일 분신 이후 노동자 계층의 권익에도 관심을 가지는 한편 노동운동도 민주화운동에 포함되기에 이르렀다. 노동운동 자체에 있어서도 그의 죽음 이후 한국의 노동운동은 전태일 이전과 그 이후로 확연히 구분되게 되었다.

김재익

정부 부문의 혁신가의 예로는 경제 관료 김재익을 들 수 있다. 그는 1980년 전두환이 대통령이 된 이후 대통령의 경제수석 비서관으로 버마 아웅산 폭탄 테러로 사망할 때까지 3년 동안 정부의 경제정책을 주도하였다.

그는 강력한 안정화 정책을 실행하여 한국경제가 고질적인 인플레이션에서 벗어나게 하였으며 또한 경제운용을 정부주도에서 민간주도로의 방향 전환을 시작하였다. 이렇게 김재익은 한국경제가 경제개발의 성숙기로 한 단계 발전하는 과정에서 주도적인 역할을 하였다.

그는 여러 면에서 경제개발기의 전형적인 경제관료와는 달랐다. 그는 대학 졸업 후 한국은행 근무 중 미국에 유학하여 경제학 박사를 받고 돌아와서 남덕우 경제부총리에게 발탁되어 경제기획원에서 근무하였지만 이상주의적 사고로 인하여 빛을 보지 못하였다. 그러나 전두환을 만나 그의 뜻을 펼 기회를 얻게 되었다.

그는 국보위 상임위원장이던 전두환의 경제 가정교사가 되어 경제를 가르치면서 전두환의 신임을 얻게 되었으며 전두환이 대통령이 되자 경제수석비서관이 되어 전두환의 전폭적인 신뢰 가운데 정부의 경제정책을 주도하게 되었다.

그는 한국경제의 인플레이션 체질을 바꿔야 장기 안정적 성장이 가능하다는 생각으로 종합적이고 강력한 안정화 정책을 실시토록 하였다. 곧 통화증가율을 대폭 낮추고 정부의 재정 지출 억제, 임금상승 억제를 실시하였으며 특별하게는 경제교육이라 하여 전 국민을 대상으로 TV 프로와 각 기관에서의 교육을 통하여 물가 안정의 중요성을 강조하였다. 이러한 정책의 실시를 통하여 소비자물가 상승률은 1980년 28%에서 1981년 21%, 1982년 7%, 1983년 3%로 급격히 낮아졌으며 오늘에 이르기까지 한 자릿수 수준을 보이고 있다. 곧 한국경제는 김재익 이후 완전히 인플레이션 체질을 벗어난 것이다. 이리하여 한국경제는 김재익 주도로 한국경제는 1960-1970년대의 성장지상주의로부터 1980년대의 안정성장으로 적기에 경제정책 방향을 수정하였다.

또한 김재익은 경제운용에 있어서 종전의 정부주도 보호체제 경제로부터 민간 및 시장주도 경쟁체제 경제로의 방향전환을 시작하였다. 곧 종전까지 정부가 수출산업 및 전략 산업에 대한 금융 지원, 조세 지원, 관세 보호 등을 실행하였지만 이를 특정 산업에 대한 금융 및 조세 지원 축소와 수입 개방으로 방향을 전환하여 전반적으로 정부 역할을 감소시키고 민간 및 시장 역할을 확대하는 자율화와 개방화를 실시하기 시작하였다. 그리고 이러한 경제 운용은 경제 안정화와 함께 이후 한국 경제 정책의 기조로 자리 잡게 되었다.

서지현

사회 부문에 있어서의 혁신가로는 서지현 검사를 들 수 있다. 그는 2018년 1월에 검찰 내부 통신망과 JTBC TV 방송에서 자신이 검찰 선배로부터 성추행당한 일을 공개함으로써 한국의 미투 운동을 본격적으로 촉발하였고 한국사회에 큰 변화를 가져왔다.

서지현은 사법시험에 합격하고 2004년부터 검사로서 근무하고 있었는데 그는 2018년 1월에 검찰 내부 통신망에 그가 2010년에 한 장례식장에서 당시 법무부 간부였던 안태근 검사로부터 성추행을 당하였다는 것과 그 뒤 부당한 인사 조치를 당했는데 그 배후에 안태근 국장이 있다는 것과 안태근의 성추행을 최교일 국장이 덮었음을 알게 되었다고 공개하였다. 동시에 자신이 검찰 내에서 경험한 여러 성폭력 사건을 공개하였다.

또한 검찰 내부망 공개 며칠 후에는 JTBC 뉴스룸에 출현하여 자신이 안 모 검사에게 성추행당한 일과 그 뒤 인사상 불이익을 당한 일, 그리고 검찰 내에 성추행, 성희롱과 성폭행 행위까지 발생하였지만 모두 덮어 버리고 있을 뿐만 아니라 피해 여성 검사가 이를 문제 삼으면 오히려 2차 피해를 입는다는 사실을 한국사회에 공개하였다. 그리고 그는 범죄 피해자나 성범죄 피해자들은 절대 피해를 입은 본인의 잘못이 아니라는 점을 강조하였다.

이러한 서지현 검사의 성폭력 피해 공개, 특히 TV뉴스에서의 공개는 한국사회에 큰 반향을 불러왔다. 곧 이 공개 이후 일차적으로 한국사회에서는 여자고등학교에 이르기까지 거의 모든 분야와 모든 조직에서 수많은 여성들에 의한 자발적인 성폭력 피해 공개가 이루어짐으로써 한국의 미투 운동이 본격적으로 이루어졌다. 이에따라 한국사회 거의 모든 분야와 조직에서 여성에 대한 성폭력 문제에 대한 경각심 제고와 예방 조치 및 발생 시 적극적인 처리에 대한 조치 강화가 뒤따랐다. 그리고 관련 입법이 국회에서 이루어졌다.

서지현 검사의 고발 이전에도 사회적으로 여성에 대한 성폭력 문제에 대한 문제제기가 여러 건 있었지만 한국사회에 전반적인 변화를 초래한 것은 서지현 검사의 공개적인 사회적 고발이 결정적인 역할을 하였다고 볼 수 있다.

BTS-봉준호-황동혁

특히 2020년대에 들어와서 한국의 대중문화가 세계 대중문화에 상당한 영향력을 끼치고 있는데 이러한 문화 부문 혁신가로는 BTS와 봉준호 그리고 황동혁이 있다. 이들은 미국이 주도하고 있는 세계 대중문화의 흐름 속에 한류(韓流, Korean Wave)를 분명하게 자리 잡게 하였다.

BTS는 7인의 남성 대중음악 그룹(boy band)로서 미국을 중심으로 한 세계 대중음악의 주류에 진출하여 한국의 존재를 확실하게 인식시키고 있다.

2017년에 미국에 진출하여 큰 인기를 얻어 세계적인 인기 그룹이 되었다. 2020년에는 그들의 노래 〈Dynamite〉가 Billboard Hot 100에서 1위에 처음 오른 이후 몇 노래가 1위에 올랐다. 미국의 최고 대중 음악가 순위에 있어서 2021년에 12위를 보이고 있다. 그리고 Billboard 음악상과 American 음악상 등에서 매년 수상하고 있다. 또한 앨범 판매량과 스트리밍 회수 그리고 You Tube 조회수에 있어서도 기록적인 실적을 보이고 있다. 세계 여러 곳에서의 공연 또한 매우 성공적이다.

그들은 미국에 진출할 때 한국어 가사로 된 노래 그대로 접근하였고, 이른바 ARMY라고 불리는 전 세계 젊은 세대로 구성된 열정적인 팬을 가지고 있으며, 음악의 내용이 가치 지향적으로 세계 젊은이들에게 선한 영향력을 미치고 있다.

봉준호는 영화감독으로서 세계 영화계에서 한국 영화의 위상을 크게 높였다.

그는 이전부터 그의 뛰어난 재능으로 세계 영화계의 주목을 받아 왔지만 특히 2019년에 그가 각색 감독한 영화 〈기생충〉으로 2019-2020년 중 국내외로부터 200여 개의 상을 휩쓸었는데 그중 2019년 칸 영화제에서 황금종려상을 받았고, 2020년 미국 아카데미 시상식에서 작품상 감독상 등 4개 상을 받았는데 아카데미 역사상 비영어권 영화로는 최초로 작품상을 받았다.

이리하여 봉준호는 세계 영화계에서 가장 훌륭한 감독 대열에 올라섰고 그로 인하여 세계 영화계에서 차지하는 한국 영화의 입지 또한 눈에 띄게 확장되었다. 한편 2021년에는 윤여정이 미국 아카데미 시상식에서 여우조연상을 받아 한국 영화의 아카데미상과의 인연을 이어 갔다.

황동혁은 영화감독으로 그가 만든 TV드라마 시리즈가 세계적으로 역대급 성공을 거둠으로써 드라마 분야에서 한국의 위상을 크게 높였다.

곧 그는 드라마 시리즈 〈오징어 게임(Squid Game)〉을 만들어 이 드라마의 제작사이기도 한 미국의 온라인 스트리밍 서비스인 넷플릭스(Netflix)에서 개봉하였는데 세계 94개국에서 시청률 1위를 차지하며 넷플릭스 사상 최고 인기 드라마가 되었다. 그리하여 이정재를 비롯한 주요 출연자들은 세계적으로 인기를 얻게 되었고 이들 중 오영수는 2021년 골든 글로브상에서 TV드라마 부문 남우조연상을 수상하였다. 이리하여 한국은 영화에 이어 TV드라마 분야에서도 세계 최고 수준을 보이게 되었다.

사회적 구조

앞에서 우리는 혁신가들의 존재가 한국사회의 역동성을 높여 온 점을 살펴보았다.

그런데 이러한 혁신가들이 사회 전체의 역동성을 높이는 결과를 가져오기 위하여는 먼저 사회가 이들 혁신가들을 생성시켜야 하며 다음으로는 사회가 혁신가들의 활동을 사회적 역동성으로 발전시켜야 하는 것이다.

이 두 가지 문제를 이해하기 위하여 앞에서 예를 든 혁신가들의 경우를 살펴보도록 하자.

정주영의 경우는 기업인인 그가 1960-1980년대 한국이 경제개발을 추진하는 과정에서 이를 실제로 실현하는 주체인 기업의 장으로서 기업활동에 있어서 혁신을 실현한 경우이다. 따라서 그의 혁신가로서의 역할은 특정 산업의 발전이라는 박정희 정부의 정책에 부응하는 것으로서 정부의 지원과 협조를 받으며 진행한 것이었다.

그리하여 그의 기업은 재벌로 성장하였고 한국의 경제개발에도 크게 기여하였다.

전태일의 경우는 정주영의 사례와는 완전히 반대였다. 그는 경제개발을 위하여 노동자의 권익을 무시하는 동시에 노동운동을 탄압한 박정희 정부의 정책에 변화를 위하여 노력하다가 정부의 무시로 아무런 성과가 없자 1970년 그의 생명을 희생하면서 이에 저항한 것이었다.

그리하여 그는 한국의 노동운동과 민주화운동에 큰 변화를 가져왔다. 그러나 정부 정책은 실제적으로 별다른 변화가 없었으며 사회적 의식 또한 큰 변화가 없었다.

김재익의 경우는 1980년대 초 전두환의 정권 찬탈에 비판적인 분위기 가운데서도 정권에 참여하여 자신의 생각에 따라 정부 정책을 실행하였다. 주목되는 점은 그가 주도한 정책들이 정치적으로는 부담되는 것으로서 오늘날처럼 민주화된 상황에서는 실행하기 어려운 것이었는데 당시 정권이 독재정권이어서 실행이 가능하였다는 점이다.

그리하여 그의 정책은 이후 한국경제 운용의 방향을 크게 전환시켰다.

서지현의 경우는 검사인 그가 2018년에 TV뉴스 시간에 나와서 자신이 검찰 선배로부터 성추행을 당한 사실을 국민들에게 공개할 때에 한국사회는 아직 미투 운동이 생소하고 검찰 등 사회의 거의 모든 조직에서 여성에 대한 성희롱 등이 일상적이었던 상황이었다. 여성 피해자들은 피해를 당하고도 속수무책인 상황이었다.

그러나 그의 행동은 한국사회 전반에 큰 변화를 가져왔다. 미투 운동이 본격화되었고 남성 중심의 한국사회가 여성을 대하는 태도가 변화되었다.

BTS 등이 상징하는 한류의 확장에는 1990년대 말 이후 정부가 문화를 하나의 산업으로 인식하고 문화 수출에 노력해 오고 있는 것도 도움을 주었다고 하겠다. 그러나 봉준호와 황동혁은 그들 영화의 내용이 사회체제에 비판적이라는 이유로 다른 수많은 문화 예술계 인사들과 함께 이명박과 박근혜 정부의 블랙 리스트에 포함되어 정부지원 대상에서 배제되었다.

그 뒤 정권이 바뀌면서 블랙 리스트 작성에 관련된 대통령 비서실장과 장관 등은 재판에서 징역형을 선고받았다.

앞에서 살펴본 다섯 혁신가의 경우에서 정주영은 정부와 완전한 동반 관계이고, 김재익은 자신이 스스로 정부 정책의 입안자이기 때문에 두 사람 모두 정부 정책과 아무런 갈등이 없었고 동행하면서 혁신가의 역할을 하였다.

그러나 전태일의 경우는 정부 정책과 완전히 반대되는 입장에서 치열하게 투쟁하였고 이러한 독재정권과의 생명을 건 투쟁이 혁신가로서의 업적이었다.

서지현의 경우는 한국사회와 정부가 당연히 변화를 해야 함에도 불구하고 종전까지의 타성에 젖어 현실에 안주하고 있는 상황에서 개인의 희생을 무릅쓰고 변화의 물꼬를 터서 혁신가의 역할을 하였다.

BTS, 봉준호, 황동혁의 경우는 정부와는 별로 상관 없이 한국사회 변화의 물결의 가장 앞자리에 나서서 각각 자신들의 창의적인 재능과 뛰어난 활약을 통하여 혁신가의 역할을 하였다.

이제 이들의 예를 보면서 먼저 한국사회가 혁신가들을 생성시켰는가 하는 문제를 보자.

정주영과 김재익의 경우는 정부의 울타리 안에서 혁신가로 생성되었다고 할 것이다. 그리고 전태일과 서지현과 경우는 정부의 울타리 밖에서 개인적인 헌신을 통하여 혁신가로 생성되었다고 할 것이다. 그리고 BTS와 봉준호 황동혁의 경우는 순수하게 민간 부문에서 기본적으로 각자의 능력을 통하여 혁신가로 생성되었다고 할 것이다.

곧 정주영과 김재익의 경우는 정부체제 안에서 생성되었기 때문에 자동적인 혁신가의 생성 과정이라고 하겠지만 전태일, 서지현과 BTS-봉준호-황동혁의 경우는 정부체제 밖에서 생성된 혁신가의 생성이라는 관점에서 볼 때 결국 한국사회는 이렇게 정부체제 밖에서의 혁신가 생성이 가능한 정도의 사회적 포용성은 보유하고 있는 사회라고 할 것이다. 극단적인 예를 든다면 공산체제 사회에서라면 이들 혁신가의 생성이 불가능하다고 할 것이다.

다음으로 사회가 이러한 혁신가들의 활동을 사회적 역동성으로 발전시키는 문제를 보도록 하자.

이 경우에도 정주영과 김재익의 경우는 정부의 울타리 안에서의 혁신이므로 이들의 혁신이 사회적 역동성으로 발전되기가 쉬었다고 할 것이다. 문제는 정부체제 밖인 전태일, 서지현, BTS-봉준호-황동혁의 경우이다.

전태일의 경우는 박정희 독재체제 아래에서도 비록 소수이지만 진보적인 노동계와 민주화운동 진영이 존재하고 있어서 정부의 탄압에도 불구하고 전태일의 혁신을 계승할 수 있었던 것이다. 그리고 서지현의 경우는 비록 그가 남성 중심이며 시대착오적인 위계질서를 유지해 온 검찰이라는 조직에 속하여 있었지만 검찰을 포함한 한국사회의 대부분의 조직과 사회 전체가 그가 주장하는 인권 존중과 사회정의라는 명분에 대항할 수 없었기 때문에 한국사회 전반에 변화가 시작된 것이다. BTS-봉준호-황동혁의 경우는 그들의 창의적인 재능이 세계적으로 인정되었기 때문에 그들의 활동 자체가 바로 혁신이 된 것이다.

이렇게 볼 때 한국사회는 이러한 혁신가들을 생성할 정도의 사회적 포용성을 보유하고 있으며 또한 이들 혁신가들의 활동을 사회적 성과로 진전시키는 역동성이 있다고 할 것이다.

이제 지금까지 논의한 한국사회 발전의 기본 동인인 '진취적 사고의 한국 국민이 형성한 한국사회의 역동성' 문제를 보다 넓은 시각에서 전반적으로 정리하도록 하자.

첫째, 한국사회는 해방 이후 오늘에 이르기까지 국내적으로 경제개발과 민주화를 차례로 이루고 이제는 국제사회에 문화적 존재감을 드러내기 시작함으로써 발전의 단계를 진행시켜 왔다고 할 것이다.

둘째, 이러한 발전의 동인(動因)은 한국사회가 지니고 있는 사회적 역동성이라고 할 것이며 이러한 사회적 역동성은 기본적으로 진취적 사고를 갖고 있는 한국 국민에게서 비롯한 것이라는 점이다.

셋째, 그리고 이러한 국민을 기반으로 그 위에 사회구조 측면에서 한국사회는 시대적 전환이 필요한 고비마다 혁신가들이 출현하여 사회 변화를 이끌어 내는 역할을 감당하였다는 점이다.

넷째, 사회구조면에서 볼 때에 한국사회는 이러한 혁신가들이 생성되고 출현할 수 있는 신축성을 갖추고 있다고 할 것인데 그것은 탁월성을 인식하고 인정하는 비공식적인 평가 체제가 작동하고 있기 때문이다. 그리고 이러한 비공식적인 평가 체제가 혁신가들의 혁신을 사회적 성과로 진전시키는 사회적 역동성을 생성하는 것이다.

다섯째, 이러한 비공식적인 평가 체제는 어떠한 제도가 아니라 한국인과 한국사회의 사고방식 및 생활태도를 지적하는 것으로서 곧 한국인과 한국사회의 행태라고 할 것이다. 그리고 이러한 탁월성과 유용성을 인정하는 평가 체제는 바로 한국인의 실용적이고 현실적인 가치관의 표현이라고 할 것이다.

여섯째, 일반적으로 한국인의 사고방식은 집단주의적인 성향이 강하고 개인주의적인 성향이 약하다고 보고 있는데 또 다른 측면에서는 실용적이며 현실적인 성향이 강한 부분도 있는 것으로 생각된다. 그리고 이러한 실용적이고 현실적인 사고는 탁월성과 유용성이 있는 것으로 평가할 때는 이를 인정하여 이를 개인적으로나 조직에서 받아들여서 사회적으로 이용하는 태도를 보이는 것이다.

그러므로 혁신이 생성되고 또 이 혁신이 탁월하고 가치가 있는 것으로 판단될 때 개인의 혁신 활동은 사회적으로 채택되고 이용되어 사회적 활동으로 발전하는 것이다. 그리고 이것이 한국사회의 역동성인 것이다.

일곱째, 결론적으로 지금까지의 한국사회의 발전 과정을 단순화해 설명한다면 다음과 같다. 곧 한국의 경제개발은 정치 부문과 기업 부문의 혁신가들의 추진력에 일반 국민들의 집단주의적 성향이 함께하여 성공하였으며 다음 단계의 민주화는 경제개발 과정에서 억압되어 왔던 한국 국민의 진취성이 폭발하여 이루어진 것이라고 하겠다.

그리고 다음 단계인 경제의 고도화 및 발전과 실질적인 민주화의 진정과 근년에 한국의 대중문화가 국제사회에 문화적 존재감을 드러내는 것은 한국사회의 견고한 집단주의 성향 분위기 가운데서도 꾸준하게 성장해 온 개인주의 성향이 한국 국민의 실용적이고 현실적인 행태와 결합하여 이루어 낸 성과라고 볼 수 있을 것이다.

5. 한국사회 발전의 문화적 측면: 대중문화의 경우로 보기

앞에서 보았듯이 근년에 한국 영화 〈기생충〉과 드라마 〈오징어 게임〉이 세계적으로 크게 성공하였다. 그리고 이들의 성공은 세계 대중문화에 있어서 한류의 존재를 더욱 확장시켰다. 그러면 여기에서 기생충과 오징어 게임으로 대표되는 한국 영화와 드라마가 세계적으로 성공하는 이유를 한국사회의 발전과의 연관성 측면에서 보도록 하자.

먼저 이들이 세계 사람들에게 잘 받아들여지는 이유는 첫째, 이들의 사회 비판적인 내용, 둘째는 가족 사랑 등 한국적 인간 윤리의 표현, 셋째는 잘 짜인 구성과 배우들의 뛰어난 연기 등이라고 하겠다.

첫째, 한국 작품들은 그 주제와 내용이 사회의 모순과 부조리 등 구조적인 문제점과 그 속에서 힘들게 살아가는 인간들의 어두운 삶을 처절하게 드러내고 있다. 곧 한국의 영화와 드라마는 사회 비판적인 내용을 아무런 거리낌 없이 제시하고 있는 것이다. 이에 따라 세계 여러 나라 사람들은 자기들 사회에서도 경험하는 일들이지만 자기네 나라 작품에서는 제대로 보기 어려웠던 내용을 한국 작품을 보며 이에 공감하게 되는 것이다.

이렇게 한국 작품들이 외국 관객이 공감할 수 있는 내용을 보여 줄 수 있는 것은 한국사회가 산업화와 군사독재 그리고 급속한 자본주의화 민주화라는 거대한 사회적 변혁들을 경험하였고 또 이러한 경험이 국민들과 작가들에게 체화되어 있다는 점과 또 1988년의 민주체제의 출발 이후 영화를 포함한 대중 예술에 있어서 사회 비판적인 내용이 자유롭게 발표될 수 있게 된 것이다. 그리하여 현 단계에선 작가들의 비판적 정신이 공산주의적 성향을 제외하고는 거의 제한 없이 한국사회에서 용인되고 있기 때문이다.

둘째, 또한 한국 작품들 기저에는 사회비판적인 주제를 다룬 작품을 포함하여 가족 사랑이나 자기 희생, 인간 사이의 따뜻한 정과 타인에 대한 배려와 공동체 의식과 같은 한국적 인간 윤리가 흐르고 있다는 점이다.

그렇기 때문에 많은 경우에 있어서 비록 어두운 주제를 다루는 작품에서도 그 속에 흐르는 따뜻함과 선의의 요소를 발견할 수 있으며 절망 가운데서도 희망의 빛을 느낄 수 있다는 것이다. 그리고 이 점이 외국 관객들에게도 감동을 주고 있다는 점이다.

셋째, 한국의 작품들은 많은 경우에 있어서 기술적인 측면에서 작품의 구성과 진행이 정교하고, 연출이 치밀하며 배우들의 연기 또한 뛰어나다는 점이다.

곧, 한국은 영화와 드라마 그리고 음악 면에서 뛰어난 재능을 가진 인물들을 다수 보유하고 있다는 점이다. 예를 들어 감독에는 〈기생충〉의 봉준호와 〈오징어 게임〉의 황동혁 등, 배우에 있어서는 〈미나리〉로 아카데미 여우조연상의 윤여정과 골든 글로브 남우조연상의 오영수 외에도 국제영화제에서 수상한 송강호, 전도연 등이 있다.

앞에서 우리는 한국 영화와 드라마의 예를 들어 한국 작품들이 외국에서도 인기를 얻는 이유를 살펴보았는데 결국 그 이유는 주제 의식의 한국적 특성과 우수 인력의 제작 능력을 들었다.

그런데 이러한 내용은 BTS에도 그대로 적용되는 것들이다. BTS 노래의 특징으로는 전반적인 노래의 내용이 가치 지향적이라는 점이다. 그들의 노래와 활동에 있어서는 비윤리적이고 파괴적이며 향락적인 내용이 없다. 곧 노래의 내용에 불건전한 요소들이 없으며 그들의 활동도 마찬가지이다. 이러한 사항들은 세계 대중문화를 지배해 온 미국의 경우와는 차별이 되는 점으로 한국적 특성을 보여 주고 있는 것이다. 물론 기본적으로는 BTS의 노래와 율동의 높은 수준이 그들의 세계적인 인기의 절대적인 이유라고 할 것이다.

요약하면 근년에 세계적으로 성과를 나타내고 있는 한국 대중문화의 성장은 1차적으로는 작품 자체의 우수성에 있지만 여기에 더하여 주제 의식과 내용이 지니고 있는 한국적인 특성이 외국 사람들에게도 크게 공감을 주고 있기 때문이라고 할 것이다. 그리고 이러한 주제 의식과 내용이 보여 주는 사회비판적인 시각 및 인간성에 대한 긍정적인 태도는 격변하는 한국사회의 현대사의 경험을 통하여 축적된 것이라고 할 것이다. 그리고 이러한 경험 속에 축적된 사회 비판적인 관점 등이 자유롭게 표현될 수 있다는 정치 사회적 환경이 조성되어 있다는 점이다. 이 모든 상황과 환경은 그동안 이룩한 민주화를 포함한 한국사회의 발전이 이를 가능하게 한 것이라고 하겠다.

한국의 대중문화와 소프트 파워

참고로 여기에서는 앞에서 본 한국의 대중문화가 한국의 소프트 파워를 증가시키고 있다는 점을 논의하고자 한다.

앞에서 본 바와 같이 한국은 근년에 이르러 대중음악에서 BTS, 영화에서 봉준호, 박찬욱 그리고 드라마에서 황동혁 등의 활동으로 한국의 대중문화가 세계 대중문화의 주류에서 당당히 자리를 차지하게 되었으며 이른바 한류를 세계에서 보다 강하게 하였다. 그리고 이러한 한류의 강화는 한국경제에도 도움이 되고 있다.

그런데 여기에서 한 가지 주목할 점은 당초 1990년대 후반에 대중음악에서 인근 아시아 국가들에서 시작하였던 한류가 이제는 지역적으로는 미국과 전 세계로 확산되고 있으며 그 내용에 있어서도 영화와 드라마는 물론 음식, 패션 등 여러 분야로 그 범위가 확장되고 있다는 점이다.

이러한 한류의 확산과 확장은 세계에서 한국의 대중문화의 영향력 증대만이 아니라 이와 동반하여 관련 수익 증대로 경제적인 측면에서 한국경제에도 도움을 주고 있다. 그런데 이러한 한류의 발전에서 또 한 가지 우리가 주목할 점은 한류의 발전이 한국의 국가 브랜드 가치를 크게 높이고 있으며 이는 곧 한국의 소프트 파워(soft power)의 증가를 의미한다고 하겠다. 소프트 파워는 군사력과 경제력 같은 하드 파워(hard power)와 대치되는 문화적 영향력을 의미한다.

한국은 경제개발을 통하여 이제 세계 10권의 경제대국으로 성장함으로써 하드 파워 측면에서는 세계적으로 뛰어난 성과를 이룩한 바 있다. 이제는 민주화와 문화 발전을 통하여 소프트 파워를 키우는 단계라고 할 것인데 여기에서 앞에서 본 한류의 확장은 이러한 소프트 파워의 증가를 촉진하고 있는 것으로 볼 수 있다.

8장

현 단계 과제와 대응(2020-)

우리는 지금까지 한국사회가 1945년 해방 이후 오늘에 이르도록 진행해 온 과정을 살펴보았다. 아울러 이 과정에서의 성취와 실패의 내용을 논의하였고 또 이러한 과정이 보여 주는 특징도 함께 보았다.

이제 이 책의 마지막 장인 여기 8장에서는 위의 과정을 거친 한국사회가 현 단계에서 맞이하고 있는 과제를 정리하고 다음으로는 이러한 과제에 대하여 어떻게 대응할 것인가 하는 문제에 대하여 생각해 보고자 한다.

1. 다섯 과제: 실질적 민주화, 경제성장, 경제적 양극화 대응, 국가체제의 기능성 유지, 국가 안보의 안정화

논의된 과제의 정리: 8개 과제 → 3개 과제

앞에서 우리는 현 단계의 한국사회가,

① 민주주의는 정부 수립 70년 만에 그동안 이룩한 제도적 민주화 단계를 지나 실질적 민주화 단계로 들어섰으며

② 경제개발 성공이라는 역사적 성취로 국가 발전의 토대를 마련하여 세계 10위권의 경제대국이 되었으나

③ 친일 행위에 대하여 정부 초기에 이를 심판하지 않았으며

④ 이어서 정부에 의한 민간인 학살 등의 범죄에 대하여 지금까지 제대로 처리하지 못하고 있으며

⑤ 현재 정치 사회적으로 보수 대 진보진영의 양극화 현상을 겪고 있으며

⑥ 경제적 양극화 현상이 진행되어 기회의 양극화 현상을 초래하고 있으며

⑦ 평등한 시민사회의 실현을 진행하고는 있으나 그 실현이 부진한 편이며

⑧ 높은 자살률이 시사하듯이 전체적으로 보아 국민들의 삶에 대한 만족도가 낮은 상황에 처해 있음을 보았다.

이러한 상황에서 우리는 1차적으로 다음 사항을 과제의 대상으로 삼을 수 있을 것이다.

① 실질적 민주화의 빠른 추진

② 경제성장률 높이기

③ 친일 행위 및 정부 공권력 범죄 처리 등 과거사 정리

④ 보수 대 진보의 이념 양극화 현상 완화

⑤ 경제적 양극화 현상에 대한 대응

⑥ 평등한 시민사회의 실현

⑦ 국민들의 주관적 행복감 높이기

그런데 이 일곱 가지 사항 가운데 ④항 '보수 대 진보의 이념 양극화 현상 완화' 문제는 그 성격이 각 개인의 사상과 양심과 관련된 문제이므로 이를 하나의 과제로 삼아 상황을 변화시킬 수가 없고 또 민주 사회에서 이를 의도적으로 변화시키려고 해서도 안 될 것이다. 또한 ⑦항 '국민들의 주관적 행복감 높이기' 문제의 경우도 국민들의 주관적 행복감의 크기는 국민들이 국가 사회의 모든 상황을 경험한 결과에 대한 종합적인 평가이므로 이 사항 자체를 과제로 삼을 수는 없다고 할 것이다.

그리고 ③항 '친일 행위 및 정부 공권력 범죄 처리 등 과거사 정리' 문제에 있어서는, 친일 행위에 대한 심판 문제는 대통령 소속 '친일 반민족행위 진상규명 위원회'가 2009년까지 1,006명의 친일 반민족행위자 명단을 발표하고 또한 민간에서 민족문제연구소가 2009년에 《친일인명사전》을 발간하여 4,776명의 친일 행위자 명단을 발표하였다. 이로써 친일 행위자에 대한 심판은 늦게나마 일단락된 것이라고 할 수 있다. 그러나 정부의 민간인 학살에 대한 처리 문제는 관련 법이 마련되고 담당 기구가 활동이 이루어졌지만 가장 중요한 진상규명이 제대로 이루어지지 않음으로 인해 성과가 매우 미진한 단계에 머물고 있는 상황이다. 그렇더라도 2기 진실화해위원회가 활동 중에 있으므로 이 문제를 현 단계 과제로 또다시 결정하는 것은 적합하지 않은 것으로 생각된다. 한편 ⑥항 '평등한 시민사회의 실현' 문제는 문제의 성격에 비추어 볼 때 이를 ①항 '실질적 민주화의 빠른 추진' 문제에 포함하는 것도 무방하리라 생각된다.
곧 한국사회의 "실질적 민주화"의 내용을 민주화의 진전에 따라 그 범위
를 종전과 같이 정치 분야 곧 정치 권력의 행사 분야만이 아니라 사회 분
야 곧 개인의 삶에 있어서의 인권 존중 등 민주적 질서의 실행으로 확대
시키는 것이 필요하기 때문이다.

이렇게 ③항, ④항과 ⑧항을 빼고 또 ⑦항을 ①항에 포함하면 대상 과
제는 다음의 세 항목으로 정리된다.

① 실질적 민주화 실현
② 경제성장 실현
⑤ 경제적 양극화 현상에 대한 대응

두 과제의 추가: 3개 과제 → 5개 과제

우리는 앞에서 이 책에서 직접적으로 논의된 내용을 기초로 해서 현
단계 과제로서 1차적으로 세 가지 사항을 선정하였다. 이제 이에 더하여
2차적으로 대상 범위를 보다 넓혀서 두 가지 내용을 한국 사회의 당면
과제로 추가하고자 한다. 이 두 가지 사항은 앞에서의 논의에서 직접적
으로 제시되지는 않았지만 이미 시사되고 또는 전제된 사항이다. 이들
은 '국가체제의 기능성 유지' 문제와 '국가 안보의 안정화' 문제이다.

국가체제의 기능성 유지 문제란 한국 사회 전체가 국가로서의 기능을
제대로 그리고 효율적으로 발휘한다는 내용이고 국가 안보의 안정화는
말 그대로 국가 안보를 안정적인 상태로 유지한다는 말이다.

이렇게 하여 우리는 한국사회가 당면한 과제로 다음의 다섯 가지 사항을 제시한다.

① 실질적 민주화 실현
② 경제성장 실현
③ 경제적 양극화 현상에 대한 대응
④ 국가체제의 기능성 유지
⑤ 국가 안보의 안정화

이제 이들 다섯 가지 과제에 대하야 간단히 설명하도록 하자.

첫째, '실질적 민주화 실현' 문제는 앞에서 여러 번 논의하였듯이 한국사회는 박근혜 대통령 탄핵 이후 종전의 국민이 대통령을 뽑는 제도적 민주화 단계를 지나 이제는 대통령이라 할지라도 법치의 대상이 되는 실질적 민주화의 시대에 들어섰다고 할 것이다. 따라서 실질적 민주화의 빠른 추진은 한국사회가 당면한 가장 큰 시대적 과제라고 할 것이다.

그런데 실질적 민주화의 내용은 이러한 가장 큰 권력자인 대통령의 권한에 대한 법의 지배를 비롯한 공적 부문뿐 아니라 사적 부문 곧 민간 분야 및 개인 생활 부문을 포함하여 한국사회의 모든 부문에서의 법에 의한 지배로 확대되어야 할 것이다. 예를 들어 '미투 운동'이 말해 주는 여성에 대한 성범죄 문제나 직장 등 조직에서의 구성원에 대한 억압 행위 등에서도 법의 엄격한 집행이 보편화되어야 할 것이다. 이것이 한국사회 민주화의 발전 또는 성숙이라고 할 것이다.

둘째, '경제성장 실현' 문제는 세계 대부분의 나라에서 가장 중요한 과제로 삼는 문제라고 할 것이다. 국민 생활 수준의 계속적인 향상과 고용의 유지를 위하여는 기본적으로 높은 경제성장률을 항상 유지하는 것이 필요하다.

한국의 경우에 장기 경제성장률 추세를 보면 경제개발이 시작된 1960년대 연평균 경제성장률이 8%대를 기록한 이후 1970년대 10%대로 가장 높은 수준을 보였으며, 1980년대 8%대, 1990년대 7%대, 2000년대 4%대, 2010년대 3%대 그리고 2020년대 1%대로 지난 40년간 장기적으로 하락 추세를 보이고 있다. 이에 따라 선진국 가운데서 볼 때에도 경제성장률 순위가 낮아지는 양상을 보이고 있다. 그리하여 한국경제가 과연 이러한 장기적인 하락 추세에서 벗어날 수 있느냐 하는 것이 한국경제로 봉아 가장 큰 과제라고 할 것이다.

셋째, '경제적 양극화 현상에 대한 대응' 문제 또한 세계적으로 선진국 사회에서 정치 사회적으로 가장 큰 과제로 제기되고 있다. 1980년대 이후 영국과 미국이 이른바 신자유주의라고 해서 정부의 역할을 줄이고 자유 시장의 기능을 확대하는 정책을 국내적으로는 물론 세계 경제에도 추진하고 또 1990년대에 들어 소련 등 공산주의 경제체제가 무너지면서 자본주의 시장경제 체제가 세계 경제를 주도하였지만 이러한 자본주의 시장경제의 확대가 국내적으로 빈부격차를 확대시키고 국제적으로도 부국과 빈국과의 소득격차를 확대시켰다. 동시에 2007-2008년의 글로벌 금융위기의 발생은 세계경제에 큰 타격을 주었다. 이러한 과정에서 특히 선진국에서는 정치 사회적 불안정이 커짐으로써 이 문제의 해결이 중요한 과제로 대두되었다.

한국의 경우에도 앞에서 보았듯이 소득 및 부의 분배 상황이 악화 추세를 보이고 있고 나아가서는 이러한 경제적 불평등이 교육기회의 불균등을 통하여 사회 계층의 세습을 통한 계층 고정화현상을 초래하고 있음은 심각한 문제라고 할 것이다. 따라서 이러한 경제적 양극화 현상을 개선해 나가는 것이 매우 중요한 과제라고 할 것이다.

넷째, '국가체제의 기능성 유지' 문제는 일반적으로 국가의 과제로는 논의되지 않고 있는 주제이다. 이 문제의 내용은 국가를 하나의 조직 단위 또는 유기체로 보아 그 기능이 제대로 그리고 효율적으로 작동하는 것을 의미한다.

한 가지 예를 든다면 코로나 상황이 발생했을 때 국가가 방역활동을 효율적으로 실행하여 국민들의 건강과 경제활동에 큰 타격을 받지 않도록 기능하는가의 문제이다. 그동안 세계적으로 코로나 사태가 발생하였을 때 각 나라별로 방역 활동의 효율성이 천차만별이었다. 그리하여 나라별로 사망자 비율과 경제적 타격의 크기 또는 국민생활의 불편 정도에 큰 차이가 발생하였다. 한국의 경우에는 세계적으로 보아 방역 활동의 효율성이 매우 큰 편으로 평가받고 있다. 곧 한국은 코로나 사태에 대한 대응에 있어서 국가체제의 기능성이 높은 편이라고 할 수 있다.

이는 코로나 상황의 경우이지만 비단 이러한 특수한 경우만이 아니라 평상시나 또는 특별한 상황이 발생하는 비상시를 막론하고 국가가 하나의 조직으로서의 기능을 제대로 하는 것은 매우 중요한 문제라고 할 것이다. 그런데 여기서 한 가지 유의해야 할 것은 국가체제의 기능성 문제를 해당 현상의 빠른 해결 및 저비용 차원에서만 보아서는 안 된다는 점이다. 해당 상황의 시간성 빠른 해결과 적은 경제적 비용 외에 그 과정에서 치르게 되는 국민의 자유 측면에서의 희생 등도 포함해서 평가해야 하는 것이다.

이러한 의미에서 국가체제의 기능성 유지는 매우 폭넓고도 복잡한 측면을 포함하고 있음을 이해하여야 될 것이다. 따라서 이 문제는 국가가 국가로서 얼마나 국민들이 중요하게 여기는 가치들을 제대로 그리고 효율적으로 보장하도록 기능하는가를 의미하며 따라서 이는 매우 중요한 과제임을 이해하여야 할 것이다.

다섯째, '국가 안보의 안정화' 문제는 북한의 공산 체제와 군사적으로 대치하고 있고 더욱이 6.25동란으로 민족 상잔의 비극을 겪은 한국사회로서는 기본적인 과제라고 할 것이다. 그리고 대부분의 국민들은 이를 의식적 또는 무의식적으로 인식하고 있는 사항이라고 할 것이다.

이런 점에서 국가 안보의 안정화 문제는 한국사회로 보아서는 기본 전제라고 말할 수 있는 사항이라고 할 것이다. 곧 이러한 안전보장이 제대로 실현되지 않으면 한국사회는 매우 불안한 상황에 처하게 되는 것이다. 따라서 국가 안보의 안정화 없이는 위에서 살펴본 네 가지 당면 과제의 추진 또한 근본적으로 흔들리게 될 것이다.

다섯 과제 설정의 특징과 의미

(1) 국가적 과제의 수가 많고 범위가 넓음: 현실 상황이 다면적이고 복합적임

먼저 이 책에서 선정한 다섯 가지 한국의 현 단계 과제는 세계 선진국의 경우와 비교할 때 한국사회의 현실이 보다 다면적이고 복합적이라는 사실을 보여 주고 있다.

곧 일반적으로 볼 때 선진국의 국가적 과제는 일차적으로는 경제 상황이 좋아져서 전반적으로 국민 복지가 보장되고 다음으로는 경제 양극화에 따른 사회적 경제적 갈등을 해소해 나가는 두 가지라고 할 수 있다. 이는 크게 보아 우리가 선택한 한국사회의 현 단계 과제 다섯 가지 가운데 ② 경제성장 실현과 ③ 경제적 양극화 현상에 대한 대응에 해당되는 것이다. 그런데 우리의 경우는 ①항 '실질적 민주화 실현' 문제, ④항 '국가체제의 기능성 유지' 문제, 그리고 ⑤항 '국가 안보의 안정화' 문제가 더 있다.

이와 같은 상황은 한국사회의 현실이 선진국 상황에 비해 보다 다면적이고 복합적이라는 현실을 보여 주고 있다고 할 것이다.

(2) "실질적 민주화' 과제의 의미: 한국이 선진국을 향한 민주화 도상에 있음

선진국의 경우와는 달리 한국사회에서 '민주화' 자체가 과제로 제시된다고 하는 사실은 한국사회가 선진국의 경우와는 달리 아직도 민주화를 실현해 나가야 하는 과정에 있음을 의미한다고 할 것이다. 선진국의 경우에는 이미 민주화 과정을 마쳤기 때문에 민주화 자체가 과제로 제시되지는 않고 있다고 할 것이다. 물론 선진국이라고 하여 현재의 상황이 민주화가 만족스러운 상태라고 보기는 어렵겠지만 대체로 법치가 확립되어 있는 상황이라서 민주화를 보다 높은 단계로 발전시킬 필요성이 거의 없다고 할 것이다.

이와는 달리 한국의 경우는 앞에서 논의한 바와 같이 1948년 정부 수립 이후 계속되어 온 독재체제로 민주주의가 실현되지 못하였다, 그러다가 50년이 지나 1988년에 이르러서야 국민들이 직접선거를 통하여 대통령을 결정하는 제도적 민주화가 실현되었고 그 뒤 29년이 더 지나 2017년에 헌법재판소가 박근혜 대통령을 대통령 권한 남용 등을 이유로 파면함으로써 최고 권력자인 대통령에게도 법치가 적용되기 시작함으로써 한국사회는 실질적 민주화 단계에 들어선 것이다.

그러나 이는 한국사회로 보아 실질적 민주화가 시작된 것이며 법치가 모든 국민과 국민생활에 광범위하게 적용되기까지는 갈 길이 멀다고 할 것이다. 한국사회는 아직도 여성에 대한 차별이 광범위하게 이루어지고 있으며 또 공공기관에서나 민간 조직에서 남성으로부터 성범죄를 당한 여성들이 이를 공개할 경우 조직 안에서 심각한 불이익을 당하고 있어서 이로 인해 극단적 선책을 하는 여성들이 있는 상황인 것이다.

(3) '국가체제의 기능성 유지' 과제의 의미: 그 실제성과 특유성

'국가체제의 기능성' 문제는 한 나라가 하나의 유기적 조직체로서 얼마나 잘 활동하고 있는지를 나타내는 것으로서 매우 실제적인 성격의 문제이다. 그럼에도 불구하고 지금까지 국가를 대상으로 하여 이 문제를 제대로 다룬 논의가 없었던 것으로 보인다. 이러한 사실은 개인의 능력과 업적에 대한 평가가 무수하게 이루어지고 있고 또 어떤 기업이나 조직에 대한 평가 또한 무수하게 이루어지고 있는 사실과는 상당히 다른 상황이라고 할 것이다.

이렇게 국가체제의 효율성 평가 문제가 본격적으로 논의되지 않은 이유로는 첫째로, 일반적으로 보아 이러한 국가체제의 기능성 또는 효율성을 평가한다는 일의 필요성이 별로 인정받지 못하였기 때문이고 둘째로는, 개인이나 조직의 경우와는 달리 국가의 효율성을 종합적으로 평가함에 있어서 합리적이고 객관적인 기준을 마련한다는 것이 거의 불가능할 정도로 어렵기 때문이라고 생각할 수 있다.

그러나 전 세계를 휩쓴 코로나 사태에 대한 각국의 대응이 보여 주듯이 국가체제의 기능성 문제는 매우 실제적인 문제라고 할 것이다. 각 나라마다 코로나 사태에 대응하는 능력과 그에 따른 결과가 천차만별로 나타난 것이다. 곧 코로나 확진자 수의 파악과 확진자에 대한 치료의 효율성, 치명률, 방역에 따른 경제적 비용과 국민 생활의 희생 정도 등에 이르기까지 각국별로 코로나 사태에 대응하는 국가적 능력에 큰 차이가 나타났으며 이로 인해 각국의 인명 희생을 비롯하여 경제적 사회적 정신적 피해에 있어서 큰 차이를 보인 것이다. 다시 말하여 코로나 사태의 대응에 있어서 각 국가의 기능성 차이가 그 나라의 피해의 차이를 결정한 것이라고 하겠다. 따라서 국가체제의 기능성 문제는 현실적으로 매우 실제적인 성격의 것이라고 할 것이다.

다음으로 국가체제의 기능성 문제는 다른 나라보다 특히 한국에서 분명한 의미를 갖고 있다는 점이다. 왜냐하면 한국 국민들이 평소 생활 속에서 이 문제를 잘 인식하고 있으며 그 필요성도 이해하고 있기 때문이다. 그리고 이는 한국인의 국민성에 있어서의 한 특징을 반영하고 있다고 할 수 있다. 그리하여 이 문제는 한국사회에서 갖는 특유성을 보여 주고 있다고 할 수 있다.

이 문제와 관련하여서는 아래 두 가지 내용을 제시하고자 한다.

첫 번째로, 한국 국민들의 사고방식에 있어서 중요한 한 가지 특징은 집단주의 의식 또는 공동체 의식이 강하다는 점이다. 그렇기 때문에 국가 또는 국민에의 소속감이 강한 편이다. 그리하여 국가적으로 위기가 발생하면 국민들은 단결하여 위기 해결을 위하여 함께 노력하는 것이다. 예를 들어 외환위기가 발생하자 한국 국민들은 1988년 초에 '금 모으기 운동'을 벌여 금반지 등 자신들이 보유한 금을 내놓아 220여 톤의 금을 모아 이를 수출토록 하여 22억 달러의 외환을 마련토록 하였다. 이렇게 한국 국민들은 국가 의식이 강하므로 국가체제의 기능성 문제에 있어서도 세계 다른 나라 국민들이 생각하는 것보다 훨씬 가깝게 느끼는 것이다.

두 번째로, 한국 국민들은 경제적 또는 실질적 성과에 대하여 매우 긍정적이고 적극적인 태도를 가지고 있다는 점이다. 그렇기 때문에 국가체제의 기능성 또는 효율성 문제에 대하여도 다른 나라 국민들 보다 이를 수용하는 태도를 가지고 있는 것으로 판단된다.

이러한 점을 감안할 때 한국 국민들은 '국가체제의 기능성 유지'를 의식적 또는 무의식적으로 현 단계 과제로 받아들이고 있는 것으로 생각된다.

⑷ '국가 안보의 안정화' 문제: 가장 중요한 과제이자 한국의 정치 지형을 결정

앞에서 논의한 바 있지만 북한과 군사적으로 대치하고 있는 남한으로서 '국가 안보의 안정화'는 국가의 생존 문제와 직결된 가장 기본적이고도 중요한 과제라고 할 것이다. 그리고 이의 연장선상에서 북한에 대한 입장 문제는 남한의 정치 지형을 결정하는 문제가 되고 있다. 곧 한국의 정치 지형에 있어서 보수와 진보진영을 구별 짓는 가장 큰 사안이 바로

북한 정권 또는 북한에 대한 입장이다. 보수는 북한에 대하여 강경한 입장을 가지는 한편 진보는 온건한 입장을 취하고 있다.

보수진영은 정권의 반공 입장이 분명하다면 어떠한 독재체제나 불의한 행태도 용인하는 태도를 보여 왔다. 예를 들어 1980년 8월에는 한경직 목사를 비롯한 개신교 지도자들이 군사반란을 일으켜 민주주의를 파괴하고 또 민주화를 요구하는 광주 시민들을 살상한 전두환을 위하여 기도회를 열어 준 바 있다. 이후 장경동 목사는 '원수는 사랑해야 하지만 적은 죽여야 된다.' '북한이 쳐들어 오면 한 사람씩 안고 죽자. 북한 인구가 2천만 명이니 남한 중 2천만 명이 희생하면 나머지 3천만 명이 살 수 있다.'고 말하였다. 그리고 북한에 대한 태도에 있어서 평화공존보다는 북한에 대한 강경한 입장을 강조하고 있다.

이에 반하여 진보진영은 남북한이 한 민족이라는 점을 강조하고 있으며 따라서 한반도 통일을 중시하고 있다. 북한 정권에 대하여도 온건한 입장을 보여 주고 있다. 특히 극좌파의 경우에는 1980-1990년대에 북한의 주체사상에 동조하였으며 급기야 2014년에는 통합진보당이 지향하는 진보적 민주주의가 북한식 사회주의를 실현하려는 것이라는 이유로 이 당이 헌법재판소에 의해 해산되는 일이 발생하였다. 그리고 2022년 8월 15일에는 민주노총이 한미연합군사훈련이 한반도 평화를 위협한다는 이유로 이를 반대하는 집회를 열었다.

이와 같이 한국의 정치 지형은 북한에 대한 입장이 어떠냐에 의하여 보수와 진보가 결정되어 왔다.

과제 실현 문제에 대한 이해

앞에서 우리는 한국사회에 있어서 당면 과제 다섯을 설정하였고 이제 이들 과제에 대하여 어떻게 대응할 것인가 곧 이러한 과제를 실현하기 위하여 무엇을 할 것인가? 하는 문제를 생각해 보고자 한다. 그리고 여기에서는 이러한 과제의 실현 문제를 대함에 있어서 먼저 이해하여야 내용들을 보고자 한다.

(1) 과제 설정과 실현 방안 제시의 유효성이 작음: 그러나 논의를 통해 사 회적 방향 설정에 도움이 됨

가장 먼저 이해하여야 할 내용은 이러한 과제의 설정과 실현 방안을 제시하는 일의 유효성이 작다는 점이다.

과거 한국사회가 경제개발을 추진하는 단계에서는 정부가 주도하여 이를 실행하였다. 그렇지만 그다음 단계인 민주화 실현의 경우에는 정권의 억압에도 불구하고 국민들이 많은 희생을 치르면서도 이를 추진하여 군사독재정권을 굴복시켰다. 따라서 민주화 단계부터는 국민이 한국사회의 진행을 주도해 오고 있는 것이다. 이 단계에서는 민주주의 체제의 작동에 따라 국민들의 다양한 견해가 선거를 통하여 대통령과 국회의원 등을 선택하면서 한국사회의 진행이 결정되어오고 있는 것이다. 그리고 한 걸음 더 나가서 연전에는 대통령의 탄핵, 파면까지 국민이 주도적으로 진행시켰다. 그러므로 민주화 이후의 한국사회는 별도의 사회적 목표의 설정과 실행 방안의 마련이 불필요한 것이라고 볼 수 있다.

곧 주체 측면에서 민주화 이후에는 국민이 한국사회의 진행을 담당하

고 있기 때문에 이 단계에서는 시회 진행의 결정 주체는 국민이다. 따라서 국민이 민주주의 체제 안에서 상황에 따라 적절하게 대응해 나가면 될 일이라고 할 것이다.

다음으로 기술적인 측면에서 볼 때에도 미래에 대한 정확한 예측이 불가능하므로 실제적인 목표 설정과 방안 강구는 불가능하며 억지로 이를 실행하려고 하면 사회적으로 커다란 비용을 치르게 될 것이며 따라서 이는 비효율적일 뿐만 아니라 불필요한 일이라고 할 것이다.

그럼에도 불구하고 우리는 다음과 같은 이유로 한국사회의 미래에 대한 대응을 강구해 보고자 한다.

곧, 바람직한 미래에 대하여 국민들이 논의를 함으로써 한국사회의 방향 설정에 도움이 된다는 점이다.

한국사회의 미래가 상당 부분 한국 국민들의 결정에 의하여 영향을 받게 되는 이상 바람직한 미래에 대하여 국민들이 논의를 하여 이를 위한 목표 설정과 방안 마련을 보다 충실하게 하는 것이 갈등을 줄이고 시행착오를 피하는데 도움이 될 것이다. 우리의 과거를 되돌아보더라도 일제 식민지 상황에서 미래에 대한 논의가 제대로 이루어지지 않은 가운데 해방이 이루어지자 큰 갈등과 시행착오를 거쳐서 결국에는 남북분단과 적대적인 체제의 대결로 이어져서 동족상잔의 비극을 겪었으며 이후 군사적 대결 상황이 계속되고 있는 상황이다.

다만 이 과정에서 앞에서 본 목표 설정과 실현 방안 준비의 유효성이 크게 제약받는다는 점은 기억하고 있어야 할 것이다. 따라서 목표 설정과 실현 방안의 범위와 내용을 정함에 있어서 기계적 완벽성을 추구하는 단순한 생각은 내려놓아야 할 것이다.

⑵ 한국, 모방의 시대는 끝났다: 독자성을 추구해 나가야 할 단계

해방 이후 한국과 한국사회는 미국과 일본을 열심히 쫓아왔다. 한국 국민들에게 미국은 세계 최고 최강의 국가이자 일제로부터의 해방자이며 6.25사변 때의 구원자였다. 더욱이 미국은 한국이 지향하는 민주주의를 일찍부터 실행하는 이상 국가였으며 모든 좋은 것을 상징하였다. 더욱이 미국은 2차 세계대전 이후 세계 제일의 경제 대국이자 문화 대국으로서 서방세계의 경제와 문화를 주도해 왔던 것이다.

그리하여 한국의 문화 전체에 걸쳐 미국의 영향력은 엄청 났으며 정신적으로 미국은 한국 국민의 마음을 지배하였다고 하여도 지나치지 않을 정도였다. 그리하여 한국은 거의 모든 면에서 미국을 모방하고 미국 것을 도입하고자 애썼는데 특히 정치와 학문과 문화에 있어서 그러하였다.

한편 일본은 35년 동안 한국을 식민지로 지배하였을 뿐 아니라 언어와 사람의 이름과 고유 문화까지 없애면서 일본화했고 또한 한국의 근대화가 상당 부분 일제에 의하여 진행되었기 때문에 해방 당시 한국은 법과 사회제도와 학문 등 거의 모든 부문에서 일본의 일부나 다름이 없었다. 또한 일본이 본래 한국에 비해 근대화와 산업화가 앞섰기 때문에 일본이 전후 회복과 경제 부흥을 진행시키자 6.25동란으로 모든 면에서 엄청난 피해를 입은 한국으로서는 일본을 쫓아가는 것이 여러 면에서 가장 편리하고 실제적이었다. 특히 경제 부문이 그러하였는데 산업과 기술, 금융 경제 제도, 기업 경영 등이 그러하였다. 그리하여 한국은 이러한 분야에서 열심히 일본을 모방하고 일본 것을 도입하고자 노력하였다.

이렇게 해방 이후 한국사회는 미국과 일본을 열심히 모방하고 쫓아갔다. 그러나 이제는 아래의 몇 가지 이유로 한국사회가 미국과 일본을 모방하는 시대는 이미 끝났다고 하겠다. 이제 그 이유를 살펴보도록 하자.

첫째, 한국의 정치 및 경제 수준이 높아짐으로써 종전처럼 미국과 일본을 모방할 시기가 지났다는 점이다.

먼저 민주주의 실행의 경우를 영국의 〈이코노미스트〉지가 발표하고 있는 민주주의 지수를 통하여 한국과 미국 그리고 일본의 경우를 비교하여 보면 2006년의 경우는 미국이 세계 17위, 일본 20위, 한국 31위로서 한국이 미국과 일본에 비하여 민주주의 수준이 상당히 뒤져 있었다. 그러나 2017-2021의 최근 5년 동안에는 한국이 매년 미국에 앞서고 있으며 이 중 2020년을 제외한 4년 기간 중에는 한국이 세 나라 가운데 가장 앞선 순위를 보이고 있다.

다음으로 일본 모방이 끝났다는 사실을 경제 부문에서 기업의 경우를 보도록 하자.

미국 〈포브스(Forbes)〉지가 발표한 2021년 글로벌2000 기업 순위를 보면 삼성전자가 세계 11위에 올라 있어서 일본의 토요타 자동차의 12위보다 앞서고 있다. 또한 유엔산업개발기구(UNIDO)가 발표하는 제조업 경쟁력 지수(CIP, Competitive Industrial Performance Index)를 보면 2014년 이후 한국이 일본을 추월하여 2018년의 경우에 한국은 독일 중국에 이어 세계 3위인 데 비해 일본은 5위에 있다.

전반적으로 보아서는 한국이 기업 부문에서 일본에 상당히 뒤지고 있고 노벨상 과학 부문 수상자가 한국은 없지만 일본이 25명인 사실이 보여 주듯 과학 기술 분야에서도 한일 간에 큰 격차가 있지만 종전처럼 한국이 일본을 무조건 모방할 시기는 지난 것으로 생각된다.

둘째, 경제나 문화적인 측면 등 거의 모든 분야에서 독자적이고 창의적인 기술과 내용으로 나아가야 세계적으로 경쟁력을 가질 수 있다는 점이다.

이 문제는 두 가지 측면이 함께하고 있다. 곧 먼저 한국으로서는 이제 여러 측면에서 세계적인 수준에 이른 단계이기 때문에 다른 나라 것을 모방해서는 경쟁력을 가질 수 없다는 점이다. 기술적으로는 특허 장벽 및 국제 협약 문제가 있다. 더욱이 세계 산업이 정보 통신 기술의 발달과 융합으로 빠르게 변화하고 있는 실정이므로 한국도 이에 적극적으로 대응해 나가야 하는 입장이다.

다음으로는 앞에서 세계 대중문화 속 한류 관련 부문에서 논의한 바와 같이 한국적인 컨텐츠가 세계 다른 나라 사람들에게도 공감을 얻고 있다는 점이다. 그러므로 계속 한국적 내용을 개발하고 세계에 진출하여야 하는 상황이라고 하겠다.

셋째, 코로나 대응 결과가 보여 주는 바에 의하면 한국 모델이 국가의 기능성 면에서 우수하므로 이를 더욱 발전해 나가야 한다는 점이다.

코로나 사태는 세계가 일찍이 경험하지 못했던 급박한 비상 상황이었는데 결과적으로 보면 한국이 일본과 함께 구미 선진국의 경우보다 확진자 수에 있어서나 치명률 면에서 상당히 나은 결과를 보이고 있다. 이는 서구 국가에 비하여 국민들이 개인 자유 면에서의 희생을 감수하고, 정부 시책에 자발적으로 협조하는 등 상대적으로 강한 공동체 의식의 발로에 힘입은 것으로 보인다. 단적인 예가 국민들의 완전에 가까운 마스크 착용 실태이다.

그렇다면 이러한 강한 공동체 의식을 특징으로 하는 한국적 모델이 서구 선진국 모델에 비해 비상 상황에 있어서 국가의 기능성을 발휘하는 데 유리한 것으로 생각된다. 따라서 사회 진행의 기본 방향을 설정함에 있어서도 무조건적으로 서구 선진국 모델을 모방할 것이 아니라 한국적 모델을 개선 발전시키는 것이 나을 것 같다고 볼 수 있겠다.

(3) '건전한 집단주의'로 나아가기: 과제 실현의 기본 철학

앞의 논의에서 우리는 이제 현 단계에서 한국사회가 서구를 모방하는 시대는 끝났다는 점을 논의하였다. 곧 종전처럼 미국이나 일본 같은 나라의 방식을 모방할 시기는 지났으며 오히려 한국적 모델을 독창적으로 추진해 나가는 것이 보다 효율적이고 또 필요하다고 논의한 바 있다. 그렇다면 이제 서구 모델을 따르는 종전의 접근 방식을 내려놓고 앞으로는 어떻게 할 것인가 하는 것이 문제인 것이다. 곧 한국의 독자적인 진행 방식을 무엇으로 할 것인가 하는 문제이다.

이러한 질문에 대한 답변은 '건전한 집단주의'를 기반으로 하는 고유한 방식을 추구하도록 한다는 것이다. 이제 이 문제를 논의하도록 한다.

앞에서 논의한 바 있지만 해방 이후 한국 국민들의 행태는 장기간에 걸쳐서 집단주의가 약화되는 반면 개인주의가 강해지는 추세를 보여오고 있다. 그리고 이러한 추세는 한국사회의 사고방식 또는 가치관에 있어서 가장 중요한 변화라고 할 것이다. 이러한 변화는 한국사회가 당초 정부를 수립할 때 개인의 자유를 포함한 인권을 존중하는 민주주의 체제를 채택한 것이 결정적이었고 이후에도 전반적인 문화가 개인주의 성향이 강한 미국을 위시하여 선진국의 것을 도입하고 모방하면서 생겨온 변화인 것이다.

그리고 이러한 전통적인 집단주의 성향의 약화와 새로운 개인주의 성향의 강화 추세는 한국사회와 한국문화 전반에 큰 변화를 의미하는 것이라고 할 것이다. 그리고 이러한 변화는 한국사회에 있어서 개인에 대한 존중과 자유의 확대로 국민 개개인의 기본적인 인권을 보장하는 한편 개인의 노력과 창의를 촉진하여 사회 전체의 능률과 성과를 높임으로써 경제개발과 문화의 발달에 크게 기여함으로써 한국사회의 전반적인 발전과 선진화를 가능하게 하였다고 할 것이다.

그런데 현 단계에 있어서 문제는 한국사회의 개인주의 강화 흐름이 오늘에 이르기까지 사회 발전에 크게 기여하였다고 해서 앞으로도 이러한 추세를 계속하여 구미 선진국을 쫓아가서 그들 정도의 개인주의 수준을 달성토록 하는 것이 바람직한가 하는 점이다. 여기에서 선진국 수준의 개인주의라고 하는 것은 예를 들어 개인이 원하면 동성결혼을 하는 것을 인정하고 또 자신의 성(性)을 자신이 선택하도록 하는 것을 말하는 것이다.

우리는 앞에서 한국의 수준이 민주주의 수준과 경제 그리고 대중문화의 경우에 세계적으로 상당한 수준에 달하였다는 점과 국제 경제가 급변하고 있는 상황에서는 보다 창의적인 접근이 필요하다는 이유에서 구미 선진국을 모방할 시기는 지났다는 점을 지적한 바 있다.

이제 여기에서는 이러한 논의를 더욱 확대해 한국사회가 미래에 대응하는 문제의 전반에 걸쳐서 기본적인 기조에 있어서 선진국 모방이 아니라 한국사회의 독자적인 접근 태도가 필요함을 지적하고자 하는 것이다.

그런데 우리는 한국사회의 안정성을 유지하고 또한 국가의 기능성을 발휘하기 위하여는 구미 선진국 수준의 매우 높은 개인주의보다는 그보다 낮은 수준의 개인주의와 어느 정도의 집단주의가 바람직하다는 점을 말하고자 한다. 곧 구미 선진국의 지나친 개인주의를 그대로 모방하기보다는 보다 낮은 수준의 개인주의를 택하는 동시에 어느 정도의 유효한 집단주의를 택하여야 하리라고 생각한다. 그리고 이를 '건전한 집단주의'라고 표현하고자 한다.

참고로 개인주의가 가장 앞서가는 구미의 경우에서도 이미 20세기 후반에 개인의 자유를 최우선시하는 극단적인 개인주의(liberalism)에 반대하며 개인의 책임을 강조하는 공동체주의(communitarianism)가 대두되었음에 유의하여야 할 것이다.

지금까지 우리는 당면 과제에 대한 실현 방안을 논의하기에 앞서서 먼저 이러한 실현 방안을 생각함에 있어서 기본적으로 이해하여야 할 사항 세 가지를 살펴보았다.

1) 첫째로 이러한 과제 설정과 실현 방안 제시의 유효성이 크지 않지만 이러한 논의가 사회적 논의를 통하여 시행착오를 줄이는 데 도움이 된다는 점.
2) 한국이 종전과 같이 선진국을 모방하는 시대는 끝났으며 따라서 한국이 독자성을 추구해 나가야 할 단계에 있다는 점.
3) 이러한 한국적 독자성의 중요한 내용으로는 '건전한 집단주의'를 기본적인 철학으로 삼아 나아가는 것이 필요하다는 점을 제시하였다.

이제 이하에서는 이러한 인식을 바탕으로 하여 당면 과제의 실현 방안을 살펴보고자 한다.

2. 핵심 대응방안 셋: 창의적 인력의 육성, 건전한 집단주의의 실현, 남북한 평과 공존 유지

앞에서 우리는 먼저 한국사회의 현 단계 당면 과제로서 다섯 가지 사항 곧 실질적 민주화, 경제성장, 경제적 양극화 대응, 국가체제의 기능성 유지, 국가 안보의 안정화를 제시하였다.

이어서 우리는 이들 과제의 실현 문제에 필요한 이해 사항으로 다음 내용들을 제시하였다. 곧 이들 과제 및 그 실현 방안에 대한 논의의 유효성이 제한적이라는 점, 한국이 종전처럼 선진국을 모방할 단계는 지났으므로 독자성을 추구해야 한다는 점, 그리고 이러한 독자성의 내용으로는 '건전한 집단주의'를 기본 철학으로 삼아야 하리라는 점을 논의하였다.

이제 아래에서는 당면 과제와 실현 방안에 대한 이러한 이해를 전제로 하여 과제에 대한 대응을 어떻게 할 것인가 하는 문제를 논의하고자 한다.

먼저 다섯 과제의 실현을 위하여는 일반적으로 다음과 같은 방안들을 제시할 수 있겠다.

1) 실질적 민주화 실현
   - 차별 없는 사회의 실현
   - 맹목적 집단주의 지양
   - 대통령 임기의 4년 중임 제도 실시 등
2) 경제성장 실현

- 정부 규제 최소화

- 정부의 R&D 투자 확대

- 교육 혁신 등

3) 경제적 양극화 현상에 대한 대응

- 누진 과세, 재산세, 상속세 유지

- 교육기회의 평등 실현

- 복지 사각지대 해소 등

4) 국가체제의 기능성 유지

- 행정의 탈정치화

- 공직자의 이익 집단화 근절

- 지나친 지방 분권화 지양 등

5) 국가 안보의 안정화

- 자주 국방력 확보

- 자주적 외교역량 확보

- 남북한 긴장완화 등

그리고 우리는 당면 과제에 대한 보다 실제적인 대응을 위하여 이러한 실현 방안의 범위를 보다 넓히고 또 구체화해 나가면 될 것이다. 그런데 이러한 실현 방안 등은 한국사회에서 대체로 보아 통상적으로 진행되고 있거나 또는 논의되고 있는 일반적인 접근 방식이라고 할 것이다.

그리하여 이 책은 이러한 일반적인 접근 방식을 약간 변경하여 대응하고자 한다. 곧 앞에서 논의한 과제 실현 문제에 필요한 이해 사항 세 가지를 전제로 하면서 과제 대응에 있어서 보다 선택적이고 집중적인 접근 방법을 택하고자 한다. 그것은 다섯 과제를 실현함에 있어서 필요한 많은 실현 방안 가운데서도 가장 중요하고도 큰 효과를 기대할 수 있는 몇 가지 방안을 핵심 방안으로 선택하여 이 방안들의 시행에 한국사회가 관심과 노력을 집중하는 것이 좋을 것으로 생각된다.

그리하여 여기에서는 다음 세 가지 사항을 이러한 핵심적 대응 방안으로 제시하고자 한다.

1) 창의적 인력의 육성
2) 건전한 집단주의의 실현
3) 남북한 평화 공존 유지

이 세 가지 방안은 다섯 과제를 실행함에 있어서 가장 효과가 큰 방안이라고 생각하여 선택한 것인데 실제 선택하고 보니 1) '창의적 인력의 육성'은 국민 개개인 차원의 인력과 관련된 과제 실현 방안이고 2) '건전한 집단주의의 실현'은 사회적 질서와 관련된 과제 실현 방안이며 3) '남북한 평화 공존'은 국가의 대외 정책과 관련된 실현 방안으로서 개인-사회-국가로 단계별 실현 방안이 각각 포함되어 결과적으로 실제 면과 형식논리 면에서 자연스럽게 보이기도 한다.

이제 이 세 가지 핵심 대응 방안에 대하여 차례로 논의하도록 하자.

① 창의적 인력의 육성[25]

한국이 오늘날 이 정도까지 발전한 것은 무엇보다도 사람 때문이다. 한국은 경제개발이 시작된 1960년대 초만 하더라도 경제적으로는 세계에서 가장 가난한 나라에 속하였고 정치적으로도 군사쿠데타로 집권한 군사 정권이 지배하는 후진국이었다. 그러나 오늘날 한국경제는 세계 10위권의 경제대국이 되었고 민주주의 순위도 세계 20위권의 민주국가가 되었다. 그리고 이러한 한국의 발전은 기본적으로 한국 국민의 능력에 의한 것이다. 한국의 경제성장도 국민의 뛰어난 근면성과 재능에 의한 것이고 민주주의의 발전도 국민의 민주화에 대한 확고한 의지와 희생을 두려워하지 않는 실천력에 따른 것이다.

여기에서 한국 국민의 능력이란 한국 국민 개개인이 갖고 있는 종합적인 능력을 뜻하는 것으로서 경제적 및 비경제적 가치를 생산할 수 있는 지식, 사고방식, 기술, 재능, 정신적 자질, 체력 등을 모두 포함한 것으로서 이를 간단히 인력이라 부르기로 한다. 그리하여 한국이 지금까지 이룩한 경제발전과 민주화 그리고 최근 세계 대중문화 및 음악 분야에서 이룩한 문화적 성취는 한국의 인력이 이룬 성과라고 할 것이다. 다시 말하여 한국이 지난 70여 년 동안 이룩한 경제적 정치적 문화적 성과는 한국의 독특하고 역동적인 인력에 의하여 실현된 것이다.

그런데 이러한 경제 분야, 정치 분야, 문화 분야에서의 뛰어난 성과에

---

25) 이와 관련하여서는 이 문제를 종합적으로 다룬 서울대 김세직 교수의 책 『모방과 창조』(2021, 다산북스)를 참고할 것. 그는 인적 자본 개념을 중심으로 한국경제의 1980년대 이전의 고도성장과 1990년대 이후의 성장 추락을 설명하고 한국경제가 고도성장을 회복하기 위하여는 지금까지의 모방형 인적 자본을 창조형 인적 자본으로 전환해야 하며 이를 위해 창조형 자본주의 체제를 구축해야 함을 강조하고 있으며 그 실행 방안을 제안하고 있음.

도 불구하고 한국은 현 단계에서 전체적으로 볼 때 다음과 같은 측면에서 정태적인 모습을 보이고 있는 것으로 보인다.

첫째, 한국이 뛰어난 실적을 보인 경제 면에 있어서도 역동성을 잃어가고 있다는 점이다. 곧 한국경제가 규모 면에서는 현재 세계 10위권에 이르는 성과를 보였지만 성장 실적을 기간별로 나누어 살펴보면 1960-1980년대와 1990년대 이후가 확연히 다른 모습을 보이고 있다. 곧 한국경제는 1990년대 이후 30년 동안에는 성장률이 꾸준한 하락세를 보이고 있다는 점이다.

곧 연평균 경제성장률은 1980년대는 8.9%를 보인 이후, 1990년대는 7.3%, 2000년대는 4.9%, 2010년대는 3.3%를 보이고 있으며 2020-2021에는 1.7%를 보이고 있다.[26] 이리하여 한국의 GDP(국내총생산) 세계 순위는 30년 전인 1991년에 이미 13위를 기록하여 2021년의 10위와 별 차이 없는 수준을 보인 것이다.

이렇게 지난 30년 동안 한국경제는 그 이전에 비하여 활력을 잃어가고 있음을 보이고 있다.

둘째, 한국사회가 경제적으로는 경제개발, 정치적으로는 제도적 민주화라는 커다란 과제를 이룩하였지만 정치를 포함하여 사회 전반에 걸쳐서 아직까지도 구체제적인 질서가 완강하게 지배하고 있는 측면이 있다는 점이다. 그리고 이러한 구체제 질서의 지배가 한국사회의 실질적 민주화를 막고 있으며 동시에 한국사회의 역동성 발휘를 제약하고 있다는 점이다.

먼저 정치 분야를 개괄적으로 평가한다면, 비록 대통령의 권한 행사에

---

26) 김세직 교수는 이를 "5년 1% 하락의 법칙"이라고 실증 분석하고 있다.

대한 법치에는 중요한 진전이 있었지만 대통령, 국회, 국회의원, 정당 그리고 국민이 보이고 있는 전반적인 정치 행태는 여전히 전근대성을 벗어나지 못하고 있는 실정이다.

보다 일반적으로 구체제적인 질서가 한국사회 전반을 지배하고 있는바 그 대표적인 현상이 한국사회에서 여러 가지 형태의 차별이 광범위하게 존재하고 있다는 점이다. 남녀 간의 차별이 있으며, 외국인에 대한 차별이 있으며, 가난한 계층에 대한 차별이 있으며, 장애인에 대한 차별이 있으며, 교육 정도에 따른 차별이 있으며, 사회적으로 출세한 정도에 따른 차별이 있다. 그 밖에도 여러 유형의 차별이 이루어지고 있다. 이러한 차별 현상은 평등한 사회의 실현을 어렵게 하고 있다.

이와 함께 한국사회에서는 조직 내에 강력한 위계질서가 지배하고 있다는 점이다. 이러한 강력한 위계질서는 조직의 활력과 생산성을 발목잡음으로써 조직의 경쟁력을 제약하고 있다. 동시에 조직에 대한 맹목적인 충성심을 강제함으로써 사회 정의에도 부정적인 영향을 끼치고 있다.

셋째, 한국의 엄청난 교육열과 교육비 지출에도 불구하고 한국의 전반적인 학문 또는 과학의 수준은 아직까지도 거의 모든 분야에서 세계 선두 집단에는 들어가지 못하고 있는 실정이라는 점이다.

한국은 전통적으로 학문과 교육을 중시하고 정부 수립 이후에도 정부는 학교 교육에 대한 지원에 지속적으로 노력하였고 국민들은 자녀 교육에 혼신의 노력을 다하였다. 한마디로 한국의 교육열은 아마도 세계에서 가장 높다고 할 것이며 한국 가정의 사교육비 지출 수준은 세계에 유례가 없을 것이다.

이러한 장기간에 걸친 한국의 엄청난 교육에 대한 열의와 투자에도 불구하고 한국의 학문 또는 과학의 수준은 세계적으로 선도적인 위치에 있는 분야가 없는 실정이다. 비록 한국 중고등 학생들의 학력은 세계 최고 수준으로 알려져 있지만 전문 학자들의 경우에는 세계적인 학자가 거의 없는 실정이다.

흔히 드는 예이지만 지금까지 과학 부문 노벨상 수상자는 한 사람도 배출하지 못하고 있다. 참고로 아시아 국가들의 과학 부문 노벨상 수상자를 보면 일본이 25명, 이스라엘 6명, 중국 3명, 인도 2명, 터키 1명, 파키스탄 1명이다. 한편 〈US News〉지 발표 2022년 세계대학 순위를 보면 한국 1위 서울대는 세계 130위이며 아시아에서 17위이다. 그리고 상위 1% 피인용 논문 수는 세계 13위 수준을 보이고 있다.

이와 같은 한국이 비록 교육에 큰 노력을 기울이고는 있지만 그 효과가 중고등학생의 학력 수준을 높이는 데는 탁월한 성과를 내고 있지만 대학생 이상의 학력 수준을 높이는 데는 그렇지 못하고 있으며 나아가서 학문 수준을 높이는 데는 기대하는 만큼의 성과를 내지 못하고 있음을 보여 주고 있다고 할 것이다.

이와 같이 한국이 경제개발 성공과 제도적 민주화 실현이라는 세계적으로 드문 성과를 이룩한 이후 30년이 지나 2020년대에 들어선 지금 상황을 보면 경제적 측면에서는 경제성장률이 크게 낮아져 있으며 정치 사회 전반적으로는 구체제적 질서가 광범위하게 한국사회를 지배하고 있어서 실질적 민주화를 어렵게 하고 있으며 국가 발전의 기초라고 할 학문 수준은 모든 분야에서 여전히 세계적 수준에는 미치지 못하고 있는 실정이다. 곧 이렇게 한국은 현 단계에서 경제 및 정치 사회 전반적으로 종전에 보여 주었던 역동성을 잃고 정체상을 보이고 있는 상황인 것이다.

그렇다면 한국이 이러한 정체상을 탈피하려면 기본적으로 무엇을 어떻게 할 것인가?

그 해답은 역시 사람 곧 한국의 인력에서 찾아야 할 것이다. 곧 한국이 경제개발의 성공과 제도적 민주화의 실현을 이룩할 수 있었던 것이 기본적으로는 뛰어난 근면성과 재능을 지니고 더하여 민주화에 확고한 의지와 용기를 지닌 한국 국민의 존재였듯이 현재의 정체성을 탈피할 기본적이고 핵심적인 요소 역시 한국의 인력인 것이다. 그리고 그 내용은 한국의 인력을 종전의 모방적 특성의 인력을 이제는 창의적 특성의 인력으로 변화시키는 것이 되어야 할 것이다.

과거 한국이 경제개발과 제도적 민주화에 성공할 수 있었던 것은 국민들의 근면성과 책임감, 민주화 의지와 실천력에 의한 것이다. 그리고 이러한 특성들은 남들처럼 경제적으로 잘살아 보고 또 다른 나라처럼 민주국가가 되고자 하는 생각에서 열심과 재능을 최대한으로 투입한 결과였다. 여기에는 창의성은 별로 중요한 요소가 아니었다. 오직 다른 나라에서 이미 만든 상품을 열심히 노력해서 더 싸게 만들어 수출하고, 다른 나라에서 실행하고 있는 민주주의의 기본인 국민의 정부 선택권을 실현하기 위하여 희생을 무릅쓰며 노력한 것이다.

간단한 예를 들면 학생이 공부를 잘하여 좋은 대학에 들어가려면 암기를 잘하고 계산을 잘하며 선생님과 부모님이 시키는 것을 잘 따라하면 되는 것이다. 그리고 이러한 특성이 학생 생활에서 성인 생활로 연장되고, 또한 개인에서 국민 전체로 확대되며 또한 장기간에 걸쳐서 지속됨으로써 한국이 경제개발과 제도적 민주화를 이룩한 것이다. 이렇게 한국의 성공을 가능하게 한 한국 국민의 특성을 간단하게 표현하면 '배운 바를 잘 암기하고 열심히 실천하는 것'이라고 하겠다. 곧 암기력과 실천력이 한국 인력의 강점이었다. 그리고 경제개발과 제도적 민주화를 위하여는 이러한 특성의 인력으로 충분하였던 것이다.

그러나 한국이 이 단계를 지나면서 이러한 특성의 인력으로는 계속적인 국가 발전이 어려워진 것이다. 곧 한국 인력의 수준이 종전에 비해 하락하였다고 볼 이유는 없으며 그동안에도 높은 교육 투자와 기술 투자를 통하여 계속하여 암기력과 실천력 수준을 높여 왔으므로 인력 수준 또한 향상되어 왔다고 할 것이다. 그럼에도 불구하고 앞에서 본 바와 같이 경제성장률은 장기간 지속적인 하락 추세를 보이고 있으며, 구체제적인 질서가 지배하는 가운데 실질적 민주화는 진행이 제약되고 있으며, 엄청난 교육열과 투자에도 불구하고 학문 수준은 세계적 수준에는 이르지 못하고 있는 실정인 것이다.

그렇다면 한국 인력의 문제는 무엇일까? 왜 한국 인력은 종전과 동일하게 암기력과 실천력을 중심으로 그 수준을 높여 왔음에도 불구하고 한국은 경제적으로 사회적으로 또 학문적으로 종전에 비해 상대적으로 저조한 성과를 보이는 것일까?

이 문제에 대한 답은 결국 한국 인력의 질 또는 유형이 경제적, 사회적, 과학적 환경의 변화에 적절하지 않게 되었다고 볼 수밖에 없는 것이다. 그렇다면 종전과는 다른 새로운 유형의 인력은 어떠한 것일까? 그것은 이미 한국사회에서 거듭 지적되고 있는 내용인 '창의적 인력', 곧 창의성을 갖춘 인력이라고 할 것이다.

곧 종전의 인력이 암기력과 실천력을 갖춘 데 비해 새로운 인력은 이러한 특성보다는 창의성을 갖춘 인력이 필요하게 된 것이다. 예를 들면 한국은 1960년대부터 값싸고 근면한 노동력을 이용하여 다른 나라보다 싼 값으로 옷을 열심히 만들어 수출하고 1970년대부터는 같은 방식으로 TV와 유조선을 열심히 만들어 수출하고 1980년대부터는 같은 방식으로 승용차를 열심히 만들어 수출함으로써 경제개발에 성공한 것이다. 그러나 1990년대 이후부터는 종전처럼 값싸고 근면한 노동력에 의존하여 싼 값으로 상품을 수출하는 것이 어려워지고 모든 산업 분야에서 첨단 기술의 중요성이 중요해지면서 한국은 종전 유형의 인력으로 세계시장에서 누리던 강점을 잃어버리게 되면서 경제성장률도 하락 추세에 들어서게 된 것이다. 1990년대 이후 스마트폰을 중심으로 전자 부문에서 세계 첨단 수준의 경쟁력을 유지하고 있는 삼성전자의 경우도 첨단 기술력 개발에 성공함으로써 세계적 선도 기업의 지위를 유지하고 있는 것이다. 그런데 삼성의 경우에도 스마트폰을 개발하지는 못하였고 미국의 애플이 만든 스마트폰을 따라 만든 것이었다.

이와 같이 모든 산업에서 기술의 중요성이 절대적이 되면서 각 나라가 필요로 하는 인력에 있어서도 암기력 실천력보다는 창의력을 지닌 인력을 필요로 하게 된 것이다. 그리고 한국은 1990년대 이후 이와 같은 인력의 유형 또는 질을 바꿔야 하는 단계로 이미 들어간 것이다.

그리고 이러한 창의적 인력의 필요성은 경제 부문에 국한된 것은 아니다. 앞에서 우리는 한국사회가 아직까지도 전반적으로 구체제적 질서에 의해 지배되고 있어서 실질적 민주화가 제약되고 있다는 점을 지적한 바 있다. 이러한 구체제적 질서란 권위적인 위계질서와 맹목적인 집단주의이다. 이러한 질서는 사람들에게 권위에 대한 일방적인 복종을 강요함으로써 한국사회에 정치적 독재와 사회 전반의 부정 부패 및 비인간적인 차별을 초래하였다. 여기에는 교육 및 학문 세계도 예외가 아니었다.

물론 이러한 구체제적 질서는 민주화의 진전과 법치의 확장 그리고 한국사회 전반의 집단주의 약화와 개인주의 강화 추세에 따라 약화되고는 있지만 아직까지도 한국사회에서 강력한 힘을 행사하고 있는 실정이다. 이러한 집단주의적 성격의 구체제적 질서가 지배하고 있기 때문에 만연한 차별에 대항하여 공정을 주장하는 목소리를 내기가 어렵고 창의적인 생각이 배양되기도 어려운 것이다. 무엇보다도 이러한 사회적 분위기 때문에 사람들이 자기 자신의 의견을 표현하는 것을 어려워하고 또 스스로 생각하는 능력도 부족한 것이다.

이러한 실정을 보여 주는 몇 가지 예를 들어 보자. 대학 강의실에서 학생들이 교수에게 질문하는 경우가 드물고 오직 강의 내용을 받아 적는 데 집중하고 있다. 공부 잘하는 서울대에서도 가장 공부를 잘하는 학생들을 조사하였더니 강의 내용을 완벽하게 필기하는 학생들이었다는 보고서가 있다. 그리고 저자가 대학에서 한국경제론을 강의할 때 시험 문제로 박정희의 경제정책과 전두환의 경제정책 가운데 어느 쪽이 낫다고 생각하느냐를 물었더니 한 학생이 왜 강의안에 없는 내용을 문제로 내느냐고 항의하였다. 강의안에 두 사람의 경제정책의 내용은 있었지만 어느 쪽이 더 낫다는 내용은 없었던 것이다. 잘 알려진 예로 2010년 G20 서울정상회 폐막식에서 미국 오바마 대통령이 한국 기자들에게 거듭 질문 기회를 주었지만 아무도 질문을 하지 않아 중국 기자가 질문하는 어이없는 일이 벌어졌다. 이러한 예들은 한국의 최우수 인력들이 독자적으로 생각하고 또 이를 발표하는 능력이 매우 약하다는 사실을 보여 주고 있는 것이다.

결론적으로 말하자면 한국이 추세적인 경제성장률 하락 현상을 멈추고, 실질적 민주화를 제대로 추진하고 또 학문 수준을 세계적 수준으로 올리려면 종전의 암기력과 실천력 중심의 인력을 독자적으로 생각하고 또 이를 발표할 수 있는 창의적인 인력으로 전환해야 할 것이다.

그렇다면 어떻게 한국 인력을 창의적 인력으로 전환할 것인가?

이 문제에 대하여 저자는 한 가지 방안만을 제안하고자 한다. 그리고 이를 위해 두 가지 내용을 논의하고자 한다.

첫째, 먼저 초등 중등 고등학교의 학교 교육을 정상화해야 할 것이다.

한국사회는 현재 학교 교육이 제대로 이루어지지 않고 있다. 이른바 선행 학습이라 하여 초, 중, 고등 학생들 대다수가 학교 밖 학원에서 학교에서 배워야 할 내용을 미리 배우고 있어서 정작 학교에서는 이 학생들이 수업 시간에 잠자든지 딴짓을 하고 있고 교사들은 이를 방관하고 있는 실정이다. 그리고 학원에 다니지 않는 학생들로서는 진도가 너무 빨라 내용을 제대로 이해하지 못하고 있어서 학습을 포기하고 있다. 그리고 전반적으로 교사들이 교실에서 학생에 대하여 통제를 제대로 하지 못하고 있다. 이에 따라 학생들이 수업시간에 무슨 행동을 하더라도 이를 방관하고 있는 상황이다. 이러니 학교 교육이 제대로 이루어 않고 있으며 학교는 학생에 대한 교육을 상당 부분 포기하고 있는 상황이다. 이러한 상황에서는 창의적인 인력의 육성이나 그 어떤 교육도 제대로 이루질 수 없는 것이다. 따라서 창의적인 인력의 육성 이전에 학교 교육을 정상화하는 것이 먼저라고 할 것이다.

둘째, 학교 교육이 사교육을 통한 선행 학습으로 인하여 비정상적으로 이루어지고 있다고 논의하였는데 이렇게 선행학습이 이루어지고 있는 이유는 이러한 선행학습이 학생들의 학교 성적을 올려 주어 대학 입학에 유리하기 때문이다. 따라서 초중고 교육을 정상화하기 위하여는 사교육을 통한 선행 학습이 대학 입학에 별 도움이 되지 않도록 해야 할 것이다. 그런데 학원에서 가르치는 내용이 주로 암기 위주로 학습되는 것이기 때문에 창의적인 인력을 육성하는 데는 별 도움이 안 되고 학교 교육만 망가뜨리고 있는 실정이다.

현재 한국 아이들의 생활을 보면 학교도 들어가기도 전인 유치원 때부터 부모들이 아이들을 이런저런 학원으로 보내어 아침부터 밤까지 닦달을 하고 있어서 언제 한 번이라도 마음껏 자유롭게 노는 시간이 없는 것이다. 그리고 이러한 생활이 대학 들어갈 때까지 계속되고 있으니 이러한 환경에서 아이들이 창의적인 사고를 키우기를 기대할 수는 없는 것이다.

따라서 학교 교육을 정상화하고 동시에 창의적인 인력 육성에도 도움이 되게 하기 위하여는 대학 입학에 학생들의 창의적인 사고가 도움이 되도록 만들어야 할 것이다. 이를 실행하기 위하여는 각 대학에 신입생 선발에 대한 자율권을 주어 각 대학이 보다 창의적인 사고의 학생들을 뽑을 수 있는 방법을 실행할 수 있도록 해야 할 것이다. 한마디로 각 대학이 알아서 신입생을 뽑도록 하면 될 것이다. 그렇게 되면 이는 한국의 초, 중, 고등학교 교육에 절대적인 영향을 주어 학교 교육이 정상화되고 또 여기에 더하여 창의성이 있는 학생들을 기르는 데 큰 도움을 줄 것이다.

과연 그럴까? 저자는 충분히 그러하리라고 생각한다.

그 이유는 한국의 대학과 거의 모든 교수들이 학생들을 보다 창의력이 있는 사람들로 교육할 필요가 있다고 느끼고 있으며 또한 대학 교육에 있어서 이를 실현할 방법을 연구하고 있음을 알고 있기 때문이다. 예를 들어 한국 최고의 대학이라는 서울대학교의 경우에서도 학생들의 창의적 사고를 기르는 교육이 거의 이루어지지 않고 있다는 문제의식을 갖고 일부 교수들이 자발적으로 이를 개선할 방법을 논의하고 있다. 그리고 이를 위하여는 한 단계 전인 대학 신입생 선발 방법에 대한 준비도 당연히 마련되어야 할 것이다.[27]

따라서 각 대학의 자유로운 신입생 선발 방안을 시행하면 시행 초기에는 어느 정도의 혼란이 있겠지만 학교 교육의 정상화와 한국사회의 미래를 위하여는 한국의 대학 입학 제도가 지금까지와 같이 국민들의 불만을 최소화하고 말썽이 나지 않도록 하는 단계를 뛰어넘어야 할 것이다. 이 문제를 더 이상 미룰 수는 없는 단계라고 하겠다.

물론 시행에 대한 준비를 위하여 국가적인 차원에서 이 문제를 종합적으로 강구하기 위한 기관을 구성하여 본격적으로 이 문제를 담당토록 하는 것이 필요할 것이다. 그리고 이 기관은 초등 중등 고등학교와 대학교의 각급 학교별 대응 방안을 마련해야 할 것이다.

② 건전한 집단주의의 실현

---

27) 앞에서의 김세직 교수의 연구는 보다 전문적이면서도 포괄적인 연구의 예라고 할 것이다.

먼저 저자는 여기에서 건전한 집단주의의 내용 또는 특징을 다음과 같이 정리하여 보고자 한다.

첫째, '건전한 집단주의'란 그 단계로 보아 현 단계 한국사회의 집단주의 수준보다는 낮은 집단주의와 구미 선진국에서 보는 지나친 개인주의 수준보다는 낮은 개인주의를 유지하는 단계이다.

앞에서도 보았듯이 한국사회는 장기적으로 전통적인 집단주의 성향이 약화되는 동시에 구미 선진국에서 도입되는 개인주의 성향이 강화되는 추세를 보이고 있으며 이러한 추세는 앞으로도 계속될 것으로 예상된다.

그러나 여기에서 말하는 건전한 집단주의란 개인주의가 현 단계보다는 강화되더라도 구미 수준의 지나친 개인주의 단계에는 이르지 않으며 동시에 집단주의가 현 단계보다는 약화되더라도 지나치게 약화되지는 않는 단계에 자리하는 것을 의미한다.

둘째, 개인주의의 강화가 한국사회의 안정과 기능성을 상당한 정도로 저해하여서는 안 된다.

동성결혼으로 대표되는 선진국에서 보는 지나친 개인주의는 한국사회의 안정과 기능성을 해할 것으로 생각되므로 바람직하지 않은 것으로 생각된다. 따라서 건전한 집단주의란 개인주의가 강화되더라도 종전의 집단주의의 근간을 심각하게 훼손함으로써 한국사회의 안정과 기능성을 상당한 정도로 약화시켜서는 안 된다고 하겠다.

셋째, 건전한 집단주의의 내용으로는 내용에 대한 추상적인 정의보다는 실제 실행할 내용을 제시하는 것이 내용 이해에 보다 도움이 될 것이다. 아래에서 실행 내용을 예시하고자 한다.

(1) 그릇된 집단주의 배제

가. 맹종적 조직문화 제거

한국사회의 집단주의 성향 가운데 한국사회의 발전을 막고 있는 가장 보편적인 것이 조직 안에서의 맹종적 조직문화라고 할 것이다. 곧 조직이나 상급자의 의도와 지시에 맹종하여 이에 무조건 따르며 충성을 보이는 것이다.

이 가운데서 가장 흔히 보는 것이 거짓말을 하는 것이다. 한국사회에서 공적 기관이나 민간 기관이나 할 것 없이 거의 모든 기관들이 자신들에게 불리한 사항이 제기되면 사실 여부에 관련 없이 우선 부인하고 거짓말을 하는 것이 일반화된 관례이다. 그리고 그 조직에 몸담고 있는 사람들은 그 내용이 거짓말임을 알고 있으면서도 모른 체하고 있는 것이 일상화되고 있다.

그런데 이들 조직들과 조직원들이 이렇게 태연스럽게 거짓말을 하고 있는 이유는 그것이 조직을 위하는 일이라고 믿고 있는 맹종적 조직문화가 한국사회를 지배하고 있기 때문이다. 그렇기 때문에 명백한 사실이 밝혀지는 데 오랜 시간이 걸리고 또 대부분의 경우 사실이 아예 밝혀지지 않고 지나가는 것이다.

이는 누구나 원하고 있는 정의사회 구현을 어렵게 하는 일일 뿐 아니라 사회적 비용 면에서도 큰 지불을 초래하는 일로서 한국사회의 발전을 방해하고 있는 일이다. 근래 와서 이러한 상황이 개선되고는 있지만 그 진행이 너무 느린 형편이다. 따라서 이러한 그릇된 집단주의인 맹종적 조직문화를 하루 빨리 제거해야 할 것이다.

나. 차별 철폐

한국민족은 오랫동안 같은 언어 같은 문화로 살아온 같은 혈통의 단일민족이라는 의식이 강하다. 그런데 이러한 집단주의 의식은 한국인으로 하여금 알게 모르게 외국인에 대한 차별 행태를 보이게 하고 있다. 한국에 거주하는 외국인 노동자들에게는 물론 조선족 동포들과 심지어는 탈북자들에게도 차별 행태를 보이고 있는 것이다. 그리하여 조선족 동포와 탈북자들이 그들이 경험하고 있는 차별 행태를 호소하고 있는 형편이다.

이러한 그릇된 집단주의 의식은 당연히 한국사회로부터 사라져야 할 요소라고 할 것이다. 우리는 미국 사회에서의 흑인에 대한 인종차별에 대하여 비판하고 또 한국계 아시아인에 대한 인종차별에 대하여 분개하고 있는데 정작 우리 또한 외국인은 물론 조선족 동포와 탈북자들에게까지 차별을 보이고 있음은 자가당착이라고 할 것이다. 하루속히 시정해야 할 그릇된 집단주의라고 할 것이다.

그런데 여기에서 한 가지 지적해야 할 점이 있는데 사실은 한국인들 내부에서도 차별이 존재한다는 사실이다. 곧 여성에 대한 차별, 가난한 계층에 대한 차별, 소수자들에 대한 차별이다. 이러한 차별은 위의 집단주의에 기인한 외국인 차별과는 구별되는 문화적 특성에 기인한 차별이라고 할 것이지만 이 두 종류의 차별이 차별이라는 점에서는 공통된 사항으로서 한 쪽에서의 차별 감소는 다른 쪽에서의 차별 감소를 초래함으로써 한국사회 전반적인 차별 해소에 도움을 줄 것이 분명하다고 하겠다.

(2) 지나친 개인주의 거부: 한국적 가치관 존중

가. 동성결혼 불인정

동성결혼 허용은 한국사회 구성의 기본 전제와 윤리의 기본 질서를 파괴하는 것으로서 한국사회의 정체성을 크게 훼손할 것이므로 서구 선진국이 이를 도입한다고 해서 한국이 이를 모방해서는 안 될 것이다.

곧 동성결혼은 결혼을 남성과 여성의 결합이라는 기본 전제를 무시하는 것으로서 부부와 가정과 남녀와 사회 구성을 아우르는 한국사회의 윤리적 기본 질서를 파괴하는 것이라고 할 것이다. 특히 한국사회는 가정과 가족 관계가 매우 강한 특징을 지니고 있는바 이는 한국사회로 볼 때 오랜 역사를 통하여 형성된 정체성의 핵심적인 부분이라고 할 것이다. 그렇기 때문에 동성결혼의 허용은 한국사회 정체성의 훼손이라고도 할 수 있다.

그렇기 때문에 동성결혼의 허용은 한국사회의 역사성과 정체성을 부인하는 일이라고 하겠다. 한국사회에 있어서 근대화 과정에서 서양 선진국으로부터 도입한 인권 존중, 개인주의, 민주주의 등의 사고와 제도는 완전히 새로운 개념이라고 볼 수는 없다. 인간과 생명 그리고 인격적 인간 관계와 사회적 질서의 존중 등은 한국사회에서 오래전부터 있어 온 것이다. 그렇기 때문에 근대화와 더불어 서구사회로부터 들어온 이념과 제도가 한국의 역사적 사고와 정면으로 배치되는 성격의 것이라고 간단하게 규정할 수 없는 것이다. 이러한 역사적 사실로 인해 한국이 근대화 또는 선진화 과정에서 뛰어난 성과를 이룰 수 있었던 것으로 보인다.

이러한 상황에서 서구 선진국 안에서도 도입에 사회적 마찰을 일으키고 있는 개인주의의 극단적인 예라고 할 동성결혼을 한국사회가 이를 모방하여 도입하는 것은 온당치 않다고 하겠다. 이는 한국적 가치관의 무분별한 포기라고 할 것이다.

마찬가지로 자신의 성을 자신이 결정하도록 하는 일이나 남성과 여성 외에 제3의 성을 인정하는 것도 인정하지 않아야 할 것이다.

나. 국민 복지와 국가의 기능성을 위협하는 지나친 이기주의 거부

국민 복지, 사회 정의, 개인의 자유는 국가 또는 사회가 추구하는 일반적인 가치라고 할 것이다. 이 세 가지 가치는 서로 보완적인 측면도 있고 또 서로 갈등 관계인 측면도 있다. 그런데 우선 순위 또는 중요도 차원에서 보면 아무래도 국민 복지-사회 정의-개인의 자유 순이라고 할 것이다.

그런 관계로 만약 개인주의가 극단적으로 가서 국민 복지와 국가의 안녕을 해할 정도까지 이른다면 국가는 이러한 극단적인 개인주의는 거부할 수밖에 없다고 할 것이다. 이 문제로 추상적이고 원론적인 논의를 할 필요는 없을 것이며 앞에서 논의한 바 있는 구미 선진국의 코로나 사태가 실제적인 예를 보여 준다고 할 것이다.

곧 개인의 자유를 존중하여 마스크 착용 의무화를 실시하지 않은 구미 선진국에선 결과적으로 많은 사망자를 기록한 반면 마스크 착용 의무화를 충실히 지킨 한국 등의 나라의 경우에는 훨씬 적은 사망자를 기록한 것이다.

그러므로 개인의 자유를 존중하는 경우에도 국민 복지와 국가의 안녕 또는 기능성을 해하는 정도에 이르기까지 이를 허용하여서는 안 될 것이다.

(3) '건전한 집단주의'의 내용: 공동체 의식

가. 이웃을 보살피는 태도

한국사회에서 건전한 집단주의의 내용이라고 볼 수 있는 것은 이웃을 보살피는 마음과 태도라고 볼 수 있다. 한국인의 가족과 가정에 대한 충성심은 사회의 안정과 국가 발전에 기본적인 요소라고 할 수 있다. 예를 들어 한국 발전의 기초라고 할 강한 교육열이 대표적인 예이다.

그런데 이러한 가족에 대한 헌신은 많은 경우에 있어서 이웃에 대한 배려로 확장된다. 곧 불우하거나 위험에 처한 사람들이 가까이 있는 경우에 한국 사람들은 그들이 모르는 사람인 경우에도 기꺼이 이들을 도우려는 태도를 보이는 경우가 많다. 그리하여 가까이에서 범죄가 발생하는 경우에 자신의 위험을 감수하면서도 피해자를 도우려고 적극 나서는 경우들을 보게 된다. 또한 앞에서 본 예로 한국 사람들이 마스크를 쓴 것은 자신의 방역은 물론 이웃의 방역을 위한 의미도 큰 것이다.

이와 같이 한국 국민은 이웃을 보살피는 일에 있어서 구미 선진국 국민이나 아시아 이웃나라 국민들보다 훨씬 적극적인 태도를 보이고 있다고 하겠다. 이렇게 이웃을 보살피는 태도는 공동체 의식의 발로로서 건전한 집단주의의 내용이라고 받아들여도 좋을 것이다.

나. 공중도덕의 체화

언제부터인지 한국 국민들은 교통규칙과 같은 공중도덕을 지키는 것이 생활습관화되어 있다. 그리고 다른 사람의 소지품을 훔치는 일은 범죄자를 제외하고는 거의 찾아볼 수 없는 실정이다. 어린이들이라도 길에 떨어져 있는 돈을 가지는 경우가 거의 없다.

이러한 공중도덕의 체화 현상도 공동체 의식의 표현이며 이를 건전한 집단주의의 내용으로 받아들여도 좋을 것이다.

⑷ 보수와 진보의 대립 문제와 '건전한 집단주의' 실현

앞에서도 보았듯이 현재 한국사회는 보수와 진보가 극심한 대립이 사회를 지배하고 있다. 이에 따라 모든 문제에 대한 인식과 대응도 이 두 진영의 입장에 의해 결정적으로 영향을 받고 있는 상황이다. 그러므로 여기에서 논의하고 있는 건전한 집단주의의 실현 문제도 두 진영의 입장에 따라 그 성과가 결정될 것이다. 지금까지 한국사회의 진행이 보여주었듯이 두 진영이 이 문제에 있어서도 극심하게 대립된 입장을 보인다면 그 실현이 극히 어려울 것이다.

결론적으로 말한다면 여기에서 논의하고 있는 건전한 집단주의는 먼저 형식적으로 볼 때는 그 실현이 가능한 것으로 보인다. 곧 크게 보아 보수는 전통을 존중하고 국가를 중요시하는 집단주의적인 입장인 반면 진보는 변화를 주장하고 개인을 중요시하는 개인주의적 입장인데 건전한 집단주의는 지나친 집단주의와 지나친 개인주의 양쪽 모두를 지양하는 중도적인 입장이라고 할 수 있기 때문이다. 그렇기 때문에 보수와 진보 양쪽으로부터 수용될 수 있다고 보이는 것이다.

③ 남북한 평화 공존 유지

어느 나라에 있어서나 국가의 안전보장은 가장 기본적이고 따라서 가장 중요한 과제이다. 그런데 대부분의 국가에 있어서는 주변국과 군사적으로 대치하고 있지 않으며 또한 외국으로부터의 공격의 가능성이 거의 없기 때문에 평상시에 국가 안보는 당연히 유지되는 것으로 생각하며 생활하고 있다.

그러나 한국사회의 경우는 상황이 크게 다르다. 북한의 공산 체제와 군사적으로 대치하고 있고 더욱이 북한의 남침에 의한 6.25동란을 통하여 수많은 인명 피해와 함께 국가 존망의 위기를 경험한 바 있기 때문에 한국사회로 보아 국가 안보의 안정화는 절대적인 중요성을 가진 기본적인 과제이다.

이러한 국가 안보의 안정화를 위하여는 기본적으로는 자주적 국방력을 유지하고 있어야 할 것이다. 또한 한반도 평화가 남북한의 이해 관련국에 의하여 큰 영향을 받고 있는 현실에 비추어 자주적 외교 역량도 확보해야 할 것이다.

이렇게 자주적 국방력과 외교역량을 갖추는 동시에 현실적으로는 실제 대북 관계 문제에 어떻게 대응할 것인가를 생각해 보도록 하자.

첫째, 남북한 관계에 있어서 기본적인 목표는 평화공존의 유지가 되어야 할 것이다.

이는 현실적으로 통일이 지금 실현할 수 있는 실제적인 목표가 될 수 없는 상황에서 지극히 당연한 일이라고 할 것이다. 곧 무력으로 통일을 한다는 것은 말이 안 되는 것으로 생각할 수도 없는 이야기이고, 양쪽이 합의하여 통일을 한다는 것은 현재로서 전혀 실현 가능성이 없다고 할 것이다. 그렇기 때문에 남북한 관계는 양쪽이 평화공존을 유지해 나가는 것이 현실적으로 자명한 방안이라고 하겠다.

둘째, 평화공존을 위하여는 남북한 양쪽이 서로 평화공존을 어렵게 하는 긴장과 갈등 상황을 조장하지 않아야 할 것이다.

곧, 남북한 양쪽 모두 전쟁을 원하지 않겠지만 남북한 사이에 긴장과 갈등이 높아지면 이것이 군사적 충돌의 가능성을 높이게 된다. 그리고 소규모라도 일단 군사적 충돌이 발생하면 충돌이 더욱 확대될 가능성이 있는 것이다. 그리고 이는 남북한의 평화공존을 어렵게 만들 것이다. 결국 남북한 사이의 긴장과 갈등이 높아지면 이것이 한반도의 전쟁 위험성을 높이게 되는 것이다. 따라서 남북한 모두가 긴장과 갈등 상황을 조장하지 않도록 노력해야 하는 것이다.

셋째, 남북한의 평화공존을 위하여는 특히 남한의 인내가 필요하다는 점이다.

여기에는 여러 가지 이유가 있다.

첫째, 북한 정권은 북한 인민들에게 자신들이 강하고 남한이 별거 아니라는 점을 보여 주려고 남한에 대하여 공격적인 모습을 취할 수 있지만 남한의 경우는 굳이 그럴 필요가 없기 때문에 북한에 대하여 공격적인 모습을 취할 필요가 없다는 점이다. 그렇기 때문에 남한은 북한의 공격적인 행태를 인내할 필요가 있다.

둘째, 정부의 재량권 측면에서도 남북한이 차이가 있다. 곧 철저한 공산주의 체제인 북한의 경우는 워낙 김일성 김정일을 이은 김정은의 1인 절대 독재가 확고한 사회이기 때문에 김정은이 무엇을 결정하더라도 북한 사람 모두가 무조건 이에 복종하고 있다. 그러므로 북한의 남한에 대한 입장도 적어도 표면적으로는 김정은 이하 모든 북한 사람들이 김정은이 정하는 입장에 일사불란하게 뭉치는 것이다. 그러니 북한 정권은 남한에 대한 정책 시행에 있어서 재량권이 큰 것이다. 그리하여 남한에 대한 공격적인 행태도 보일 수 있는 것이다. 그러나 민주주의 체제인 남한의 경우는 국민들의 의사가 다양하므로 정부의 재량권이 크지 않고 따라서 북한에 대하여도 상대적으로 소극적인 행태를 보이게 된다. 따라서 남한 사회는 북한의 공격적인 행태를 인내하게 된다.

셋째, 북한 김정은은 그 무엇보다도 자신의 정권보위가 지상 과제이다. 따라서 공과 사를 막론하고 모든 결정을 자신의 정권 유지의 유불리의 관점에서 처리할 것이며 경우에 따라 북한의 이해와 자신의 이해가 상충될 경우에도 자신의 이해를 우선시할 것이다. 남한의 경우도 집권 정권에게는 정권 유지가 최우선 과제이지만 국익과 정권의 이해가 상충될 경우에는 야당 진영과 국민의 견제로 인해 대체로 국익 우선으로 가게 될 것이다. 이러한 남북한 정권의 차이로 인해 남한으로 볼 때에 북한의 행태가 이해가 안 되고 또 거부감을 줄 때가 있게 된다. 이러한 경우에도 남한은 평화공존을 위해 이를 인내해야 할 필요가 있게 된다.

넷째 남한은 북한 김정은의 체면을 존중해 주는 자세를 유지하는 것이 필요하다.

북한 최고지도자인 김정은은 북한 사회에서 최고 존엄으로서 거의 신격화한 존재로 받아들여지고 있는 상황이기 때문에 김정은은 대내외적으로 체면을 유지하는 것을 엄청 나게 중시하고 이는 북한 주민들도 마찬가지이다. 따라서 남한이 김정은을 모욕하는 태도를 보이는 것은 북한으로서 도저히 받아들일 수 없는 일이며 이는 남북한 평화공존을 결정적으로 해하는 일이 될 것이다. 따라서 남한은 북한사회의 이러한 특성을 이해하고 이를 존중해 줄 것이 요청되는 것이다.

다섯째, 남한은 북한과의 대화에 있어서 실효성 있는 접근방식을 강구해야 할 것이다.

남한이 북한에 대하여 공식적으로 거창하게 제안을 하였는데 북한은 이를 즉각 걷어차 버리는 일들이 발생하고 있는데 이는 남북한 양쪽에 모두 도움이 안 되는 행태라고 할 것이다. 남한 정부가 국민들에게 그리고 세계 각국에 우리가 이렇게 노력한다는 것을 보여 주려고 이러한 태도를 보인다면 이는 실제적으로는 도움이 안 되는 일이라고 할 것이다.

따라서 남한은 공식적으로 그리고 비공식적으로 북한과 대화가 이루어지도록 크게 노력해야 할 것이다.

여섯째 남한은 대북 목소리가 큰 대북 강경파들의 주장에 끌려 들어가지 않아야 할 것이다.

남한의 대북 강경파는 보수진영 가운데 강경보수 곧 극우 집단이다. 앞에서도 말하였듯이 한국의 정치 성향 분류는 대북 입장에 의하여 결정된다고 보면 된다. 그래서 대북 강경파는 강경보수파이다. 그런데 이들 대북 강경파는 북한 정권을 철저히 불신하고 있으며 북한과의 대화에도 부정적인 입장이다. 따라서 진보정부의 대북 유화 정책에 대하여 반대하고 북한이 남한에 대하여 하는 그대로 남한이 북한에 대해여 해야 한다고 주장한다. 그런데 이러한 입장은 적어도 심정적으로는 대다수 남한 국민에게 공감이 가는 입장이라고 하겠다. 진보진영에 속한 사람들을 포함하여 대다수 국민들은 북한 정권을 신뢰할 수 없다고 생각하고 또 싫어한다. 따라서 감정적으로는 북한에 대하여 강경 대응하고자 하는 마음이 있다고 하겠다. 그렇기 때문에 대북 강경파의 목소리가 심정적으로는 많은 남한 국민들에게 공감을 주게 되는 것이다.

그런데 대북 강경파의 태도가 매우 과격하며 경우에 따라 호전적인 인상을 주기도 한다. 예를 들어 정용진 신세계그룹 부회장은 북한을 지목하여 '멸공'을 말하였다. 그들은 북한과의 대화에 적극적인 태도를 보이는 사람들을 '좌빨(좌파 빨갱이)'이라고 부르고 있으며 젊은 시절 노동운동을 하다가 이후 극우 성향을 보여 온 김문수 경제사회노동위원장은 문재인 전 대통령을 김일성주의자라고 말하고 있다.

문제는 북한에 대한 강경 대응이 평화 공존을 어렵게 하며 자칫하면 무력충돌을 초래할 가능성을 높일 수 있다는 점이다. 그렇기 때문에 진보진영에 속한 사람들 가운데 대다수는 비록 북한 정권을 신뢰하지 않고 좋아하지 않더라도 평화 공존에 도움이 된다는 생각에서 대북 유화정책에 찬성하고 북한과의 대화를 주장하고 있는 것이다. 따라서 남한으로서는 평화 공존을 위하여 대북 강경파의 주장에 휩쓸리지 않고 보다 냉정한 태도를 유지하는 것이 필요하다고 생각한다.

앞에서 우리는 평화 공존을 위하여 남한이 여러 가지 이유로 인해 북한에 대하여 인내하는 태도가 필요하다는 점을 강조하였다. 요약하자면 남북한 평화 공존 유지가 남북한의 현실적인 목표이며 이를 위하여 남한은 북한의 언행과 태도가 불쾌하더라도 이를 감내할 수밖에 없다는 점이다. 이때 북한 체제의 특수성을 감안하여 북한 정권이 극히 중요시하는 최고지도자의 체면을 유지하는 일에도 신경을 써야 할 것이다.

3. 다섯 과제와 세 가지 핵심 대응 방안의 관계

앞에서 우리는 한국사회가 당면한 다섯 가지 과제에 대응할 세 가지 핵심적 대응 방안을 논의하였다. 이제 여기에서는 세 가지 핵심 대응 방안의 실시가 다섯 가지 당면 과제의 실현에 어떠한 영향을 줄 것인가 하는 문제를 살펴보고자 한다.

핵심 대응 방안	당면 과제
1) (개인 차원) 창의적 인력의 육성	1) 실질적 민주화 실현
2) (사회 차원) '건전한 집단주의'의 실행	2) 경제성장 실현
3) (국가 차원) 남북한 평화 공존 유지	3) 경제적 양극화에 대한 대응
	4) 국가체제의 기능성 유지
	5) 국가 안보의 안정화

첫째, 창의적 인력의 육성은 육성의 대상이 인력 한 사람 한 사람에 적용되는 것으로서 개인 차원의 방안이라고 할 것이다. 한국 인력이 보다 창의적인 인력이 되고 이를 통하여 한국 인력이 더욱 창의적인 인력으로 전환된다면 이는 2) 경제성장 실현 과제를 해결함에 결정적으로 기여할 것이다. 또한 창의적 인력은 종전의 복종형 인력에 비해 개인의 자유와 평등에 대한 의식이 강할 것이므로 한국사회 안에 자신이 존중 받고 또 타인을 존중하는 풍토를 조성하게 될 것이다. 그리고 이는 한국사회의 맹목적 집단주의를 지양하고 또 차별을 축소하는 데 유리한 환경을 조성할 것이다. 이는 곧 1) 한국사회의 실질적 민주화 실현에 도움을 줄 것이다.

그리고 더하여 창의적 인력의 존재는 인력 개개인의 능력 향상과 이들이 속한 각 조직의 효율화를 초래할 것이므로 4) 국가체제의 기능성 유지에도 유익할 것이다. 또한 창의적 인력의 확대와 복종형 인력의 감소는 보다 온건하고 합리적인 정치 성향의 확장을 기대할 수 있다는 점에서 5) 국가 안보의 안정화에도 기여하리라고 기대하고자 한다. 이렇게 창의적 인력의 육성은 2)는 물론 1), 4), 5)에도 각각 유익한 결과를 기대할 수 있도록 할 것으로 생각된다.

둘째, '건전한 집단주의'의 실행은 한국사회 전체에 적용되어야 할 사회적 질서를 말하는 것이므로 이는 사회 차원의 대응 방안이다. 기본적으로 이 방안은 코로나 사태에 대한 각국의 대응에서 보듯이 극단적인 서구사회의 개인주의가 사회 공동체의 기능성을 해하는 현실을 피하고자 하는 것이다. 그러므로 이는 일차적으로는 4) 국가체제의 기능성 유지를 위한 방안이라고 하겠다.

동시에 이는 전통적인 집단주의적 생활 방식을 특징으로 하는 한국사회의 문화적 정체성을 유지하는 방안이기도 하다. 따라서 이 방안은 한국사회 전체에 광범하게 영향을 주게 된다. 곧 1) 실질적 민주화의 경우에는 그 내용에 있어서 맹목적인 집단주의적 요소는 지양하도록 하되 그렇다고 동성결혼의 허용과 같은 극단적인 개인주의 또한 받아들이지 않음을 말한다. 따라서 건전한 집단주의는 극단적인 집단주의의 비민주성과 비효율성을 회피하는 동시에 극단적인 개인주의의 이기성과 비효율성을 회피하는 '유효 집단주의(workable collectivism)'라고도 부를 수 있겠다. 또한 2) 경제성장의 실현에 있어서도 기업의 경우에 건전한 집단주의가 경영진과 노조 사이에 적대적인 관계가 아니라 상생을 도모할 수 있는 관계를 촉진시킨다면 이는 경제성장에도 유익할 것이다. 3) 경제적 양극화에 대한 대응에 있어서도 건전한 집단주의의 형성이 양극화 완화를 위한 필요 재정 확보를 위한 과세와 복지 후생 지출에 있어서 국민의 합의를 얻는 데 매우 중요한 역할을 할 수 있을 것이다. 마찬가지로 5) 국가 안보의 안정화의 경우에도 건전한 집단주의의 형성이 극우나 극좌와 같은 정치적 극단주의를 회피하는 데 도움이 될 것이다.

셋째, 남북한 평화 공존은 물론 국가 차원의 대응 방안이다. 그리고 남북한 평화 공존은 직접적으로는 5) 국가 안보의 안정화를 위한 방안이지만 국가 안보가 다른 네 가지 당면 과제의 기본 전제가 된다는 뜻에서 역시 1)에서 4)까지의 당면 과제의 실현에도 도움이 된다고 하겠다.

앞에서의 논의를 요약하면 대응 방안 1) 창의적 인력의 육성은 당면 과제 1), 2), 4), 5)의 실현에 도움을 주며, 대응 방안 2) 건전한 집단주의의 실행은 당면 과제 1), 2), 3), 4), 5)의 실현의 도움을 주며, 대응 방안 3) 남북한 평화 공존 유지 또한 1), 2), 3), 4), 5) 모두의 실현에 도움을 주게 된다.

이렇게 볼 때 세 가지 대응 방안은 각각 개인 차원, 사회 차원, 국가 차원에서의 핵심적인 방안이면서 각각 다섯 가지 당면 과제 모두의 실현에 크게 유익한 방안이라고 할 수 있다.

이와 같은 점을 생각할 때 다섯 가지 당면 과제와 이의 실현을 위한 세 가지 대응 방안은 전체적으로 유기적인 관계를 형성하고 있음을 보게 된다. 그리고 이러한 사실은 세 가지 대응 방안이 한국사회의 당면 과제들을 실현함에 있어서 현실적 필요성과 유효성을 갖추고 있음을 보여주고 있다고 할 것이다.

책을 쓴 개인적인 이유

저자는 해방되던 해인 1945년에 태어났다. 어릴 때부터 나는 내가 '해방둥이'라는 사실을 의식하며 살아왔으며 또 해방둥이들이 한국사회의 새로운 출발을 상징한다고 생각하였다. 저자는 이들 가운데 한 사람으로서 일생을 통하여 동행한 한국사회의 진행을 정리해 보고 더하여 앞으로의 과정에 대하여 생각해 보고자 하는 바람이 있었다. 그리고 이 책은 그 실행이다.

저자는 해방 두 달 후 이북 출신 부모님의 장남으로 중국 베이징에서 태어났다. 이듬해 우리 가족은 서울로 들어왔다가 6.25 때 부산 내려가서 살았고 대학교 때 서울로 올라왔다. 저자는 대학에서 경제학을 전공하고 졸업 후 한국은행에 들어가서 정년퇴직 하였다. 학군장교 생활을 하였고 대학원은 미국에서 마쳤다. 개신교 교인이며 직장 퇴직 이후 신학대학원을 졸업하였고 대학에서 한국경제에 대해 강의하였다.

저자

한국사회,
1945-2022

ⓒ 이근영, 2022

초판 1쇄 발행 2022년 12월 28일

지은이	이근영
펴낸이	이기봉
편집	좋은땅 편집팀
펴낸곳	도서출판 좋은땅
주소	서울특별시 마포구 양화로12길 26 지월드빌딩 (서교동 395-7)
전화	02)374-8616~7
팩스	02)374-8614
이메일	gworldbook@naver.com
홈페이지	www.g-world.co.kr

ISBN   979-11-388-1522-2 (03340)